首都经济贸易大学校级科研项目资助
北京自然科学基金资助（9154025）

2015 中国股市：
投资、动荡与治理

施慧洪　著

中国金融出版社

责任编辑：孔德蕴　王素娟
责任校对：李俊英
责任印制：丁淮宾

图书在版编目（CIP）数据

2015 中国股市：投资、动荡与治理（2015 Zhongguo Gushi：Touzi、Dongdang yu Zhili）/施慧洪著，—北京：中国金融出版社，2016.1
　ISBN 978 - 7 - 5049 - 8272 - 8

Ⅰ.①2… Ⅱ.①施… Ⅲ.①股票市场—研究—中国 Ⅳ.①F832.51

中国版本图书馆 CIP 数据核字（2015）第 311405 号

出版
发行　**中国金融出版社**

社址　北京市丰台区益泽路 2 号
市场开发部　（010）63266347，63805472，63439533（传真）
网上书店　http://www.chinafph.com
　　　　　　（010）63286832，63365686（传真）
读者服务部　（010）66070833，62568380
邮编　100071
经销　新华书店
印刷　北京市松源印刷有限公司
尺寸　169 毫米×239 毫米
印张　14.5
字数　250 千
版次　2016 年 1 月第 1 版
印次　2016 年 1 月第 1 次印刷
定价　40.00 元
ISBN 978 - 7 - 5049 - 8272 - 8/F.7832
如出现印装错误本社负责调换　联系电话（010）63263947

前　言

　　2015 年的股市将载入中国史册。在短短两个半月的时间内，大批投资经验不足而又贪婪的投资者的财富被"屠杀"了。当媒体把"中国梦"吹成绚丽的"财富梦"，把"四千点看作是牛市的起点"的时候，这些从财富梦中惊醒的人们，发现自己的财富已经所剩无几了。翻开"资本"发展的几百年的篇章，总是在罪与非罪、繁荣与萧条之间摇摆。历史的进步不都是符合道义的，金融业的发展并不都是阳光的。世界经济每隔十年左右就要爆发一次金融危机，在这样的规律面前，我们不要侥幸中国能够幸免。金融危机是"资本发展"特有的方式，它破旧立新，推动着"资本"向前进步。

　　这种资本的破坏性与我国的人情文化发生着系统性的文化冲突。我们不能完全避免资本的破坏性，这次避免了危机不代表下一次能避免；下一次也避免了危机不代表总能避免危机。我们不可能消灭"资本"的运动规律。资本"危机"的这种规律与自然界春夏秋冬的循环是类似的，资本在"春天"里的疯长，需要"冬天"来平衡。

　　投资者已经形成了这样一种风险文化。每当大小危机发生的时候，投资者将眼睛盯向政府，认为政府理所当然应该承担救助责任。这样做没有后果吗？有。微观主体对风险的熟视无睹，使金融市场不断逆向选择。市场不能这样运转，否则，这种失效的市场最终是要出大问题的。举几个例子：在债券市场上，利率低的风险小，利率高的风险大。如果投资者总是购买利率最高的，而风险发生时，政府却承担了责任，这样的市场资源配置必然导致错误。好的企业拿不到钱，差的企业却胆大包天，投资者也胆大包天。如果投资者试图获得高收益，却拒绝承担相应的风险，这样的系统运行结果能好吗？不能。比如说，理财或信托业的刚性兑付，是市场效率的倍减器。再以 P2P 为例，你要的是年收益率 40%，结果血本无归了，你怨谁？在市场经济里，市场主体独立承担风险是市场经济的基本要求。

从时间节点上看，"中国梦"、"一带一路"、亚投行的故事为国人所信服，经济下行压力大，经济结构调整需要资本市场，东海、南海摩擦不断，"全球金融危机又要周期性爆发"的理论很有市场。这些利多因素与利空因素齐聚。

从下跌的强度看，以沪深 300 现货为例，第一大波下跌，从 5380 跌到 3537，下跌 34%，下跌了 1843 点；第二大波下跌，从 4103 跌到 2952，下跌了 1151，约 28%，共下跌 5380 − 2952 = 2428 点，约 45%。如此大的强度，直接从牛市跌到熊市。

从危机中的投资机遇来看，对于投资高手来说，此次危机是难得的投资机会。如果运用得当，能够获得一两倍的回报。对于那些错过上涨泡沫的价值投资者，终于迎来了新的投资机会。旧的一批人退出市场，新的一批玩家又将进入市场。

从转危为机来看，危机就像一盆冷水浇在人们的头上，它迫使人们继续扩大改革开放，同时股灾暴露出来的问题也向人们提示了改革的方向。股市治理、上市公司治理、政府协同、投资者教育、混业监管等问题都暴露在人们的面前，未来的道路反而更加清晰了，尤其是政府协同，以及政府自身的能力建设问题，如此明显地暴露着。换句话说，政府与新的市场经济形势的摩擦迫使政府继续深入改革，简政放权，优化重组政府职能。

作者试图站在这样的高度，从价值投资、股市治理等角度分析这次股市动荡，并期望该书对投资者和监管者都有所启发。

目　　录

第一章 价值投资理论、方法及拓展分析

民间有不少反对政府干预市场的声音，因为股票市场有其自身的规律，政府干预会使市场发展依赖于政府的干预，就像"吸毒"一样。当然，当股市真的出现流动性危机时，救市是必需的。但是，政府不断干预股市是一条不利于股市长远发展的路径，不利于我国建立完善的市场经济制度。政府的使命在于为科学的股市治理创造条件，确保公平、公正、公开的环境，而本文所倡导的价值投资理论将为科学治理股市提供重要思想与方法。

一、价值投资的基本思想

对于股票价格是否可以被预测，西方存在激烈的争论。诺贝尔经济学奖获得者认为价格是随机的，无法预测；行为金融学者等认为有限理性、羊群效应等使金融市场失效时，可以获得超额利润；价值投资者认为当价格远远低于股票基本价值时，可以获得超额利润，因为证券价格最终要回归基本价值。证券的基本价值可以被勤勉的投资者估计出来，如巴菲特。

是不是投资者都是价值投资者呢？哥伦比亚大学价值投资研究院给出了答案：不是。首先，认为市场是有效的投资者主要采取分散投资、资产配置、成本最小化等方法。其次，短期投资者也不是价值投资者，包括技术派和基本面分析派。技术派有动量投资（追涨杀跌）、价格成交量范式、K线分析等，基本价值分析则要分析宏观和微观方面的变化，依据市场价格及预测价格的变化做出投资决策。最后，长期投资者进行基本价值分析，比较证券的内在价值与价格，这是价值投资。

但是，美国的价值投资者到了中国，也会变成投机者。比如说，巴菲特并没有长期持有中石油股份，中石油上市后很快就抛售，中国的股市投机性太强，价格变化太快，基本面没有变化，但是，价格已经几个月上涨一倍。

价值投资主要比较股票内在价值与价格，如果价格太高，中国的股市又没有资本利得税，巴菲特自然就售出中石油股票了。证监会所希望的慢牛，意指投资者将定价确立在公司股票内在价值基础之上，随着经济形势逐渐好转，公司盈利不断增加，进而股价不断上扬。但是，我国的投资者主要是投机者。

1. 我国股市投机文化的社会文化基础

没有强大的精神支柱，中国要在美国的 C 形包围圈中冲出重围，要成为一流的世界民族，充满变数。我们经济上大而不强，社会矛盾也较多，还不是成熟的社会。从大国向强国转变，任重而道远。

所以，慢牛只是一种美好的愿望，需要系统性地创新与改革。

2. 价值投资的吸引力在于赚得更多

为什么要进行价值投资呢？业绩统计表明，价值投资赚得更多。而且，一些杰出投资者投资成就突出，是难得的常青树，以沃伦·巴菲特为代表。历史是最好的试金石，而技术派却难有最后的成功者。

其他投资方法不能产生持续的超额回报。（1）宏观基本面分析者相信，理解宏观经济基本面有利于产生超额投资回报。但是，股市与经济基本面并不总是同步的。（2）技术原教旨主义者通过数据处理获得回报，但是，强化这些策略可能导致对信息十分敏感。技术指标总有失灵的时候，而模型回测时的盈利，可能仅仅是因为运气。一种情形下盈利，到了另一种情形下就可能亏损。对于波浪理论，主观色彩非常强，是技术与艺术的结合，稍有不慎，就会亏损。技术派试图将这些技术实证化，但任重道远。（3）市场效率信仰者相信回报是对风险的补偿，因而集中于交易成本的效率。但当市场发生系统性风险时，交易者会发生亏损，回报是负的。此时，如果亏损比股票指数小，则称为跑赢大盘。

3. 价值投资的缺陷

（1）寻找不显眼的不被别人看好的公司，回避光芒四射的公司。前者往往价值低估，后者往往价值高估。价值投资者有时会选择正处在危机中的昔日辉煌的公司，只要团队强大，就有希望。巴菲特投资 IBM、可口可乐等，都是在公司危机中捡到了便宜货。（2）别人都不敢投资时，你去投资。（3）需要耐心和不作为。当市场很热闹时，可能并不是好的投资机会，你要持有现金，做好研究与调查，并等待投资机会的出现。（4）与基金经理比较起来，价值投资者持有头寸时间较长，资金周转率低。当然，在美国这样做，有减少税收的好处，还有可以避免频繁操作带来的投资失误。（5）价值投资者愿意持有现金等待好的投资机会，而市场的交易此时可能非常火爆。（6）价值投资者承认人的心理缺陷，不断地审视自己的投资决策，谦虚而且自律。

价值投资经理人的特点：（1）低的资金周转率；（2）高的资产集中度；（3）高的现金水平。

4. 价值投资者认为：市场会犯错误，最终它会正确

$$P = F + O$$

其中，P 代表市场价格，F 代表基本价值，O 代表未来卖给其他投资者的期权。

价值投资者要求 $P < F$，否则，就等待，因为经济有周期，市场有危机，机会之窗总会打开。

市场犯错误的原因是什么呢？投资者的行为是有偏的，在个体和集体层面都是有偏的。个体有偏是基于心理学，并且专门有一个学科"行为金融学"在研究这个问题。

集体性有偏是因为基金经理人的激励驱动的，导致了错误定价。机构投资者也存在羊群效应。经理人厌恶表现不尽如人意，厌恶当别人都在赚钱的时候，他们却在赔钱。所以，他们持有相似的股票，也就是个体也愿意持有的股票。机构投资者往往选择追涨杀跌的策略，并不很关心公司内在价值。这些投资行为导致公司股票总存在错误定价的机会，价值投资者就是要抓住这样的投资机会。

个体层面的有偏效应。（1）抽奖效应使人们对高科技股票追高。例如 IT 股票如果投资正确的话，奖励巨大，甚至 100 倍的回报。所以，人们愿意忍受在一些 IT 股票上的投资失败，期望一次好运能够弥补多次损失。高科技风险投资确实有这个特点。（2）损失厌恶与不认错的本能使人们赢小赔大。人们从一笔钱中获得的幸福要小于他损失同样的钱所遭受的痛苦，所以，在盈利时，倾向于落袋为安。而一旦亏损时，则容易死扛，直到跌破心理承受范围时，割肉卖出。（3）过分自信与后视效应使投资者忽视风险，最终酿成重大损失。投资者显示的信心要大于证据所能支撑的，这增大犯错误的概率。投资通过回忆过去来认识未来，也可能酿成损失。特别是那些不断盈利的人，容易骄傲自满，忽视风险，甚至贪婪任性，最终酿成巨大损失。

5. 价值投资方法强调：有形的可靠的信息，并正视风险

有形的可靠的信息。（1）价值投资者规避净现金流方法，因为该方法脱离实际，人们无法准确地计算未来的现金流；（2）价值投资者规避乘数倍数法，如市盈率，因为价值投资者不想过于依赖市场；（3）价值投资者强调透

彻地分析信息，但也不是无穷无尽地收集信息；（4）交叉验证：利用可获得的多种信息来源来改善价值评估，如 AV、EPV 等，均提供了不同的价值故事；（5）阅读财务报表，但不让财务报表模糊我们的价值判断。

6. 关键的问题：如果我买，别人为什么不买

价值投资者要思索：他们知道我不知道的信息吗？为什么他们与我的看法不同？为什么只有我一人看到了投资机会？

7. 规避标准的风险定义

金融学术派的风险定义，概念上是正确的，但不实际。在 CAPM 模型中，β 是衡量风险的。这个概念依赖于多元化，只有不能多元的东西才有溢价。但是，极端的多元化是对知识的蹩脚替代，不能带来价值。价值投资给风险下的定义是：风险是由于错误计算或者运气不佳带来资本的永久性损失，较高的安全边际能够较好地保障投资本金的安全。

安全边际。安全边际意味着，即使你投资错了，或者运气不好，也不至于亏损。在价值评估过程中，我们注意获取充分的保障，即使犯了错误，也能保证本金的安全。你的投资必须有极大的成功概率。

市场总是波动的，或者是由于与风险相关的新闻，或者是与现金流相关的新闻，或者与前二者无关的心理学原因。

价值投资者即使算出了公司股票的内在价值，也要打一个六折。这样，在市场波动的情况下，也能不亏损。我国的房贷首付 40%，这个 40% 就是银行信贷的安全边际。如果房价下降幅度不超过 40%，银行的信贷资产就是安全的。这就是当房价下跌时，银监会等官方机构发声说，银行不会爆发系统性危机的原因，银行资产是安全的。当然，中央必须保证房价下跌的幅度不超过 40%，否则就会发生系统性金融风险。

8. 群众并不聪明

群众向过去看，并据此推断未来。他们假定过去做得不好的公司，将来也做得不好。这就为价值投资者带来了投资机会。

那些刚入市的股民，极容易犯错误。那些没有经验的投资者，信息处理能力不强的投资者，投资纪律不强的投资者都会亏损，真正的赢家恐怕不到 10%。但是，人们依然不断涌向股票市场，只要这个市场公平、公正、公开，就值得人们去冒险。对于有经验的股票投资者，股票投资的回报要远远超过银行储蓄。银行储蓄不能使你变富，只能为你准备应急的资金。

二、价值投资的优势

值得价值投资的公司，其账面价值与市场价格之比相对较高；增长型公司，账面价值与市场价格之比，相对较低。

（一）价值公司的平均回报更高，风险却并不高

1. 方法

六月份，将所有的上市公司按照 BE/ME，即将 Book Equity 与 Market Equity 之比进行排序，等分成十组，计算每个月的回报。第二年六月，清算资产组合，并重新按照 BE/ME 来排序，形成新的组合。

2. 投资组合的价值策略

卖出账面价值与市场价值之比较低的股票，买入账面价值与市场价值之比较高的股票，这个组合叫做 HML（High Minus Low）。

表 1 - 1　　按 BE/ME 排序分组的回报率（1927—2011 年）

BE/ME 分组	1	2	3	4	5	6	7	8	9	10
价值为权重	0.86	0.93	0.95	0.93	1.00	1.04	1.05	1.20	1.27	1.36
等权重	0.76	0.96	1.09	1.27	1.29	1.35	1.42	1.51	1.75	1.98
价值为权重的 BE/ME	0.25	0.44	0.59	0.73	0.88	1.06	1.28	1.60	2.21	4.88

数据来源：根据 COMPUSTAT 计算。

3. 策略结果分析：为什么 BE/ME 高的投资组合回报率高

回答这个问题的思路有两个：一是高风险对应着高收益，二是市场定价错误，实实在在的低风险高收益。

（1）思路一：风险高，高收益是高风险的补偿。如果 CAPM 是对的话，那么 BE/ME 高的组，其 β 也应该高。

表 1 - 2　　按 BE/ME 排序分组，各组溢价与 β（1927—2011 年）

BE/ME 分组	1	2	3	4	5	6	7	8	9	10
溢价	4.55	5.53	6.08	6.16	5.91	6.94	7.67	8.18	9.32	10.83
β	1.07	1.01	0.98	1.00	0.91	0.92	0.87	0.89	0.93	1.07

从上表可见，β 变化不大，但是，溢价变化却很大，这否定了价值投资组合风险更高的说法。

我们仔细考察收益。价值投资组合比增长投资组合：①灾难时期表现好，比如技术泡沫破裂时、俄罗斯危机、20 世纪 70—80 年代的石油冲击时期等。②技术泡沫时期表现差。

所以，金融学术圈所说的溢价是风险的补偿，并不对，因为 β 不能很好地描述风险。

（2）思路二：市场定价错误。

这需要行为金融理论来解释。Lakonishok，Shleifer 和 Vishny（JF，1994）认为：价值组合是由最近收益表现欠佳的股票组成的，投资者据此判断它的未来表现也不好。一旦这些股票表现变好，回报将更高。也许，现在表现太好的股票是有些过头了，终会下滑。

（二）价值投资的过程一：寻找廉价的、丑陋的、被人遗忘的股票

1. 搜寻方法与搜索的公司范围

搜寻方法。（1）筛查。（2）新闻、对话、行业期刊。（3）本地搜寻。（4）特殊形势。

搜索的公司范围。（1）不显眼的或被人瞧不上的公司，规模小的、分拆的、分析师报道有偏见的。（2）别人不想要的公司。财务困难，甚至破产的公司；问题缠身的公司，诉讼、子公司业绩不佳、处于坏年头的公司；行业性困难的公司。坏账困扰、过度扩张、受到监管威胁的公司都是考察的对象。（3）行业供需不平衡的公司。

2. 投资的依据：这些不起眼的公司投资回报率更高

根据 Statman，Fisher 和 Anginer（2008）在期刊 Financial Analysts Journal 上的研究，这些廉价的、丑陋的公司投资回报较高。样本选取是这样的，10 000 位 CEO、分析师、经理人评出他们行业的十家最好的公司。Statman 将最高分放在一组，将最低分放在一组，跟踪这两个资产组合 2 - 3 年的投资绩效，结果如表 1 - 3 所示。

表 1 - 3   两组资产组合比较表

	得分最低的资产组合	得分最高的资产组合
平均年回报	18.99%	15.65%
CAPM 的 alpha	4.37%	1.94%
Alapha 的 t 统计量	2.43	1.67
CAPMβ	1.04	0.98
t 统计量	30.84	44.82

从表 1-3 可见，那些得分高的让人津津乐道的知名企业的资产组合，回报比那些不被别人看好的企业资产组合的回报率低，即 15.65% 小于 18.99%。而且，后者的 alpha 更高，即 2.43 高于 1.67。

3. 搜寻方法一：筛查

以服装业为例：（1）范围在 AEO、AFN、URBN、PSUN、ARO、GPS 等公司里挑选。（2）根据 PE 进行排序，从 Compustat、Capital IQ 等获取所需数据。（3）其他指标：账面价值与市价之比、ROIC 等。

采取双排序的方法。第一个标准是规模，即公司总市价，第二个标准是账面资本与市价之比。根据规模，分成 5 个组；根据账面价值与市价之比，每个组又可细分为 5 个小组，共有 25 个组。

4. 搜寻方法二：新闻、故事

（1）阅读。通过杂志挑选趋势和包含信息的故事，如阅读服装杂志和一般新闻杂志：华尔街日报、金融时报等。

（2）行业接触。与经验丰富的经理对话是有巨大价值的，他们知道行业趋势、竞争优势；保持在法律的边界内，别触犯红线；行业会议。

（3）财务历史。从过去的危机中学习，了解企业怎样应对银行危机和主权债务危机；国际经历也是无价的。

5. 搜寻方法三：本地搜寻

本地优势是重要优势。在你的地理范围内的公司，你可以更好地接触经理人，更好地检查运营情况。（1）小公司倾向于有本地客户和分布网络，你有第一手的公司经济与组织效率情报。一旦你是股东，你可以接触董事会成员、经理和年会。（2）本地优势导致超额回报的证据存在吗？Coval 和 Moskowitz（2001）的研究支持了这个结论。本地投资者比遥远的投资者获得更多的投资回报，差异显著。

6. 搜寻方法四：特殊情形

（1）分拆、销售及处于困难时期的公司。立即着手调查这些公司。（2）主权债务危机。投资者往往将主权债务危机与公司危机相混淆。希腊有好的投资机会吗？肯定有。（3）银行危机。对于身陷困境的银行，不对经营良好的公司提供融资是符合其自身利益的。这导致经营良好的公司为流动性所困扰，二级市场的交易价格大打折扣。（4）监管创新。监管创新对不同的公司有不同的影响。如果你具有较好的行业知识与经验，你就可以判断这些监管新政对特定的市场的影响是加强还是削弱。这通常会影响公司特定的部门，进而影响公司收益。

（三）价值投资的过程二：评价资产价值 AV、收益能力价值 EPV 与特许权价值 FV

1. 几种不同方法介绍：比率法、净现值法

（1）比率分析法：现金流测量 × 乘数倍数。现金流可以是 EBIT、EBITDA 等。乘数倍数受到经济形势、周期形势、杠杆、管理质量、资本成本、增长前景等因素影响，简单计算时，可以选类似上市企业的市盈率作为乘数。

（2）净现值法：$value = \sum_{t=0}^{\infty} \frac{CF_t}{(1+r)^t} = \frac{CF_0}{r-g}$。等式的右边是戈登增长模型的内容，$g$ 是现金流的增长率，r 是贴现率，是常数，CF 是现金流。净现值 NPV 是正的，但是，我们无法精确地执行该计算。

净现值法的分析流程是：收益 → 毛利润 → 投资 → 现金流。分析的因素有：客户行为、竞争者行为、成本压力、技术变化、管理绩效、市场规模、市场份额、市场增长、价格与成本之差、存在的技术等方面。

NPV 方法应用了不精确的信息：$NPV = CF_0 + \frac{CF_1}{1+r} + \cdots + \frac{CF_{20}}{(1+r)^{20}}$。当期信息是准确的，但是，多少期以后的信息则是没有办法预测的，复杂多变。

我们假设 g 与 r 是常数，但是，我们并不知道精确的值。即使 10% 的误差，也会显著影响结果。假设 r = 5%，CF = 1，则 Value = 20；如果 r = 4.5%，则 Value = 22.2；如果 r = 5.5%，则 Value = 18.2。由于 r 和 g 都是在分母的位置上，且接近 0，所以，NPV 对参数值的变化比较敏感。如果公司的增长率 g 较高，特别是，当 r 与 g 接近时，value 理论上趋于无穷大。

2. 价值投资方法的优势

价值投资者做投资决策时，一定程度上能够通过安全边际来保证资金的安全。但是，价值方法有更丰富的内容，包括三个价值核算：（1）资产负债表的资产价值。（2）资产产生的可持续收入能力价值。（3）特许权价值导致的增长价值。我们在后面还要详细介绍。

价值投资方法的优势。（1）决策更多依赖于可靠信息。它依赖于资产负债表上的信息，并对商誉等做较保守处理。而现值法依赖于未来的收益增长率、贴现率等参数的估计，而且估计结果对这些参数极度敏感。所以，价值

投资法估算的企业价值更加可靠。（2）资产价值、可持续盈利能力价值与特许权价值的概念彼此相互支持。这三个概念之间存在清晰的逻辑关系，价值投资偏好这三个价值逐渐加大的企业。（3）这些概念合成的故事支撑了我们科学决策：AV = EPV 反映了公司没有竞争优势，或者行业自由进入时的价值；EPV > AV，则反映了企业拥有竞争优势；如果市场价值 AV > EPV，则市场认为特许权价值 FV 会继续增长。

我们考察这些概念之间的关系，以便更好地确认投资价值，以及这些价值的源泉是否可持续。（1）这些概念与公司的竞争形势有关，如 AV = EPV 反映了公司没有竞争优势。（2）AV 与 EPV 的差异反映了管理的有效性。只有EPV > AV，公司的管理才创造了价值。（3）AV 与 EPV 的差异是否是由管理质量驱动的？如果管理质量卓越，公司增长潜力巨大，公司价值就大。（4）AV 与 EPV 的区别是否是由不同寻常的增长前景驱动的？如果客观上存在一个不同寻常的增长前景，则投资价值的保障更加有力，而且定价也会更高。

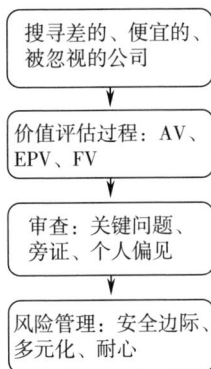

注：FV：Franchise Value 特许权价值。

图 1-1　价值评估的操作流程

（四）价值投资的过程三：再审查——关键问题、旁证、个人偏见

1. 关键问题

我们要对影响价值评估的关键问题进行审查，具体行业并不相同，比如竞争优势、商誉、会计制度、存货等，以及影响供给、需求的因素，一些可能的重大风险等。这样做的目的是使估值结果能够经得起考验，尽量客观。

2. 旁证

尽量寻找更多的证据，交叉验证。其实，技术分析、基本面分析也可以作为旁证。而将价值分析与技术分析、基本面分析、战略分析等结合起来，则可以寻找更好的买入点和卖出点。

3. 个人偏见

审查自己是否过于偏好该公司，是否还有考虑不周全的风险点。

（五）价值投资的过程四：风险管理

通过安全边际、多元化、耐心来保证有效的风险管理。

1. 安全边际

安全边际一般选 40%，尽管这个要求比较高，但安全性也高了。这样，价值投资者经常空仓持有现金，但一旦抓住机会，盈利的概率将很大，这是价值投资与动量投资等明显不同的地方。

2. 多元化

多元化并不是价值投资者所推崇的，因为多元化，实际上证明你拥有的知识或信息不足以给你带来利润。那么，你要继续做功课，对于小资金的散户来说，多元化不是好的投资策略。对于大资金来说，适当的多元化可以降低资金对股票价格的影响。

3. 耐心

价值投资者是不提倡多买多卖的交易策略的，动得越少，赚得越多。

三、价值投资理论

价值投资的主要概念是资产价值（Asset Value）、收益能力价值（Earning Power Value）、特许权价值（Franchise Value）。资产价值是有形的，基于资产负债表的，没有外推。收益能力价值基于当前收入，有外推（Extrapolation），但没有预测（Forecast）。

（一）如何评估资产价值

资产由流动资产、PPE、声誉（Goodwill）、延迟纳税组成，负债由流动负债、长期负债、延迟税收、优先股、股东权益等组成。复制一个已经存在的公司需要多少钱呢？

1. 相关概念与计算公式

（1）资产复制的价值，包括：现金与可交易证券，调整后的应收账款与投资、调整后的PPE，调整后的声誉，被忽略的含产品、顾客和员工的无形资产，资本化的政府许可，调整后的在子公司的投资。

（2）整个负债的价值，包括可"忽略"的自发负债（spontaneous liability）（应付账款＋应付工资＋应付税收），间接负债（诉讼费、罚款等）、债务。

（3）净资产的复制价值＝整个资产的复制价值－自发负债。

（4）股权的复制价值＝权益价值＋调整后的流动资产＋调整后的PPE＋调整后的声誉＋被忽视的无形资产＝净资产的复制价值－间接责任－债务。

（5）企业的资产价值＝股权的资产价值＋账面债务－现金

这里，我们对资产价值做了调整，因为：资产负债表上某些项目，在进入一个行业时，复制可能需要多付，也可能需要少付；而无形资产虽然不在资产负债表上，但进入一个行业时，是需要复制的；负债这一边，自发负债是运营时必须发生的费用，需要减去。

为了更好地表达上述逻辑关系，我们以表1-4和表1-5来概括。

表1-4　　　　　　　　价值投资理论的资产价值计算调整表

调整项目	调整方式
流动资产	
现金与可交易证券	按照面值
应收账款	减去违约的，加上违约后又偿还的
存货	FIFO，或者LIFO
延迟税收	按照面值
PPE	历史成本减去折旧 市场价值小于历史成本，冲销 土地或建筑物等可以按照市场价计价 特殊设备依赖于特定买方，取决于交易价格
声誉	先前收购时记账的声誉记为0
延迟税收	
无形资产	产品组合、客户关系、组织资本、许可证、特许权

注：产品组合：生产周期和过去的研发费用，客户关系＆组织资本：雇佣员工需要花多少钱，机构的市场价格。

表 1 – 5　　　　　价值投资理论所涉及的资产负债表相关的主要概念

负债和股本		自发负债	
流动负债			应付工资
	应付票据		应付账款
	应付账款		延迟纳税
	应计费用		其他自发负债
长期负债的年内到期部分		间接负债	
长期负债			养老金负债
延迟纳税			环境负债
优先股票			其他法律负债
股东权益		债务	
	资本		长期债务
	留存收益		短期债务

注：自发负债减少了进入时所需要的资本。

（6）格雷汉姆—多德净值：总流动资产 – 自发负债 – 间接负债 – 债务

2. 实例

表 1 – 6　　　　　　　　资产负债表实例　　　　　　　　单位：元

现金	44962831.90	票据	72594.26
政府债券	40498615.16	应付账款	24603137.87
其他证券	4877.00	总流动负债	24675732.13
应收账款	4939139.03	股本（优先与普通）	62352300.00
存货	70021072.57	税收储备	1837277.12
总流动资产	160426535.7	自保险储备	613846.38
延迟费用	3271851.23	留存收益	95141779.64
土地与建筑	4384749.82		
设备	16537797.56		
声誉	1.0		
资产总计	184620935.27	负债与所有者权益总计	184620935.3

该公司售价 1.26 亿元。

格雷汉姆—多德净值：总流动资产 – 总流动负债 = 160.5 – 24.6 = 135.9 > 126

该方法的缺陷：该清算价值中的存货的价值可能小于账面价值，应收账款可能存在问题。

现在我们来调整资产价值：（1）应收账款不再是 500 万元，而是 250 万元。（2）存货不再是 7000 万元，而是打八折，成了 5600 万元。（3）PPE 价值 2100 万元，打五折，得到 1050 万元。（4）该公司还有许多无形资产价值，品牌认可度与特许权价值，客户关系、供应链关系、训练有素的工人，我们假设它是 0。

保守估计的资产价值 15450 万元，即调整后的流动资产 14400 万元与调整后的长期资产 1050 万元之和，减去流动负债 2500 万元，得到 12950 万元，依然比 12600 万元大。

这表明，即使这家公司破产清算了，也能获得不菲的回报。当然，风险也是有的，如经理人是否愿意清算该公司呢？而且，这些资产对于投资来说，也未必可控。

（二）如何评估收益能力价值（EPV：Earning Power Value）

1. 基本概念 EPV = 收益/资本成本

收益：会计收益 + 调整额

会计收益：EBIT，要考虑周期因素，要用 5 – 10 年的期限覆盖周期。

EBIT = 毛利 × 净销售额

调整额：包括会计折旧和资本维持支出的摊销。

资本成本：WACC（企业价值）

公司 EPV = 业务运营 EPV + 多余的净资产；多余的净资产可以出售。

股权 EPV = 公司 EPV – 债务价值

维持性资本支出 = 实际支出 – 增长性资本支出

增长性资本支出 = PPE/销售额 × 销售增量

2. 资产价值与收益能力价值的比较

如果资产价值 > 收益能力价值，公司或者处于夕阳行业，或者公司管理不善。

如果资产价值 = 收益能力价值，行业自由进入，或者行业处于平衡状态。

如果资产价值 < 收益能力价值，公司拥有竞争优势，行业有门槛。

（三）以 Aeropostale 公司为例说明整个的价值计算过程

Aeropostale，简称 ARO，它是基于购物中心的休闲服饰专业零售商，目标客户是 14～17 岁的人群，销售自有品牌，这是一个竞争很激烈的行业。ARO 采取的是跟随战略，复制的对象是青少年服装零售商领导者 ANF 公司。由于采用跟随战略，ARO 的产品比 ANF 便宜，且省掉了广告费和营销费用。但是，ARO 的战略将自己的命运绑在了 ANF 的时尚引导能力上，一旦 ANF 引领青少年时尚服饰出现问题，ARO 就会出现问题。ARO 并不是一个多元化的零售商，但是，ARO 正在通过 PS 进入儿童服装市场。儿童服饰市场是一个还未开发充分的市场，正在多元化发展。GPS 公司正在进行服饰多元化战略，ARO 也开始了多元化。

我们这里要计算 ARO 的 AV 与 EPV，并决定是否投资 ARO，最后还要从反面立场重新审查 ARO 投资，以免遗漏重要风险。

1. ARO 的基本情况

ARO 没有债务，已知市值 20.06 亿美元。

现金等价物 2.66 亿美元（见 ARO 现金流表年末现金与现金等价物栏目数据），一个财政年度净销售 24 亿美元（见 ARO 损益表的净销售额栏目数据），运营收入 3.86 亿美元（见 ARO 损益表的运营收入栏目数据），最近的毛利在 13%～16%。

竞争对手：AEO（American Eagle）、GPS（The Gap）、ANF（Abercrombie）、URBN（Urban Outfitters）。ARO 的表现不如 S&P 零售指数，市盈率也比竞争对手低。

棉花价格飙涨：织物代表了服装 25% 的生产成本，并在价格变动 6－9 个月后影响服装价格。由于 ARO 是 ANF 的便宜版本，客户可能对价格更加敏感。ARO 的客户是青少年，他们的预算不多。

商品零售的集中度：85% 的商品是由 5 大零售商销售的。

宏观经济风险：ARO 的资本资产价格模型的 β 是多少？服装行业对宏观经济条件敏感吗？

2. 价值投资计算过程中的调整与计算

调整项目一：固定装置与设备，加上 249267 千美元，因为实际状况比账面价值高，故调整为 548509 千美元。

表 1-7　　　　　　　　　　　ARO 的资产负债表　　　　　　　　单位：千美元

	2011/1/29	2010/1/30		2011/1/29	2010/1/30
流动资产			流动负债		
现金与等价物	265553	346976	应付账款	103014	90850
商品存货	156596	132915	应计费用	113088	150990
预付费用	24533	21049	总流动负债	216102	241840
延迟税收	13593	21683	租户津贴	64736	68174
其他流动资产	9290	7394	递延租金	34782	27559
总流动资产	469565	530017	非流动退休福利计划负债	10829	10060
固定装置与设备	299242	251558	其他非流动负债	2349	6286
延迟税收	98	6383	不确定的税务负债	4298	3901
其他资产	4292	4351	非流动性递延所得税负债	7464	0
			股东股本		
			普通股	907	1371
			其他实收资本	195401	171815
			累积其他综合损失	-443	-6993
			留存收益	389764	922790
			库藏股	-152992	-654494
			总股本	432637	434489
总资产	773197	792309	总负债	773197	792309

调整项目二：被忽略的无形资产要添加，调整增加 13.32 亿美元。（1）劳动力价值 1.32 亿美元。ARO 有 4160 位全职雇员，13668 位兼职雇员，全职平均工资 6 万美元，兼职平均工资 3 万美元。全职职工总工资 2.5 亿美元，全职职工复制成本是总工资的 1/5，需要 5000 万美元；兼职职工工资 4.10 亿美元，兼职职工复制需要 8200 万美元，二者共计 1.32 亿美元。（2）品牌 12 亿美元，品牌价值是净销售额 24 亿美元的一半，品牌的价值估计需要估计与销售水平相关的销售成本，ARO 是梅西公司在 20 世纪 80 年代晚期创建的。1987 年，基于 ARO 专卖店开张了第一家购物中心，梅西扩张 ARO 到 100 家店。1998 年，梅西将 ARO 卖给了经理和贝尔斯登商人银行。2002 年，ARO 进行了 IPO。（3）客户价值 0 元，因为人流属于购物中心。

调整项目三：股本的资产价值。账面股本 4.326 亿美元，加上 PPE2.493 亿美元，加上无形资产 13.32 亿美元，共 20.139 亿美元。股本的资产价值

20.06 亿美元，没有资产保护。

如果我们投资 ARO，需要更多的盈利能力。

关于租赁：服装零售商的房地产价格暴露限于租赁合约。大多数零售商把租赁当做运营成本，没有在资产负债表中进行资本化。租金与销售指标相联系，我们要关注新开店是否在高租金增长阶段，是否在房地产繁荣地区，如果是，则将租赁视做固定负债。

表 1 - 8　　　　　　　　　　　**ARO 损益表**　　　　　　　　单位：千美元

	2011/1/29	2010/1/30	2009/1/31
净销售额	2400434	2230105	1885531
销售成本	1514272	1382958	1231349
毛利润	886162	847147	654182
销售、一般及行政开支	99368	464462	405883
运营收入	386794	382685	248299
利息收入	−118	121	510
税前收入	386676	382806	248809
所得税	155337	153349	99387
净收入	231339	229457	149422
每股收益	2.52	2.3	1.49
稀释后的每股收益	2.49	2.27	1.47
加权股份	91700	99629	100248
稀释后的加权平均股份	92762	101025	101364

表 1 - 9　　　　　　　　　　　　**ARO 现金流表**　　　　　　　　单位：千美元

	2011/1/29	2010/1/30	2009/1/31
运营活动产生的现金流：净收入	231339	229457	149422
净收入中产生现金项目的调整			
折旧与摊销	58719	52851	45773
基于股票的补偿	11485	14673	16666
租户补贴摊销	−12864	−12348	−11745
递延租金费用的摊销	7070	1366	2357
养老金支出	7993	3361	2757
递延收入税	18823	−4170	3022
基于股票补偿的税收利益	−5128	−1184	−1482
运营资产与负债的变化			
商品存货	−23100	−5599	9063

续表

	2011/1/29	2010/1/30	2009/1/31
预付费用与其他资产	−4989	−1308	−5202
应付账款	11904	13210	−21717
应计费用与其他负债	−37521	44131	13221
运营活动产生的净现金	263731	334440	202135
投资活动产生的现金结算流			
资本支出	−100807	−53883	−83035
投资活动中使用的净现金	−100807	−53883	−83035
融资活动产生的现金流			
库存性股票的购买	−257485	−174257	−6681
股票期权产生的收益	6978	10469	3754
基于股票补偿的税收好处	5128	1184	1482
融资活动中的净现金	−245379	−162604	−1445
汇率变化的效果	1032	493	−1052
现金与现金等价物的净增加	−81423	118446	116603
年初现金与现金等价物	346976	228530	111927
年末现金与现金等价物	265553	346976	228530
补充披露现金流信息			
已付收入税	147700	139019	112469
购买物业与设备的应计费用	5182	696	785

3. 毛利润率对价值投资的影响

ARO 运营毛利率（EBIT/净销售额）显著。2011 年的运营毛利润率是 383/2400，即 16%；2010 年的运营毛利润率是 382/2230，即 17%；2009 年的毛利润率是 248/1885，即 13%。2011 年，ARO 的毛利润率处在 16% 的高位，但在 2001 年时，毛利润率是 6.5% ~ 7.5%。

16% 的运营毛利率是可持续的吗？毛利润率可能要逆转。ANF 的激烈竞争带来压力，毕竟 ANF 品牌更好。ANF 的毛利润率目前是 6.7%，AEO 的运营毛利是 10.7%，我们假设其可持续的比率是 11%。

可持续的收益：0.11 × 24 = 2.64 亿美元。

有效税率 40%（155337/386676），投资者可获得的收益 1.584 亿美元（0.60 × 2.64）。

ARO 的折旧、摊销、利率支出都不大，不必调整。

P/E = 11.5，故 EPV ＝ 1.584 × 11.5 ＝ 18.21 亿美元，这个是市场给 ARO 的定价。

加上现金 2.65 亿美元，股权的 EPV 为 20.86 亿美元。

股本的资产价值 20.06 亿美元，股本的 EPV 为 20.86。由于 AV ≈ EPV，我们得出结论：（1）这个行业是自由进入的，（2）这个行业处于平衡状态。

所以，购买 ARO 不是价值投资者所看重的，尽管市场价格是公平的。

当我们假设可持续运营收入 EBIT 能够达到净销售的 15% 时，情况发生了变化：

0.15 × 24 ＝ 3.60 亿美元。

投资者能够获得的税后收益：0.60 × 3.60 ＝ 2.16 亿美元；

运营的 EPV：2.16 × 11.5 ＝ 24.84 亿美元；

股权的 EPV：24.84 ＋ 2.65 ＝ 27.49。

此时，对于股本来说，AV ＜ EPV，此时有投资价值。

4. 其他需要考虑的因素

对于价值投资者来说，ARO 意味着太多风险。（1）它不是一个多元化的零售商。（2）在经济改善的情况下，它会向高端品牌 ANF 丢失自己的顾客。（3）它似乎已经完成了在青少年服装上的发展阶段，正向儿童服装迈进。（4）它没有足够的资产保护，价值主要存在于品牌。

2012 年 1 月，ARO 的股价降到 9.25 元，对于价值投资者来说，这是一个可能的投资机会。ARO 的第二季度业绩较差，净销售比同期下降了 5%，商店销售下降了 14%；第三季度，净销售同比下降 1%。但是，毛利率比预期提高得更多，因为价格下降了，稀释后股份的净收益是每股 0.27 或 0.28，这导致第三季度业绩强劲反弹。

四、拓展分析

（一）价值投资的隐性假设：股市不会崩溃，因而灾难投资时投资亏损不是无下限的

1. 没有战争风险

巴菲特说，美国历史上股市没有长期关闭的，因而，价值投资不会发生流动性冻结的情况。当股灾发生时，往往是价值投资的最佳机会。但是，人

们会有顾虑：万一股市崩溃怎么办？此时，股市关闭，资金冻结，所有的投资都打了水漂。至于战争等风险，美国历史上从来没有外国入侵致股市非正常关闭的。即使是美国内战，只会使华尔街的重要性更加突出。巴菲特说，如果战争发生了，那么，你拥有那么多现金又有什么意义呢？

2. 股灾不会导致股市崩溃

香港在股灾时曾经关闭几天，但接着又开放了。中国股市，除非第三次世界大战，否则，股灾不会导致股市关闭。我国股市曾经跌落到800点，也没有关闭。所以，每当股市恐慌的时候，恰恰是价值投资机会来临的时候。

所以，此次股灾是股市投资的机会。中国的股市是安全的，即使发生6月26日的大践踏，发生流动性危机，对于一个价值投资者来说，那是一个机会，因为价值投资者对于那么高的泡沫是很警惕的，早就会空仓。

（二）价值投资是长期投资，但也可以是中短期投资

1. 当价值投资的对象发生了明显的泡沫时，价值投资者会选择卖出，而不是继续持有

巴菲特卖出中石油股票即是例证，所以，教条地认为"只有长期投资才是价值投资"者并没有理解价值投资的真谛。价值投资通过 AV、EPV、FV等的分析，加上安全边际，主要是为了防范风险，同时增加获利空间与获利概率。对于中国投机性股市来说，每当泡沫严重之时，就是价值投资退出之时。价值投资者投资中国股市，在股市行情发动的早期进入，也比其他投资者更早地退出。价值投资者相信：股市泡沫不会永久存在，泡沫终将破裂。这与做空资产泡沫的金融大鳄们不同，价值投资者的主要精力在于发现做多的机会。金融大鳄们则极力发现价格泡沫，并通过做空刺破泡沫获利。如果说价值投资者是金融市场的"生产者"，金融大鳄则是金融市场的"分解者"，二者对于一个健康的金融市场来说都是重要的。像生态系统一样，生产者会产生很多排泄废物，产生大量的尸体，这些需要被分解。但如果金融大鳄操纵市场价格，则为投资者所痛恨。价值投资者很少挨骂，他们是我国的股票市场发展中需要培育壮大的力量。而上市公司治理，则是价值投资赖以生存的土壤。

2. 价值投资者与战略投资者比较起来，哪个持股的时间更长呢

一方面，将价值投资者与战略投资者做一个比较。像巴菲特这样的价值投资者，他的投资对象并不多，比较集中。巴菲特会关注投资对象的管理，

包括战略管理，但是，对于具体的管理工作，巴菲特不愿意介入，而是让管理层和董事会来主导日常管理，他不会去越俎代庖。（1）当投资规模足够大时，价值投资者必然是一个战略投资者，与企业共荣誉，帮助企业成长。（2）从风险的态度角度来说，价值投资者相对于战略投资者更加保守。战略投资者可以很超前，愿意承担较大的风险。战略投资者往往拥有行业实业背景，与价值投资者的金融投资毕竟还是有区别的。如果是实业公司性战略投资者，持股时间会更长；如果是金融性战略投资者，由于其拥有一定的金融运作经验，能够给投资对象的金融运作，比如上市、并购、股权投资等，带来宝贵经验，创造价值。

另一方面，二者持股时间的决定因素不同。战略投资者或者是实业投资者，持股时间会较长，或者是金融投资者，以实现金融使命为目的。当价值投资者发现投资对象的价值没有吸引力时，就会退出。

所以，价值投资者与战略投资者的持股时间哪个长，需具体情况具体对待。

3. 价值投资者与风险投资者比较起来，哪个持股时间更长呢

首先，简单比较一下二者。价值投资者一般不进行风险投资，除非对行业十分熟悉。价值投资者拥有资金，拥有财务分析能力，以及有限的行业经验。风险投资者往往是由那些高科技创业者，转而演变成高科技投资者的，他们拥有成熟的风险投资能力，自身拥有雄厚的资金，也拥有筹集项目资金的良好信誉。巴菲特曾经投资于 IBM，但并没有投资于早期的 Facebook 等公司。但是，价值投资者也可以进行一些自己熟悉行业的风险投资，比如说巴菲特投资于我国的比亚迪汽车。价值投资者更加强调投资对象的价值和风险防范，这是他的金融本质。

价值投资与风险投资持股时间受许多因素的影响。（1）受税收制度的影响。美国股市牛长熊短，比如从 1987 年的股灾到 1999 年的股灾共十二年；而巴菲特的持股时间往往比这个还要长。即使在股灾的时候，他也没有出售股份。出售股份一者需要缴纳高昂的税收，二者，牛长熊短，两三年后股市又涨了回来，没有必要卖，或者说卖不划算。在中国没有征收资本利得的背景下，在股价低迷时买入，股价高昂时卖出，是划算的，是符合理性的。（2）受投资者对投资对象价值增长空间的判断的影响。例如 Facebook 等的股价回报上万倍，但是，其投资价值是逐渐被市场发现的，而不是一开始就被投资者全部认识清楚，因而，很多投资者在购买之后又抛售了。对于腾讯公司、

阿里巴巴，创始人马化腾和马云才是真正的价值投资者，他们拥有这些企业最全面的信息。根据市场公开信息，马化腾已经从香港股市套现 100 亿港元了。这对腾讯公司的股价来说，是个利空信号。（3）上市公司高管或大股东频繁套现，反映出股市泡沫化已经相当严重了，因为如果股价很便宜，企业还有很大的成长空间，股东套现就是不理性的。

4. 在中国学习巴菲特等价值投资理念的人大有人在，但能够真正运用价值投资理论的人并不多

其一，中国股市的市盈率比美国高很多，甚至高好几倍，一些价值投资的具体理论与技术很难找到合适的购买对象。其二，国内对价值投资的理念与概念理解得比较肤浅，甚至是错误的。不少人将价值投资简化成投资优质股或蓝筹股，这个观念是错误的。价值投资可以去选潜力股、成长股，甚至可以是 ST 企业。所谓的优质股，其价格往往已经很高，投资价值其实已经不大了。价值投资是谨慎投资，是安全投资，是平时多做功课，留足现金，关键时候迅速抓住机会的投资。

（三）价值投资也适用于金融监管

1. 我国经济发展的新时期对证券市场的发展提供了新的机遇，也提出了更高、更新的要求

首先，现有以信贷为主的间接融资体系不利于高科技创新与创业的发展。我国目前在航空航天、互联网、生物医药、新材料等方面拥有一定的优势，这些领域的科技创新需要大量风险投资跟进。而 IPO 作为风险投资首选的退出渠道，需要资本市场特别是股票市场的支持。所以，股票市场的地位有了空前的提升。

其次，我国民间大量财富需要新的投资渠道，股票市场、期货市场的发展正当其时。这些财富用好了，有利于企业降低融资杠杆，优良的企业也会给股民带来财富，从而实现互利双赢，这是股市大力发展的可行性之一。

再次，股市扶持新兴产业发展具有无可比拟的优越性。在一定的条件下，通过股票市场进行结构调整是一种市场自发的行为，要比通过银行信贷调控的效果更好。银行向落后产业的大企业发放大量贷款，而新兴产业的中小企业难以获得贷款。股票市场的体量庞大，优质企业通过优异的经营效果成绩单，获得更多的资金支持和更高的企业定价，快速成长。当然，这种经营效果的衡量标准未必是财务数据。例如，世界巨头亚马逊也只是近年才开始盈

利，以前一直亏损，并一直不断地融资以维持经营的可持续性。这种新经济独特的融资模式，是与传统产业截然不同的，是银行信贷所无法接受的。所以，大众创新，大众创业，高科技创新，都离不开股市的健康发展。

最后，我国的产业结构调整需要借助股票市场的资本运作，国有资本需要借助股市调整产业布局。这里的前提条件是：财务数据真实，股市投资者理性睿智。看看我国的股市结构，存在着艰巨的调整任务。一方面，煤炭、钢铁、有色、冶炼等传统产业在股市中总量庞大。但是，这些行业高污染、高能耗，且产能过剩。这些行业的国有资本占有较大比重。另一方面，IT 产业、战略新兴产业等民营资本主导的产业，代表经济发展的未来，国有资本的占比则过小。国有资本需要通过股票市场优化产业布局，以抓住明天。我国还有大量的国有企业需要股份制改造、混合制改革，需要资本市场的监督，以提高运营绩效，完善社会监督机制。

2. 以价值投资为指引的证券行业监管，能够解决股市治理的许多现实问题

投资者、公司、国民经济多赢的局面在于融资扶持了优质企业，企业不断发展壮大，效益不断提高，在国民经济中的重要性越来越大。所有的国内外股票市场对于上市企业制定了一定的上市条件，就是要保证这种多赢局面的出现。

一旦链条出现松动，就会出现"多输"的局面。（1）上市公司违法，如财务造假、虚假重组、虚假消息、操纵股价或者大股东通过关联交易操纵业绩，通过担保、抵押等方式掏空上市公司，等等，都会损害投资者的利益。（2）投资者依据虚假的信息做出了错误的决策，相关人员却逍遥法外，如虚假的财务消息、重组信息、重大信息等。对于相关责任人处分过轻，严重的消极示范效应会损害股市的健康发展。有经验的投资者受到蓄意欺骗，目前却没有有效的机制对其利益予以保护。这种投资者保护机制上的缺陷，严重制约了我国股市的健康发展，却没有得到相关部门的足够重视，造成这种现状的原因是多方面的。其中，联合执法机制与执法能力不足是重要原因。股市需要综合治理的客观需求与我国现有国家部委按条块设置机构的现实产生了矛盾。我们要学习美国《投资者保护法》相关的精神，允许利益受损的投资者通过主动的集体诉讼的形式来维护自身的利益。（3）注册制要做好相关的过渡工作。我国民间拥有让政府包揽一切责任的期望，凡是出了问题，就找政府，迫使政府从政治的高度进行处理。这种期望，中短期内不会因为注

册制的实施而改变。另外，注册制导致的上市公司的数量供应增多，不利于多方。同时，我国证券公司的人才并不完全拥有对上市公司价值的识别能力，也无法提供科学的投资指引。注册制是重大的制度转变，必须抓好细节，培育有利于新制度成功的积极因素。否则，注册制的全面实施可能会导致明显的副作用，使改革遇阻乃至遭受挫折。

我国现有股票市场相关法律的执行遭遇部门利益破坏与权力协调难的问题。比如说，对股票市场违法犯罪的行政处理就过缓、过轻，如果没有公安、监察、司法机关的介入，这些违法犯罪行为难以受到震慑。有些上市公司的犯罪在受到行政处罚后，并没有及时移送公安司法等部门，纵容了违法犯罪。建立公安、司法、监察与证监会、股票交易所、其他金融监管机构等高效的日常合作机制，降低跨部门执法的交易成本，为市场提供高质量的监管服务。

在软件行业有一个术语，叫做面向对象的设计。我国现有部委的职能改革主要有两个方向，一个是由 IT 革命"三网合一"引起的，如广电总局与工信部等的职能重组，二是金融混业引起的混业监管。无论是"虚"的金融混业经营，还是"实"的 IT 革命推动的部门整合，都说明 IT 革命引发社会管理革命，如免费、跨界、客户体验、快速迭代和管理扁平化，等等。金融监管、行业监管都涉及巨大的利益调整，其难度不亚于一场革命。怎么调整，是未来政府治理革命的重要内容。

无论是政府能力建设，还是说政府治理革命，都需要政府利用 IT 革命，根据市场经济自发的需要，重新塑造职能配置与工作流程，既要管得少，又要管得好。管理部门抓住流程性权力不放，掐住市场的脖子，实质性管理能力却不能胜任这些重要工作，这次股灾只不过是金融监管能力不足的突出表现。但是，证监会却拥有发放"出生证"的权力，越是金融改革开放，越是需要高质量的金融监管，越是需要能够迎接新监管挑战的人才。IT 革命，给政府治理变革带来历史性机遇，这是一篇划时代性的大文章。

生产力会为自己的前进开辟道路，扫清障碍，将教条主义者扔进历史的垃圾堆中去。谁逆历史的潮流，谁就会在全球制度竞争中败下阵来，美国也不例外。对于生产力革命带来的生产关系与上层建筑方向的调整，真马克思主义者是最清醒的。

如果说大部委制是中央做出的顺应时代潮流的政府管理模式改革的话，那么，金融业的混业监管将是另一个时代潮流。是否混业监管与怎么混业监管是两个不同的问题，不能因为我们不知道怎样更好地混业监管，就否认混业监管的必要性。在确立了混业监管的必要性之后，我们需要研究混业监管改革的路径。这其中，首要的就是人才问题。改革需要真人才。

场外配资活动之所以能够大规模开展，与分业金融监管的局限性有关。在配资活动中，作为账户提供方的信托公司和配资软件商，以及作为资金提供方的商业银行并不属于被证监会所监管的机构类型，从而这些巨量资金在证券业监管范围之外。

我们从一个金融监管行为来分析，酿成这次股灾的金融监管能力不足是有其必然性的。2007 年前后，大银行的网上银行能够提供股票经纪业务，影响了证券公司的经纪业务收入，证监会禁止银行涉足股票经纪业务，理由是《证券法》这么规定的。证券业的改革滞后于时代发展的要求，证券公司没有自己的核心竞争力，靠垄断获取丰厚利润，没有进取的动力。这么一个恶性循环，迟早要出事，不是以这种形式，就是另一种形式。

党的"十八大"确认市场的基础地位，"十八大"是指引"中国梦"的正确方向。改革开放，简政放权，需要动部门利益这个"奶酪"。

3. 股市的价值创造分析

股市的一级市场，即股票 IPO 是创造价值的；二级市场通过提供流动性，使投资者财富增值，来支撑一级市场的发展。如果二级市场出现问题，如股灾，长期熊市，则 IPO 就无法实现。我国股市大多数时间不能实现 IPO，在泡沫化阶段，乘机快速 IPO 一批企业，既抑制泡沫，又为实体经济注入资本。

健康的股市价值链是这样的：上市公司获得 IPO 或 SEO 资金，施行更好的激励机制，提高核心竞争力，提高长期获利能力；投资者获得股息和资本利得；投资银行业务的参与者尽职尽责，获得相应收入以补偿高级劳动的成本；政府保证这个市场的公正、公平、公开。

（1）美国在 1929 年股灾之后，将内幕消息、操纵股价等行为定义为违法犯罪行为，这是血的教训。对于我国投机型股市，有一种理论"水至清则无鱼"，反对依法治市。这种理论有损于股市的长期健康发展。（2）我国投机型股市有它的成长环境，有它的必然性，但股市综合治理就是要使股市具有内在的投资价值，使投资者、国家与上市公司互利共赢。（3）股市治理是一项系统工程，必须充分认识到其战略重要性和战略艰巨性。我国的市场经济改革从商品价格改革入手，逐渐到了资金价格市场化改革的阶段。这个阶段的任务包括人民币完全自由兑换，利率市场化与充满活力的资本市场建设。资金价格的改革风险巨大，千丝万缕，改革失误有可能酿成金融风暴乃至经济危机。这些改革与我国上层建筑关系紧密，属于攻坚战。问题更加复杂，考虑的因素也更多，路径设计将更加困难，利益调整将惊心动魄。资本市场改革与扩大再生产关系密切，对经济基础的影响更加直接。资本市场改革，就股票市场来说，一句话，就是股市综合治理，保证公平、公正、公开的原则得以实现，为股市健康发展打下制度基础。

4. 金融混业监管日益迫切，是对我国金融分业监管格局的重大调整，是一个必须解决的时代课题

相对于混业监管来说，制度需求与制度供给的矛盾十分突出。

金融监管的权力被分散到了"一行三会"、发改委、金融办、国资委等部门。人民银行负责汇率、利率、货币发行、清算、征信等，以及银行间票据、外汇等市场；银监会负责对银行业金融机构等的管理；证监会负责对上市公司、交易所、期货合约、证券期货协会等进行监管；保监会对保险机构、保险产品、从业人员等的监管。人民银行有动力统领混业监管，但法律上没有明确的规定。对于混合型的金融产品创新，目前金融监管没有更好的协调机制。虽然国务院牵头"一行三会"的合作，但是，产品级别的监管协调还不是主要协调内容。

随着全球互联网金融的发展，互联网技术为金融创新打开了一扇大门。互联网金融给传统金融机构带来巨大冲击，带来新思维、新的业务模式和混合性的金融产品。我国的金融改革被耽误了七八年时间，有的专家说耽误了十年。金融混业监管必须破题，而其改革的成败则在于细节。

5. 价值投资切中了我国股市发展的时弊

股市综合治理是治疗我国投机型股市的一剂良药。

我国投机型股市的原因。（1）税收结构支持短线交易。我国还没有资本利得税，短线交易、高频交易的成本不高。（2）短线交易、波段交易比长线交易更有利可图。在现有的炒股文化中，"炒股炒成了股东"是股民的悲哀。亏损被套的投资者，等价格涨上来了就会跑掉，号称解套。（3）大量资金沉积在股市，但股市里优秀的企业不超过30%，特别是在经济下滑的时候，优秀企业的数字比这个数字还要低。（4）股票价格过山车，值得长期持有的股票并不多。即使是那些较为优秀的股票，波段操作也获利更多。也就是说，该卖的时候一定要卖，不能砸在手里。（5）股市缺乏公平、公正、公开的环境，内幕交易、虚假信息、欺诈等行为明明已经构成了违法犯罪，但是，法不责众，最后不了了之，处罚也是象征性的。（6）劣质企业得不到淘汰，反

而成了"壳"资源，给投机者带来暴利，造成资源配置的低效率。（7）国有企业在股市的布局不尽合理，不少资源型企业等夕阳产业亏损严重，拖累大盘。（8）投资者特别是散户的投机心理较重。

所以，股市综合治理的措施包括几个方面。（1）依法综合治市，为股市投资创造一个健康的环境。打击财务造假、散布虚假消息等违法犯罪行为，扩大打击力度和打击面。（2）从全国优选公司上市，淘汰劣质上市企业，发展新三板和战略新兴产业等板块。我国改革开放近四十年，经济实力大增，要把优秀的企业推上股市，调整股市结构。（3）增加银行存款与股市资金的综合监测，如果可用资金都已经流入股市，则牛市就已经到头了。牛市是用资金堆出来的。（4）推动公司治理规范化，使上市公司创造价值。管好大股东套现、大股东圈钱，使公司良好经营成为股东致富的根源，而不是在投机市场的迅速变现；公司犯罪要追究主要管理者的责任，加大自然人的成本。（5）统一整个金融业的手段与政策，步伐协调一致，避免股市泡沫过快膨胀，避免股市泡沫破裂时产生系统性金融风险，降息、贷款、民间配资、杠杆、融资融券等统筹兼顾。（6）其他措施。

价值投资强调投资对象的投资价值，注重风险的事前防范，会有以下几个方面抑制投机的效果。（1）价值投资指引机构投资者参与上市公司的管理，用手投票，而不仅仅是用脚投票。根据价值投资理论，机构投资集中于部分上市公司，参与公司的治理，推动公司创造价值。这是我国推动机构投资者改革的主要方向，美国20世纪80年代在这方面做了大量工作，形成美国二十年牛市的基础。目前，我国不少基金追涨杀跌，本质就是大散户。这些机构不但不是股市的稳定力量，相反却是加剧波动的力量。（2）价值投资注重上市公司的业绩。上市公司通过经营管理创造价值，而不是玩概念炒作、虚假重组等游戏等。上市公司有了好的业绩，股价才有基础。（3）价值投资注重信息公开、透明、真实，以便做出科学的投资决策，所以，监管者要督促上市公司公布有价值的信息，市场参与者发现和加工有价值的信息。对于利用内幕消息进行交易的，从严处罚。证券业既是一个资金密集型、信息密集型和智力密集型的行业，更是依赖于全社会信用和法治治理的行业。（4）价值投资者对泡沫很谨慎，一般不会追涨杀跌，从而成为市场稳定于价值的中坚力量。巴菲特在2009年美国股市恐慌的时候大量买入，有利于美国股市的稳定。所以，价值投资策略是投资者、上市公司、国家多赢的投资策略，我们需要大力宣传与提倡。我们宣传的重点，不是巴菲特发了多大的财，而是他凭什么发财，以及该投资策略的多赢特性。

（四）在国际货币信用化的背景下，价值实际上是动态的

1. 货币价值的波动与股市波动的复杂关系

金本位制下也有资产泡沫，但屈指可数。郁金香泡沫、南海泡沫、密西西比泡沫都有特殊的时代背景，几百年一次。当西班牙、葡萄牙发现新大陆后，运回大量的黄金白银，而其资本主义生产力和生产关系却没有得到发展。相反，地主与贵族势力很大，生活奢侈，轻视劳动，生产成本较高。地主与贵族用黄金从荷兰购买生活必需品，从而刺激了荷兰经济发展。而且，荷兰的国际贸易为其带来了巨额财富，财富的膨胀使富人们渴望用价格高昂的郁金香来证明自己的高贵身份。同时，也有更多的投机者试图抓住这个暴富的投机机会，全欧洲的财富都向荷兰集中。郁金香泡沫破灭后，英国在与荷兰的资本主义竞争中，用军队打败了荷兰。至于南海泡沫与密西西密泡沫，是在资本主义经济发展初期，民族国家英国和法国由于战争欠了大量债务，国王参与到资产泡沫中来，试图以泡沫来抹掉国家债务。它们有一个共同特征，就是都涉及美洲大陆，有一个动听的却无法考证的故事。这些泡沫最后都破灭了。

货币信用化使资产更容易出现泡沫。看看近些年来，日本、东南亚、美国、中国都发生了资产泡沫，包括股市泡沫和地产泡沫。由于货币发行数量可以由央行轻易改变，利息高低也可以由央行调整，在低息的时候，房地产需求旺盛，股市资金供应充沛；当通货膨胀上行时，央行加息，导致房地产需求疲软，价格下跌，股市也跌入熊市。

每当利率变化的时候，股市就要重新估值，汇率也面临重新估值。在美元作为主权信用货币充当世界货币的条件下，利率、汇率、通货膨胀率、商品价格等不断浮动，整个世界处于价格的不断动荡中。

2. 价值投资中的价值是估算，并不是僵化不变的数字

我们在前面的例子中，根据企业的资产负债表、现金流表、损益表算出了企业的资产价值 AV，进而算出持续收入能力 EPV 和特许权价值 FV。由于形势的不断变化，今年算出来的价值，明年可能就变化了。所以，要计算十年的数据，至少一个经济周期，并加上 40% 的安全边际，这是一个估算。

价值投资中的价值是动态的。随着经济形势的变化，企业的资产负债表等也会发生变化。对于成长型企业，由于可供计算参考的资产负债表的时间

较短，很难算出一个稳定的数据。巴菲特所选取的高科技企业也是有一定年头的，如 IBM。巴菲特很少选择成立时间短的高科技企业进行股权投资，也就是他一般不进行风险投资，因为他对风险投资这个领域不熟悉。

3. 没有静止不变的价格，也没有一成不变的股票价值

股票的价值是变化的，这是价值投资理论的应有之意。价值投资者在计算出公司的三种价值后，还要进行审查，考虑潜在的不利情形，以免过分乐观，给投资带来损失。很显然，如果发生了影响公司基本面的意料之外的重大事件，公司的价值就得重新评估。当然，在环境没有发生重大变化的情况下，经过周密的价值核算与评估，公司价值计算就是基本科学的。

公司价值的计算要比商品价格的计算复杂，考虑的因素更多。相对于净现值法来说，价值投资的估值更加接近真实市场，更加客观。这里，我不再做过多介绍，前面已经详细介绍过了。

第二章 其他投资流派及比较分析

一、技术派对顶部的分析

（一）技术派简介

技术分析的要素包括价格、成交量、时间与空间。

道氏理论是技术分析的基础之一。道氏理论是趋势理论，认为市场运动是有趋势的，趋势分为三个阶段，趋势形成后会持续，直到出现明显的反转信号。趋势需要成交量的确认，趋势用价格平均指数来代表。

技术分析可分为：（1）K 线类。K 线类是根据若干天的 K 线组合情况，推测证券市场中多空双方力量的对比，进而判断证券市场行情的方法。K 线图是进行各种技术分析的最重要的图表。（2）指标类。它是根据价、量的历史资料，通过建立一个数学模型，给了数学上的计算公式，得到一个体现证券市场的某个方面内在实质的指标值。常见的指标有 RSI、KD、DMI、MACD、OBV、PSY、BIAS 等。（3）切线类。切线类就是按一定方法和原则在根据股票价格数据所绘制的图表中来画了一些直线，然后根据这些直线的情况推测股票价格的未来趋势，为投资行为提供参考。常见的切线有趋势线、轨道线、黄金分割线、甘氏线、角度线等。（4）形态类。形态类是根据价格图表中过去一段时间走过的轨迹形态来预测股票价格未来趋势的方法，主要的形态有 M 头、W 底、头肩顶、头肩底等。（5）波浪类。波浪理论是把股份的上下变动和不同时期的持续上涨、下跌看成是波浪的上下起伏，认为股票的价格运动遵循波浪起伏的规律，清楚了各个浪就能准确地预见到跌势已接近尾声，牛市即将来临；或是牛市已到了强弩之末，熊市即将来到。波浪理论较之别的技术分析流派，最大的区别就是能提前很长时间预计到行情的底和顶，而别的流派往往要等到新的趋势已经确立之后才能看到。

我们不打算对这些技术流派进行教材似的详细介绍，我们对这些知识的创新性应用感兴趣。正像前文的综合分析，它展现出来的是能力，而不是纯粹的知识。纯粹性的知识内容很多，笔者无法在这本专著里进行全面介绍。知识流淌在脑海里，如果要创新性地表达出来，需要花费大量精力。笔者的焦点是分析股市动荡，提出价值投资理念和股市治理对策，并为投资者提供分析样板。

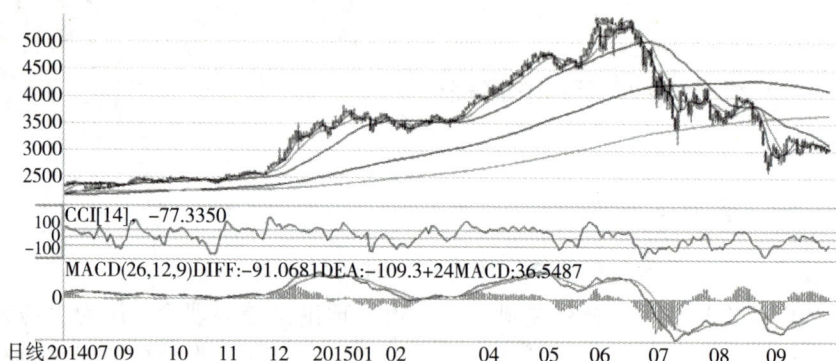

图 2 - 1　沪深 300 指数期货主力 K 线图

（二）顶部的综合分析

从这张 K 线图可以获得以下信息：（1）K 线由完整的四浪组成。道氏理论认为趋势一般由三浪组成。之所以出现了四浪，除了各种利好不断外，配资的超常推动力也是重要原因。（2）5 月 28 日的大跌一举击穿三天的大阳线，只是由于 6 月 1 日的大阳线收复了失地，人们的危机感解除了。（3）6 月 4 日拉出更大的下影线，震荡幅度 10%，由于多头护盘而化险为夷，这是空头第二次强烈冲击，多头成功护盘麻痹了普通投资者。以为有"神"一样的"护市使者"存在，可以高枕无忧。很多人因为这两次多头护盘，高估了政府的实力。（4）尽管空头首战再战失利，证监会的清理配资却帮了空头的大忙。清理配资的不少传闻是谣言，但它们严重影响了市场多方的意愿，改变了多空力量的对比，不少投资者自发地加入到空方。（5）后期无法创新高，加上证监会的泡沫论，使投资者达成普遍共识：股市有泡沫，需要深度调整。股市确实泡沫不小，但身为证券市场监管者，证监会不能像普通投资者那样发言与思考，它应该考虑更多更全面，结果导向十分重要。（6）5日均线下穿10日均线，同时，MACD线DIFF下穿DEA线，这是重大的见顶信号。

既然顶部已经确立，底部在哪儿？没有经验的投资者，会在5000点、4500点、4000点等指数位购买股票，他们的依据是：股市处于牛市，每一次下跌都是买入的好时机。这些投资者在高点被套之后，往往又在下降不多的价位重码加仓，导致彻底套牢，亏损严重。有经验的投资者，会采取短线交易，每次大跌之后（约跌30%甚至更多）买入，每次反弹两三天后，卖出。因为利空没有出尽，一旦下跌的趋势形成，不下跌出一定的空间，市场是不会罢休的。大跌后的每次反弹，力度一般不会超过下跌幅度的50%。

根据多年的我国股灾救市经验，政府与股票市场的关系：政府只能顺势而为，政府如果逆势而为，会被市场打败。或者说，政府不能改变市场趋势，尽管可以暂时改变市场运动状态。

如果你的这些判断都对了，在这次股市动荡中，你就会收获颇丰。

当然，我们还有很多信息支撑顶部判断，增加旁证。比如说，国际形势不妙，乌克兰危机、叙利亚冲突、大宗商品价格持续下滑、石油价格暴跌，美国加息预期，巴西与俄罗斯经济困难，中国经济"三重叠加"，经济数据不佳，等等。

泡沫有可能维持较长时间不破裂吗？有可能。在顶部，多头还很强大，多头在顶部两次成功地击退空头的进攻就是证明。泡沫的维持，需要监管部门的呵护和睿智，以及管理部门间充分的协调联动。政府需要思考：如果不希望泡沫破灭，又不希望它继续膨胀，该怎么办？"四要一小心"。一要保，二要改，三要管，四要治，小心翼翼。一要保，保就是保泡沫。政府不主观制造重大负面新闻与利空政策来压制股市，要提前预备足够的利多择机释放，帮助多头守住阵地。同时，打击空头的做空实力，消解其做空意愿。保泡沫不代表吹泡沫，所以，也要压制多头吹泡泡的冲动。二要改，推进改革，混业监管改革、政府治理变革、提升股市内在价值的改革，等等。三要管，就是加强对金融新闻信息的发布与管理，管理市场多空预期。市场广泛流传的重大金融新闻信息，金融监管部门缺乏干预能力。定期举行监管机构新闻发布会，修正媒体错误的宣传，媒体的"国家牛市"理论是多头生产的供空头使用摧毁多头的炸弹。四要治，就是推动股市治理，包括股市法治来整治股市投资环境。整治股市环境对多头是一种牵制手段，比清理配资的杀伤力小多了，以抑制多头"吹泡泡"。小心翼翼就是剑走偏锋，既要防空，又要防多。

能做到以上"四要一小心"恐怕是个奇迹。我们认为，股市泡沫的破灭是必然的，正是股灾暴露了我们的政府治理（包括股市治理）与现实需要的明显差距。

如果我们不进行深刻的反思和分析，爆发股灾的根源没有解决，下次我们还会犯同样的错误。当然，这次股灾的根源得以解决，下次还会爆发股灾，这是资本运动的规律。但是，新的股灾的规模、内容、性质和后果会有进步。事物发展的是辩证的否定，这次改革会释放新的经济潜力，经济会在新的基础上形成均衡，接着就会在新的基础上产生新危机。

二、价值投资与其他流派的比较分析

表 2-1　　　　价值投资与其他流派比较分析表

流派	技术派投资理论	动量投资理论	价值投资	其他流派
流派细分	K 线理论 波浪理论 道氏理论 形态理论 技术指标投资	追涨杀跌，共同基金的主要投资方法	基于价值和安全边际	程式化交易 高频交易 基本面分析 分时图综合分析
对波动性的影响	判断反转，预测趋势	增加波动幅度	缩小波动幅度	不确定
价值基础	不考虑	不考虑价值基础	考虑	不考虑
对流动性影响	不确定	涨停或跌停时恶化流动性	影响小	增加流动性
与股市治理的关系	无内在联系	不利于股市治理	有利于	无内在联系
是否符合人性	符合	符合	不符合	克服人性弱点
是否适合期货、外汇等交易	适合	适合	需要修正价值计算方法	适合

（一）价值投资关注股票价值，而其他投资流派不甚关注

动量投资的主要方法就是羊群效应。很多基金公司的主要投资方法就是动量投资，投资组合的周期为一个月或一年等，周期到时，卖掉价格下降的，

买入价格不断上升的。据华尔街的研究，这样的投资绩效相对较好。

K 线理论、波浪理论、道氏理论、形态理论等并不需要知道股票的价值是多少？这些理论从 K 线等形态、指标出发，来判断买入还是卖出，并不关心股票的价值。当然，这些理论如果与价值分析结合起来，理论上可以获得更多的收益。但是，由于交易费用不菲、人为判断容易出错等原因，频繁交易所获得的收益往往不佳。在投资界，一般认为，除非程式化交易、量化交易等交易模式排除人为的情感因素影响外，多看少动实为上策。买卖越频繁，利益越低，亏损的概率越大。当人们盈利的时候，就会骄傲，从而造成新的损失；当人们亏损的时候，就会害怕，从而放弃新的盈利机会，这是人之常情。所以，对于专职交易员来说，最大的敌人是自己。这也是近年来，各种量化交易、程式化交易、高频交易兴起的原因。

（二）追涨杀跌的动量投资容易导致恐慌与疯狂，其他投资理论能够预测极端行情

追涨杀跌的羊群效应可能导致恐慌或疯狂。此时，技术指标会失灵，反应迟钝。技术指标的钝化是技术指标应用的重要弱点，在钝化的时候，它对重要损失或者盈利反应不敏感，从而给投资者带来重大损失，或者使投资者丧失重要的盈利机会。

从技术流派来说，牛市的前三波行情，指数调整的幅度过小，政府有意无意地释放了过多利好支撑股市。指数调整的幅度过小，实际上成为之后大盘上升的风险。这个阶段产生了财富的示范效应，而风险却被抑制住了。投资者感觉不到股市的风险，却收获了惊人的财富。这个阶段后的结果是，大量新手进入股票市场，抱着短线、暴富、赌博的心态，从而使投资者结构质量下降。他们的投资经验不多，识别与抗御风险的能力也不强。牛市的第四个阶段，股市就已经疯狂了，基本上没有调整，直线上升。大量新的融资盘涌入股市，涌资盘的账面盈利不断增加。但是，新的资金已经很难再有了，股市无法冲出新高。在这种情况下，有经验的谨慎的投资者就选择逃顶，锁定盈利。

资金是牛市的重要驱动因素之一。我们打这样一个比方：当所有的现金都换成股票时，股票就不值钱了；当所有的货币都转换成房产时，房产价格大跌的时间就来临了。这个道理很简单，不需要什么专业知识。物以稀为贵，货币稀缺则货币值钱，商品稀缺则商品值钱，人力稀缺，则工资上涨。

股市疯狂上涨之后，必然有一波大跌洗盘。否则，趋势性行情无法形成。指数从 2200 点涨到 5200 点，之后下跌，有三种可能：第一种情形是浅跌，跌幅是涨幅的 30% 左右，故 4300 点左右是支撑；第二种情形是中跌，跌去涨幅的 50% 左右，3700 点是支撑；第三种是深跌，跌去涨幅的 60%～70%，3100 点至 3400 点。市场跌到了 2600 点后，迅速被政府救起，稳定在 3000 点以上。

政府调控股市，有没有可能实现这个目标呢？使股指横盘大幅震荡，以时间换空间，最终促使配资安全撤资。有可能，但政府没有动力这么做。

即使对于价值投资者，如果不恰当地运用杠杆，也会造成损失。除非他在股市刚发动时就使用了杠杆，否则，深度的市场调整会无情地把他淘汰出局。所以，投资者要慎用杠杆，在刚开始买入时就要使用杠杆。只要买到了市场安全价，就可以幸存下来。罗杰斯说，不要借债炒股。

我们说过，中国的股市波段操作最有利，而长期持有的收益率一般来说要低于波段收益率。

（三）各流派对股市流动性的影响不同

价值投资鼓励长期持有。对于中国股市来说，在股市筑底时买入，在股市顶时卖出，就是成功的投资，持股时间只有长期持有的几分之一。随着股指期货等衍生工具的买卖，下跌的风险可以借此对冲，从而不用出售现货股票。这是价值投资与其他投资的混合投资。

各种投资在股市周期里是多次买卖的。对于资产组合类的动量投资来说，以资产组合重组的周期为准。如每个月初都对资产组合重组，则一年下来就会各买卖 12 次。价值投资规定了买入点，但没有规定何时卖出。何时卖出取决于投资者自己，或者以价格上涨幅度为准，或者以其他技术指标、财务指标为依据。对于技术派，通常由 K 线、指标线等发出买卖指令。不少技术指标适合震荡行情，不适合大涨或大跌行情，碰到单边行情就会犯错误。由于政策救市的行情恰恰是震荡市，因而落入了量化交易的虎口。所以，政策上禁止了高频量化交易。量化交易本身包括程式化交易、高频交易、分时图综合分析等，不少量化交易与技术指标有关系，但与 K 线理论、波浪理论、道氏理论、形态理论的关系不是很大，因为，这些理论很难量化，同样的形态，仁者见仁，智者见智。另外，量化交易所应用的技术要比技术指标的范围宽，套利技术、分形技术、混沌交易等数学工具在交易上得到不断应用。

除了价值投资，其他类型的投资既有增加流动性的可能，也有使流动性枯竭的可能。当恐慌来临时，强平超过了市场的购买容量，市场流动性出现危机。

（四）各流派符合人性的程度不同

1. 追涨杀跌符合人性

普通投资者，甚至毫无经验的投资者都会追涨杀跌，本能使然。极端情况下的追涨杀跌，即羊群效应，导致市场的无序，是市场价格非线性运动的典型例子。

2. 量化交易通过没有感情的智能机器来战胜有感情的人类

在高频交易中，有一些流派就是利用时间序列理论，也就是计量经济学的方法，来研究股价的走向，以及获利方法。有些人利用线性回归方法研究股票指数，有些人在此基础上加上修正技术，在一定时期，由于某些巧合，数据分析确实可以得出股票指数是线性的结论。但是，这种结论是极其脆弱的，或者很大程度上是错误的，因为经不起未来的检验。但是，智能机器冷血无情，没有恐惧，也不会骄傲自满，不知疲倦，没有情绪波动，这是量化交易所看重的。所以，一旦你找对了工具，这种工具就像机器一样帮你去赚钱。当然，这样的机器是极其稀缺的。在量化交易的算法中，真正赚钱的算法都是保密的；公开的算法，往往是已经失去赚钱能力的。美国的顶级量化交易团队，都是由顶级的数学家、计算机工程师等人员组成的小组。他们设计新颖的算法，先经过严格检测才上线。如果上线后盈利的话，就不断追回资金。如果不赚钱，小组就会被逐渐淘汰。这些公司都不愿意曝光自己，不愿意走到聚光灯下，只是专心埋头赚钱。

3. 价值投资也是违反人性的

价值投资的理论也是不符合人性的。价值投资者必须经过训练，才有可能成为价值投资者。耐心是价值投资者的一个基本素质。如果说股市是由许多单元组成的复杂的系统的话，资金的流动会导致价格的变化，而资金之所以会出现流动，是由于各个单元在面对社会乃至全球性各种消息与事件做出的反应不同而导致的。所以，科学家用混沌理论来研究股市。（1）投资者面对股市波动，不可能没有心理反应。乐观或悲观的情绪，往往快速转化成行为。只看，不操作，多看，少操作，都是要经过训练才能达到。买卖操作要有理性依据，没有经过大脑深刻思考的，不能行动。（2）人们恐惧的时候，正是你疯狂的时候，人们疯狂的时候，正是你恐惧的时候。这又是违反人性的投资信条。别人恐惧的时候，恰恰也是你恐惧的时候。而别人疯狂的时候，也恰恰是你疯狂的时候。也许有些人不信，说我与众不同。别人疯狂你恐惧，需要经过训练。当你从市场上血淋淋的"乐极生悲"的事实，观察到"别人疯狂你恐惧"的重大投资价值，理性训练就为人自己的行为树立了规则。这些规则是训练的结果，不是天生的。（3）价值投资对于价值的计算需要专业理性知识，是后天习得的。对知识的应用时时受到人性的干扰，你只有经过训练，才可能真正理解价值投资的精髓。（4）在股市投资中，赚钱的是少数，一般不超过 10%。价值投资提前做好功课，降低投资的随意性，保证投资的成功率。

4. 技术派试图将蕴含其中的人的感情排除在外

K 线、形态理论、波浪理论、道氏理论等没有明显的量化指标，因而对于同样的分析对象，不同的人得出的结论并不相同。这是灵活性，也是不确定性。美国股市有技术分析师资格证书，但是，这些人的总体投资业绩并不好。因而，戴维·阿伦森（David Aronson）等就试图将技术分析实证化，以便计算机能够锁定交易信号[①]。当然该书只是抛砖引玉，很多问题还不能彻底解决，还有很长的路要走。

技术指标法则可以直接运用于量化投资。它方便投资者利用历史数据进行回测，能够与其他各种指标一起使用，探索交易获利的方式。既可以是其他技术指标，也可以是财务指标，还可以其他各种数据，如连跌天数，等等。

技术指标如果不是由程序来自动交易的，则仍然受到交易员的情绪状态等的影响。如果由程序自动交易，则不受交易人员人为情绪等因素的干扰。K线等理论，由于目前还无法量化，只能人为观察，并人为判断交易时点，因而，难免要受到投资者的情绪状态等的干扰。在情绪的影响下，可能随意偏离原定交易计划，否定原交易计划，从而导致深思熟虑的投资计划得不到执行。

（五）各流派并不都适合于期货与外汇交易

1. 技术派投资理论适合外汇、期货等投资

对于外汇、期货等投资，由于要形成价格信息，一定期限的价格信息必

---

① 戴维·阿伦森，实证技术分析：用科学量化方法锁定交易技术信号［M］. 北京：机械工业出版社，2015.

然可以运用 K 线等理论来进行分析。因而，K 线理论、波浪理论等自然适合于外汇、期货等投资。

但是，实际上，这些理论往往结合其他投资理论与方法。要提高价格预测成功的概率时，需要运用的辅助方法也是不同的。如在外汇走势中，需要运用外汇决定的相关理论与方法。这些概念与技术派的理论相结合，给投资者以更大的自信，从而提高成功率。

以 1940 年饮弹自杀的美国投机大家杰西·利莫弗尔（Jesse Livermore）为例，其著作《股票大作手》（*How To Trade In Stocks*[①]）详细介绍了如何进行股票趋势操作。实际上，在 *Amazing Life of Jesse Livermore*《杰西·利弗莫尔疯狂的一生》书中，作者理查德·斯密顿详细介绍了利弗莫尔如何在棉花期货中成功地运作。技术分析不只适用于股票，也适合于商品期货。

2. 动量投资理论适合外汇、期货等投资

动量投资理论适合于趋势投资。即只要价格上涨是一种趋势，那么追涨杀跌就是顺势而为，就是正确的。如果行情处于震荡，或者行情反转中，那么动量投资就是错误的，就会损失。所谓"一买就跌，一卖就涨"，指的正是震荡行情下，初入股市的投资者面临的情形。对于一个老到的投资者来说，一般不会出现这种情形。但对于投资新手来说，追涨杀跌容易导致损失。

动量投资可以与技术派投资理论相结合起来。动量投资理论通常运用于资产组合管理，买涨卖跌，本质是追涨杀跌。当投资某只股票时，追涨杀跌可以与波浪分析法结合起来。波浪有上升浪和下跌浪，在上升浪开始时买进，在下跌浪开始时卖出。艾略特波浪分析法，国内有不少人过于迷信，也就是僵化、夸大、神化波浪理论。

但是，在期货、外汇等交易中，波浪并不是唯一的行情形态。有一种常见的形态是这样的，当行情爆发时，一定阶段内有一个确定的上涨趋势，上涨过快或过度时，有一个整理阶段，也就是震荡阶段，对称三角形整理、上直角三角形整理、下直角三角形整理、矩形整理，等等，接着再趋势性上涨，再整理一段时间。这种形态并非标准的波浪形。所以，如果对多种投资理论活学活用，加上价值投资的风险防范理念，想不赚钱都难。价值投资对于投

---

① Jesse Livermore. 股票大作手操盘术：融合时间和价格的利弗莫尔准则 [M]. 北京：人民邮电出版社，2015.

机泡沫高度警惕，安全边际的思想大大减小你步入雷区的概率。

3. 价值投资等变形适合外汇、期货投资

价值投资主要在股市中做多，在选股上有一套自己的策略。在期货、外汇等交易上，其实没有自己成形的策略。以哥伦比亚大学商学院的价值投资研究中心为例，课程主要讲授股票投资，不涉及期货等投资。商学院的 MBA 课程中，讲期货主要从随机金融角度，也就是衍生金融角度来谈定价，通过波动性来定价期权，通过期权定价反推期货价格。这方面，巴菲特等为代表的价值投资学派没有涉及。价值投资也否定现代投资学的风险、市场有效等概念。现代投资也否定巴菲特投资收益的必然性，认为那是运气。这种争论一直没有停止过，看起来，他们像"死对头"。

对于外汇，虽然有一些外汇理论对外汇的价值做了讨论，包括购买力平价理论、利息平价理论，但是，汇率的价值难以确定，也只能是一个区间。价值投资理论也没有涉及这些方面。

尽管现有价值投资理论并不涉及期货和外汇等交易，但是，价值投资的思想可以在这些方面予以运用和拓展。另外，价值投资理论所取得的辉煌成绩，以巴菲特为代表，在华尔街，是非常靓丽的，这些收入不包括股票做空，以及期货等衍生品投资。与索罗斯那些充满争议的做空、期货投机、外汇投机来说，巴菲特创造的更多是多赢的局面。在亚洲，巴菲特的声誉要远远好于索罗斯，在特殊时期，索罗斯到香港都是头条负面新闻。

从价值投资的思想来说，股票价格高估时做空，价格低估时做多，都是价值投资。巴菲特为代表的价值投资者在投资股票时，基于财务等信息有一整套的策略与方法，这些策略与方法在不同的著作中都有所披露。索罗斯通过外汇市场、股票市场、期货市场做空外汇与股指，是基于外汇高估的判断，至于如何计算外汇高估额，索罗斯并没有公布自己的方法，只是在《金融炼金术：理解市场的心灵》、《金融市场的新范式》、《索罗斯：走在股市曲线前面的人》等著作中畅谈了自己的投资哲学。市场泡沫自我检测，自我强化，直到最终破裂。索罗斯深谙此道，在次贷危机之后，个人财富在 2012 年较 2008 年翻了一倍多。

4. 其他流派适合外汇、期货投资

在华尔街，对冲基金是最有活力的，最先利用信息技术和投资思想的。这些基金吸引了世界上最聪明的物理学家和数学家，程序化交易能在几毫秒内对美联储公布的重大信息做出反应，捕捉获利机会。他们利用推特 Twitter

来分析人们的情绪，做出正确的股票交易决策。这种能力是在一次关于白宫爆炸的假新闻中曝光的，美国股市瞬间蒸发 1400 亿美元，原因是对冲基金具有对重大事件进行信息分析和自动交易的能力。

我相信中国人的聪明才智。在中国推动金融业等服务业发展的结构调整过程中，随着金融业改革开放步伐的扩大，未来二十年，中国完全可以产生巴菲特与索罗斯级别的投资人才，甚至超过他们。

第三章　巴菲特参与
企业重整的价值投资实例

　　股市投资牵涉到天使投资、风险投资、PE、IPO、二级市场交易等。如果你不参与企业重整，只是纯粹的买卖股票，低买高卖，那还不是真正的价值投资。巴菲特也做纯粹的波段投资，不参与企业的管理，但是，他最值得我们学习的，对我国股市发展最有借鉴意义的是参与企业重整的投资，因为这些管理行为真正体现了价值投资的真谛。巴菲特在纺织、饮料、金融、报业等都有投资，每次投资都是一大笔投资，而不是分散投资。他在投资之前，先做足功课，如与被投资公司的高管很熟悉。集中投资使巴菲特成为公司的董事，甚至成为最大的股东。他在公司股价最低时买入，然后悉心运营，使公司创造丰厚利润，股价大幅上涨。最终，巴菲特获得的投资收益远远超过那些致力于股市交易的投资公司。

　　巴菲特这种方法对我们很有启示，那就是机构投资者要能够参与公司运营，使公司扬长避短，走出危机，从而获得巨大的价值增值。但是，像巴菲特这样既懂交易，又懂管理的投资大师并不多。我国的股市需要这样的复合型人才，纯粹的机构投资者，并不能给公司直接创造价值，至多是善于选择优秀公司而已。

一、参股伯克希尔·哈撒韦公司

　　伯克希尔·哈撒韦公司是巴菲特的大本营，是他自己的公司，他一直持有该公司的股票，从不出售。他收购可口可乐、运通、《华盛顿邮报》等都是通过这家公司来进行的，它占有40%的股份。在巴菲特早期阶段，他通过该公司收购保险公司，利用保险公司提供的现金，进行新的收购，从而创造了天价利润。

（一）收购伯克希尔·哈撒韦公司概述

马萨诸塞州的新贝德福德曾经是世界捕鲸贸易中心。1847 年，此地成立了第一家纺织厂。后来，北方纺织业逐渐衰败，1940 年，纺织工人只有 9000 人。哈撒韦制造公司由西伯里·斯坦顿经营，他 1915 年毕业于哈佛大学，陆军中尉。在当地纺织厂一个个迁往南方的背景下，西伯里坚守本地，十年里共投资 1000 万美元，他的合成纤维分厂在第二次世界大战时用于制造降落伞，1954 年，飓风吞噬了整个工厂。1955 年，西伯里与蔡斯家族控制的伯克希尔联姻，年销售额 1.12 亿美元。西伯里·斯坦顿任总裁，马尔科姆·蔡斯任董事长，成为当地唯一存活下来的纺织企业。西伯里一方面与工人有隔阂，另一方面因为要追加投资及削减工人工资等问题与弟弟奥蒂斯关系紧张，奥蒂斯负责销售。此外，西伯里绕开加工批发商，将产品直接销售给服装制造商，触犯了加工批发商犹太人的利益。1962 年，公司运营损失高达 220 万美元，股价跌破 8 美元。由于西伯里想把总裁的职位传给自己的儿子杰克，西伯里与奥蒂斯的矛盾更加激化。1963 年，巴菲特合伙公司成为伯克希尔·哈撒韦公司最大的股东，并由丹尼尔·考因代为公司董事，自己不出面。当巴菲特视察公司时，他从杰克手里拿到了公司四十多年以来的财务状况复印件。而在巴菲特视察工厂那天，具有总裁竞争潜力的肯·蔡斯陪伴了巴菲特，此人最终被巴菲特指定为纺织厂的总裁。当西伯里与唱白脸的丹尼尔·考因在经营方面发生争吵时，肯·蔡斯准备另谋出路。巴菲特与奥蒂斯谈妥了股份转让的条件，收购了兄弟二人手上的股票，占股 49%。杰克·斯坦顿为了争总裁的位置，赴纽约与巴菲特夫妇见了一面，但没有打动巴菲特。新的董事会会议上，巴菲特掌管了实权。巴菲特分管资金，肯·蔡斯负责与纺织有关的事宜。巴菲特没有给肯·蔡斯股票期权激励，而是给了他贷款 18000 美元，买进 1000 股股票，肯·蔡斯的年薪当时只有 30000 美元。肯·蔡斯接受了巴菲特不再追加投资的要求，担任总裁职务。

巴菲特向肯·蔡斯讲述投资的基本理论，关心利润与投入资本的比率。巴菲特要求肯·蔡斯把存货量和管理费用压至最低，每月把财务报表送给自己，并提醒自己可能发生的意外事件。

由于 2 年来纺织品市场繁荣，公司利润丰厚。1967 年，巴菲特付了每股红利 0.10 美元，从此再也没有派发过红利。1969 年，纺织厂都停工了。1970 年，伯克希尔·哈撒韦从保险业赚取的利润是 210 万美元，从银行赚取 260

万美元，而从纺织业赚取的利润是 45000 美元，而三者所占用的资金是大致相当的。

（二）收购国民赔偿公司

国民赔偿公司的控股股东是位精明的商人杰克·林沃尔特。他在大萧条时期给出租车司机提供保险："要想挣到钱，就得为别的承保人不敢承保的领域提供保险服务"。杰克的强项是经营高风险的汽车保险业务，而且因为在各城市承办寻宝节目而声名鹊起。杰克将一张 10 万美元的银行汇票塞到牙膏筒里埋到地下，他提供的线索极为隐晦，通常是不可能找到的。

在与杰克的 15 分钟会谈中，巴菲特以让杰克满意的条件，花费了 860 万美元买下了该家位于奥马哈市的保险公司。保险业带来的现金流，即收取保费与偿还债务之间的金额，即浮存金，被巴菲特投资于股市。巴菲特比任何人都更早地领悟到了浮存金的巨大作用。

（三）保险企业浮存金的巨大威力

利用国民保险公司的资金，伯克希尔·哈撒韦并购了奥哈马太阳报业，以及伊利诺诺伊国民银行和信托公司。

巴菲特收购的企业往往是这样的，创业者白手起家，靠自己的汗水取得了令人炫目的成就。巴菲特让这些创业者为自己继续经营，创造不菲的价值。例如，伊利诺诺伊国民银行和信托公司的总裁在把公司卖给巴菲特时，已经70 岁高龄，仍然愿意继续为巴菲特工作。国民赔偿公司的总裁杰克也愿意继续经营国民赔偿公司。

巴菲特让他们感觉到自己完全依靠他们，也通过自己的赞赏和充分授权来表达自己的信赖。

二、收购《布法罗晚报》

（一）收购之前的情况

巴菲特掌握了报纸行业的规律：拥有在所在城市占主导地位的报纸。《布法罗晚报》是下午发行的报纸，生意兴隆。一般来说，下午发行的报纸往往销量不好，而布法罗的蓝领工人一般只有下午下班之后才有时间看报。晚报的缺点是没有周日版，而广告商都看好周日版。另外，由于报社的 13 个工会组织的控制，晚报职工工资相对较高。巴菲特预计人们的阅读短期很难改变，而晚报在本地的占有率比其他大城市的报纸都要高。另外，布法罗稳定的人口提供了稳定的读者群。晚报成立于 1880 年，由巴特勒家族经营。1974 年，业主去世之后，家族打算出售报纸。

巴菲特询问《华盛顿邮报》是否打算购买，如果邮报不购买，巴菲特自己就想购买。现在，在与邮报多年合作之后，巴菲特想自己拥有一家报纸。由于邮报刚镇压了一场罢工，邮报不打算购买晚报。

晚报税前收益 170 万美元，晚报报价 3500 万美元，巴菲特报价 3000 万美元，后来提高到 3200 万美元，最后以 3250 万美元成交。

（二）收购之后报社的官司与报社管理

执行主编莫里·奈特问巴菲特一个问题："你觉得办一份周日版的报纸怎么样？"这就牵涉了另一家报纸《信使快报》。这家报纸的东家是康纳家族，该报的生命线是周日版。快报处于不盈利的状态，它的周日版发行量是 27 万份，周一至周五，每天 12.3 万份，《布法罗晚报》每天发行 26.8 万份。除去周日版，晚报的广告收入是快报的 4 倍。经过思考之后，巴菲特决定办一份周日版的报纸。

布法罗人都知道，布法罗养不活两家报纸。晚报出版周日版的半个月之前，快报控告晚报违反了《谢尔曼反托拉斯法案》，指控巴菲特想用周一到周五赚的钱为赔钱的周日版提供补贴，就像连锁店依仗总店的支持在某一区域进行倾销来抢占市场一样。

在法庭激烈辩论中，《华尔街日报》上一篇关于巴菲特的文章使巴菲特处于不利地位："沃伦·巴菲特希望拥有一家具有垄断地位或市场主导地位的报纸，就像拥有一座不受约束的桥梁收费站一样，然后他就可以随心所欲地抬高价格，想多高就多高。"

由于以下几个原因，巴菲特在案件中处于不利的地位，一是快报破产将有上万人的失业，二是文章显示了巴菲特寻求垄断的明确想法，三是巴菲特是外地人。

法官禁止晚报在尚未结束审判之前发行，最终的审判结果限制周日版的促销与营销，由于法官的强硬表态，晚报失去了一部分公众的支持。

快报认为法官的判决为自己赢得了时间，于是快报加快了自己的现代化步伐，购入了自动排字技术，并改进了设备，扩大了版面，增设了瞭望版，扩大了漫画版和杂志介绍版，在现有规模上扩招了 25% 的员工。

激烈的竞争中，巴菲特确保自己的新闻版面要比对手多。巴菲特投入大量精力，他不时表扬精彩的报道，参加职工的野餐会。他希望记者能够挖掘一下话题：很多富豪是多么贪婪和没有良知。他没有要求报社为他赚回多少钱。

报社在新闻方面取得了成绩。但是，周日版仍然亏钱，因为 1978 年，布法罗的经济陷入萧条之中，一些工厂解雇了大量工人。巴菲特亲自会见大的广告商和零售商，亲自审批营销和竞争战略，并成立了特别发行小组。巴菲特利用自己的影响力，动员了《奥哈马太阳报》的发行人每月到布法罗一周，指导发行工作。

当时处境不妙，法院的判决给晚报的经营带来重重困难。法官要求晚报出示订阅周日版的读者名单，晚报的推销员、高管和工作人员说的每个词句都要经过仔细思量，因为一旦被当成违反法庭判决的证据，后果严重。有一次，快报指责晚报藐视法庭，一顶大帽子，足以让晚报造成更大的损失。1978 年，晚报亏损 290 万美元。官司费时费钱，且不可预测。

1979 年 4 月，纽约联邦上诉法院推翻了对晚报的禁令和对它藐视法庭的指控，布法罗法官还受到了严厉的指责。这时，快报已经卖给了另一家财力雄厚的家族企业。1979 年，晚报亏损 460 万美元。1980 年，太阳报的发行人开始全职打理晚报。

当时晚报与工会的关系紧张。1980 年年底，报社的卡车送报工要求增加人手，并且要求在不工作的时候也拿钱，巴菲特拒绝了。巴菲特决定，"如果晚报再次发生罢工，报社只能进行停业和破产清算。"早上六点钟，司机们开始罢工游行，现场一片混乱，无法进行正常的营业活动。这场纠纷中，快报趁机拿到了很多订单。

巴菲特知道，如果报纸长期停产，他丢掉的市场将难以恢复。他要么马上复工，要么关门大吉，但他不能妥协，因为如果答应了，其他 12 家工会也会提出类似的要求。早上，巴菲特宣布："如果报纸不能正常出版，他就不发工资，并解雇全体员工；如果司机们影响了最重要的周日版的出版发行工作，我将取消周日版。"最终，司机们妥协了。星期二下午，晚报正常到了人们的手里。

晚报继续亏损。布法罗确实无法养得起 2 家报社，但是，巴菲特断然否认自己会让报社破产；1982年9月，快报破产了，因为快报的早报业务每年亏损300万美元，而且，母公司的经营业绩也不理想。

（三）快报倒闭过后的好日子

晚报更名为《布法罗新闻报》，并开始发行《晨报》，不到半年，发行量上升到36万份，广告收费急剧上升，日进斗金。

快报倒闭后的第一年税前利润为1900万美元。20世纪80年代后期，年均利润在4000万美元。

三、收购《华盛顿邮报》

（一）在成为最大的外部股东之前

1963年，凯瑟琳·格雷厄姆在丈夫自杀后接管了邮报。凯瑟琳用前《新闻周刊》的华盛顿分部主管担任报纸主编。1971年，邮报上市时，凯瑟琳顶着尼克松政府的施压，发表了"五角大楼文件"，并对水门事件展开调查。当时，这份报纸在华盛顿占据了主导地位，但是，利润率只有10%，电视业务问题缠身。

当时，市场处于熊市。《华盛顿邮报》旗下有4家电视台、《新闻周刊》杂志以及印刷工厂。巴菲特认为这些价值至少4亿美元，而市价才1亿美元。华尔街的分析师也知道邮报股价很便宜，但是，他们抛弃了基本面分析法，而是根据行情来分析判断，认为熊市还会继续下去。

1973年，巴菲特聘请所罗门兄弟通过出售优先债券为公司筹资2000万美元，为收购邮报筹集资金。2月份，伯克希尔·哈撒韦以每股27美元买入邮报18600股。5月，邮报每股跌到23美元，又买入40000股。9月，以每股20.75美元买入87000股。此时，巴菲特成为最大的外部股东，持有邮报10%的股份。

（二）取得凯瑟琳家族的信任

这引起了凯瑟琳家族的紧张。邮报的股票有两种，一种是公开交易的投票权有限制的B股，另一种是对公司形成控制权的A股。巴菲特给凯瑟琳写了一封信，表达自己没有任何敌意收购的意思。但是，凯瑟琳不敢相信巴菲特。

两人在洛杉矶见了一面，巴菲特给凯瑟琳留下了很好的印象，并被邀请到华盛顿参观凯瑟琳的公司。当巴菲特到华盛顿委婉地向凯瑟琳争取董事的职位时，还是大都会董事长汤姆·索菲（巴菲特的朋友）建议凯瑟琳邀请巴菲特进入董事会。对于董事会其他人员的戒心，巴菲特做了许多工作。他将自己的投票权委托给了凯瑟琳家族，并以书面形式承诺将永远持有这些股份。

（三）参与决策

在取得了信任之后，巴菲特开始向管理层灌输财务方面的知识。他阐述《新闻周刊》特许经销商的新想法。他教凯瑟琳阅读公司年报，以便教会她财务知识。巴菲特认为：公司整体的业务增长率并不重要，重要的是每股收益率的增长。他说服凯瑟琳回购公司股份，以便提高每股收益率。

他反对与华盛顿排名第二的公司联手经营另一家败下阵来的报纸，理由是邮报已经占领了 66% 的市场份额，结果，该报破产。

后来，巴菲特成为寡妇凯瑟琳最贴心的好朋友，在很多重大问题上都要提出建议。巴菲特反对凯瑟琳花很多钱去收购有线电视、电话公司，因为需要大量投资。巴菲特收购邮报，是因为它能产生直接的现金流。巴菲特也反对高价开展收购活动。整整 11 年内，邮报没有大的商业运作，但是，邮报的股价不断上涨。

与凯瑟琳的交情和频繁活动改变了巴菲特的生活，改变了他的交友圈。他们相互改变了。

四、挽救所罗门兄弟公司

所罗门兄弟给巴菲特带来了挑战，因为巴菲特拥有全面过人的管理能力和守法经营的强烈意识，终于度过了危机。

（一）所罗门兄弟的变化

费迪南德·所罗门出生于法国阿尔萨斯—洛林。由于儿子要在周六营业，而父亲想要保持犹太人的安息日，周六关门，所罗门兄弟决定单独创业。他们在百老汇大街 80 号开店，经营公司债。1917 年，所罗门成了美国财政部的注册经销商。当大家反对成立美国证券交易委员会，并纷纷撤资时，所罗门在股票承销商中站稳了脚跟，但所罗门在大额资金的股票承销和投资银行业务还没能入局。

1958 年，第二代所罗门合伙人规定除了每年拿走 5% 的利润外，必须把利润留在公司，这项规定使所罗门的地位不断上升。1979 年，IBM 要求摩根士丹利放弃独家承销股票的传统地位，与所罗门共同承销 10 亿美元的股票。由于摩根士丹利拒绝共同承销，所罗门成了主承销商。

古特弗罗因德因为在市政债券和大公司债券业务上表现出色，34 岁成了公司合伙人。1978 年，比利·所罗门任命古特弗罗因德负责公司的运营。1981 年，公司被强制出售给从事商品交易的菲布罗公司，合伙人每人分到700 万美元。后来，菲布罗的业务垮台了，所罗门又重新获得了独立。20 世纪 80 年代中期，所罗门成为股票承销业务的旗舰，在传统的债券承销业务也大大发展了，并被称为"华尔街之王"。当时，德崇证券、摩根士丹利等大投行因为内幕交易而麻烦缠身。

但是，公司人员太臃肿了。古特弗罗因德不得不解雇一些人，并对管理层一再进行调整。管理层内斗的主要原因是年终奖，中高层想多分红，而古特弗罗因德想少分红，这其实是巴菲特授意古特弗罗因德实施的。

公司的混乱让巴菲特不满，公司甚至连一张最新的资产负债表都没有。1990 年，公司利润锐减了 1.18 亿美元，而古特弗罗因德却把公司的奖金总额增加到了 1.20 亿美元。所罗门的税前每股收益率仅为 10%，比该行业的平均盈利水平低很多。8 年来，所罗门的股价一直在 25 美元左右。股东没有多赚一毛钱，而高管的资金逐年增加。

巴菲特是公司三名董事组成的薪酬委员会的成员之一。他召见了公司的执行委员会，让他们把奖金下调。但是，自立山头的高管们极力反对，资金额反而提高了 700 万美元。巴菲特对奖励决议投了反对票，但是，其他人投了赞成票，拿到 100 万美元以上年薪的经理人超过了 100 人。套利团队有拿到 2300 万美元的，负责政府债券的保罗·莫舍更是赚疯了。

保罗·莫舍 34 岁，在西北工业大学获得工商管理硕士学位，1979 年加入所罗门。保罗在 1989 年赚了 400 万美元，1990 年赚了 475 万美元。

（二）公司的大麻烦

保罗·莫舍在美国财政部出售国债时参加投标。这一市场上的大鳄全是纽约联邦储备银行选定的主要经销商，共 39 家，这几家经销商可以代为客户投标，公司的交易商每天都和美联储的官员进行沟通。

经销商想以最低价获得标的，而政府则想得到最高价。保罗·莫舍要调查每个客户的意见以确定需求。在 1 点钟竞标开始前的几秒钟，报价信息会打给守在美联储大楼电话边的员工，报价单会被投入接受报价的木盒。1962年，摩根的银行家想买下一半要招标的国库券。财政部部长担心摩根有操纵市场的企图，于是规定每家公司最多不能超过 35%。

保罗·莫舍找到了政府规定的漏洞：虽然承销的比例不得超过 35%，但是，招标额没有限制。保罗·莫舍的投标额是招标额的 2 倍，保证他每次都能拿到最大的单子。招标的官员巴沙姆警告保罗·莫舍不能这么干了。当财政部出售 50 亿美元的债券时，莫舍投标 100 亿美元。巴沙姆拒绝了保罗·莫舍的投标，宣布投标不能超过总额度的 35%。莫舍不但威胁巴沙姆要越过他与财政部长对话，还在媒体上引起轩然大波。在公司逼迫保罗·莫舍道歉后，他并没有真心悔改，而是想起了新的办法，假装得到了客户的授权并进行投标，每次都得到最大的销售额。

1990 年 12 月，竞拍 4 年期的国债，莫舍假冒水星资产管理公司提出了 10 亿美元的投标，并让副手做了一些特别处理，仿佛水星资产管理公司真的参加了投标一样。1991 年 2 月，所罗门和"客户"得到了 57% 的竞标债券。

1991 年 4 月份，财政部一位官员例行公事地给水星资产管理公司的一位高管发了封邮件，莫舍也得到了复印件。莫舍恳请水星资产管理公司不要回复财政部，同时，告诉套利部主管说自己投错了一次标。公司高层开会，准备向美联储，或者财政部的巴沙姆报告。公司高管同意公开莫舍的错误行为，但由谁在什么时候公开却没有确定。公司并没有处分莫舍，明知道他很可能已经违反了法律。

5 月竞标两年期国债时，莫舍出了一个意想不到的高价，拿下了 106 亿美元的额度，即 87% 的额度，由所罗门与两位客户分担。许多经销商没有拿到承销份额，只好高价购买，莫舍从垄断中挣得了 1800 万美元。但是，提高价格的做法让几家交易商破产了，更多的交易商蒙受了损失。此事也就捅到了华盛顿，特别是巴沙姆秘密通知了美国证券交易委员会。美国证券交易委员会开始与司法部联合秘密调查所罗门在这次抬高价格中所扮演的角色，所罗门的客户收到了传票。财政部受到国会的压力，因为国会听到了交易商的抱怨。

6 月初，古特弗罗因德拜访了财政部副部长。他为公司辩解，且没有提及公司政府债券部的负责人向财政部撒谎的事。由于没有提及公司政府债券部的人向财政部撒谎的事，古特弗罗因德摊上了大麻烦。6月底，所罗门成了民事与刑事案件调查的对象。古特弗罗因德一直没有向自己的律师透露莫舍虚假投标的事，直到律师发现了证据。

8月8日，古特弗罗因德向巴菲特、纽约联邦储备银行通报了违法情况。9日，在报纸上公布了此事，但轻描淡写。8月12日，《华尔街日报》攻击公司的管理层，认为他们以不知情推卸责任是不能成立的。接着，所罗门股价一路走低，交易商们开始抛售所罗门赖以融资的短期商业票据。纽约联邦储蓄银行给古特弗罗因德来了一封信，暗示所罗门的政府债券经销商地位岌岌可危。

公司的高管召开了会议，起草的新闻稿中直接点名古特弗罗因德，他在4月份就已得知非法投标一事，仍然纵容莫舍一错再错。

公司客户开始另投别家，穆迪可能降低信用评级。股价从37美元降到27美元，中期债券下跌260点，而纽约联邦储备银行明确表示将取消所罗门兄弟的主要承销商资格。

古特弗罗因德又给巴菲特打电话，要他施以援手，巴菲特持有7亿美元的优先股。如果所罗门破产，估计巴菲特不会损失太多。巴菲特处理这个烂摊子是风险很大的决策，若搞不好，名誉就会毁于一旦。

但是，巴菲特不愿意随波逐流遭受那么多损失，决定亲自出马。在公司的经理人大会上，他就莫舍违法的事，说道："这不仅是湿鞋的事，连在河边走都不允许。"

（三）巴菲特的努力

纽约联邦储备银行要求彻查非法投标事件，董事会也要进行调整。

套利部经理辞了职。上午，财政部取消了所罗门参加债券竞标的资格。巴菲特不得不与财政部、纽约联邦储备银行联系，恳求法外开恩。因为所罗门的1500亿美元融资都是靠短期证券进行的，每天经手的交易额高达500亿美元，如果不能重新融资，只能破产清算，古特弗罗因德辞了职。人们将希望集中于名誉、财富、权势和内在能力于一身的巴菲特，期望他能够拯救所罗门公司。但是，巴菲特要等财政部长的消息。如果财政部把所罗门列在财政部的黑名单上，巴菲特就准备让所罗门破产清算。只有所罗门不列入黑名单，巴菲特才愿意出任CEO。

记者招待会上，巴菲特向媒体介绍了自己和莫恩，称自己是过渡性董事长，不拿工资。并说财政部长改变了决定，所罗门可以用自己的账户参加竞拍，但还不能代客户投标。巴菲特的记者执行会开得很成功。

（四）所罗门的努力

在华盛顿，管理当局发誓要展开地毯式的清查。所罗门的债券评级遭到了降级，公司仍不能参加商业票据的市场交易，世界银行和许多州的公共雇员退休金体系都放弃了所罗门。

巴菲特看望了美国证券交易所委员会主席，保证配合调查，巴菲特的诚意打动了他。接着，巴菲特要求古特弗罗因德的首席法律顾问辞职，起用伯克希尔·哈撒韦的法律顾问。

最大的担忧来自司法部的制裁。如果所罗门被控有罪，公司就几乎全垮了。一方面，打官司时公司不能营业，另一方面，客户不愿意与犯罪嫌疑人有业务往来。巴菲特相信，抬手不打笑脸人，只要不发生冲突，与人为善，就终归会有好报。

当时的环境对所罗门不利，因为电影《说谎者的扑克牌》的影响，人们先入为主地认为所罗门已经腐败透顶。因储贷危机而名誉扫地的政府执法人员和议员也力图利用此案展示自己的正面形象，公众对于所罗门冲撞财政部的傲慢十分反感。这一切使得众议院和参议院在9月份各举办了一场听证会，并请巴菲特做主要证人。巴菲特事先拜访了主要审讯官员，取得了他们的谅解。

听证会上，众议会议员要求不能给古特弗罗德一分钱的离职金，一分钱的退休金也不给。巴菲特从来都是主动申报个人所得税的行为被看做可值得信赖的品质。摩根的名言，"幸福的基础不是金钱，而是人的品质。"听证会很成功，气氛很温和。

听证会后，董事们因为众议会议员的要求取消了古特弗罗因德的离职金、资金、律师费用、办公室和秘书，以及医疗保健支出。

当美国证券交易委员会要求巴菲特上交律师事务所的报告，这是本案中最致命的证据。但是，以前的传票并没有要求这个，这是新的没有法院传票支持的要求。所罗门聘请的律师团建议巴菲特拒绝这个请求，巴菲特拒绝了律师团的建议，"我们要坦白做错了什么事。"

巴菲特解雇所罗门的有偿政府顾问，他一再警告交易员不要打"擦边球"，接替莫舍的交易员利用税法中的漏洞来盈利，也被巴菲特否决了。

　　但是，麻烦似乎还没有过去。所罗门公司依然是报纸的头条，因为莫舍违规的细节不断见诸报端。5 个联邦政府机构和许多州政府不断宣布展开新的调查，并扩大调查范围，它的贷款来源也被切断了。英国电信公司取消了所罗门公司参与一宗巨额承销的权利，债券交易商也退缩了。后来，美国电话电报公司的董事长也公开宣称所罗门的道德腐败是"不可原谅"的。9 月 24 日，股票价格跌到了 20.75 美元。所罗门现在规模萎缩，盈利能力下滑，实力削弱。

　　10 月 29 日，巴菲特要削减经理人的报酬，因为公司经理人把利润的四分之三拿回家了，而股东则受到冷落。但是，奖金越高，经理人就越容易纵容自己的部门以低利润率甚至赔本来运营公司。

　　1991 年，公司利润比 1990 年翻了一番，但是，公司的奖金减少了 1.1 亿美元，经理人的总薪酬削减了 70%，投资银行家的平均薪酬减少了 25%。此外，还解雇了 80 名专业投资人士和 200 名后勤人员。证券部的反抗最激烈，经理辞职。1991 年第四季度，所罗门承销的股票从业界的 8% 下降到 2%。当时，华尔街一片欣欣向荣，各家公司的资金都在不断增多。于是，所罗门的很多销售商和分析师纷纷离去。

　　巴菲特试图建立一种将各个部门的奖金和盈利能力挂钩的体制。他认为，所罗门从未计算过众多部门要用多少资金，是一个致命的错误。

　　接着，《商业周刊》《华尔街日报》等开始猛烈抨击巴菲特。《说谎者的扑克牌》的作者也大肆讽刺巴菲特，说他在投资和道德伦理上都有许多缺陷，认为巴菲特只是运气好罢了。

　　1992 年 2 月中旬，所罗门恢复了些许生机。股价已经恢复到 30 美元，世界银行和养老基金这样的客户也回来了。但是，谣言四起，说巴菲特准备重新把公司交给债券交易商，其他一切业务（包括投资银行）都砍掉。2 月份，1/3 的证券分析师和 1/4 的投资银行家转投他家，共有 100 多名雇员另谋高就。

　　巴菲特请求财政部早日结案。司法部和证券交易委员会要求所罗门接受重罪的罪名和 4 亿美元的罚款，律师认为处罚过重。在与检察署谈判时，律师说："巴菲特答应与政府合作，他没有食言。如果制裁所罗门，给别人的暗示就是不要与政府合作。"4 月份，巴菲特与检察官的谈判很成功。5 月，检察官宣布不予起诉。各联邦机构也宣布与所罗门达成民事调解，共花去 2.9 亿美元。美国证券交易所发出了 400 张传票，但是，除了莫舍的违规，再也找不到一丝违法的证据。

6 月份，巴菲特不再担任董事长。

巴菲特的这些经典实例，对我们启示很大：（1）价值投资是要参与企业管理的，要具有危机时出手相助的能力。我国最缺这样的复合型人才。如果没有管理能力，在企业出现危机时，只能亏损割肉避灾，这样的投资就纯粹是金融投资，只能发现价值，不能创造价值。（2）价值投资要集中投资，股份达到一定规模，就可以进入公司的董事会，参与公司的管理。所以，价值投资者要了解所投资的行业，并且拥有相应的人力与财力。（3）价值投资需要既懂财务与金融，又懂得管理的复合型人才，这样的复合型人才很少。（4）不参与企业管理的价值投资只是在选股时运用一些技巧和方法，还不是我国股市最需要的。（5）股票投资时的价格波动风险与企业管理的经营风险是相连的，要投资管理上有潜力的企业。（6）价值投资并不需要复杂的现代金融知识，但需要较强的行业判断能力和管理能力，既简单又复杂。巴菲特的伯克希尔·哈撒韦公司的管理极其简单，但是，巴菲特阅读财务报表的能力却是别人学不会的，是复杂的。

巴菲特的价值投资也有不足之处：巴菲特主要投资那些现金流充沛的行业，最好有垄断实力，如银行、报社、可口可乐、保险公司、纺织厂、超市等，高科技行业、制造业等一般是巴菲特要回避的，因为巴菲特不熟悉这些行业。而从国家利益角度来说，我国特别需要发展现代制造业和高科技产业。所以说，我国价值投资不缺资金，缺的是懂得现代制造业、投融资及高科技企业管理的复合型人才。资产组合，分散化投资，不如价值投资对经济的作用大。如果利用专业知识对大众信息进行专业化的分析，就可以降低风险，实际上增加了投资价值。所以，如果你具有特殊的信息加工能力，相对于淹没在信息噪声中的投资者来说，获利能力将更强，这将是一个多赢的结局。

从价值投资的角度来说，我国不缺资金，缺既懂金融投资，又懂企业管理的复合型人才。人才重要的道理好懂，但复合型人才的培养与管理是个复杂的问题，本书的焦点不放在这上面。如果需要，将在其他著作中展开论述。

第四章　国内外经典
股灾实例简析

美国崛起过程中伴随着美国股市的兴盛，其股市牛熊更替所蕴藏的宝贵历史经验，值得我国借鉴。建立现代证券市场，包括股票市场、衍生品市场、债券市场，是我国必须迈过去的门槛。它与摆脱中等收入陷阱、科学的国家治理、经济增长方式转变等重大问题紧密相连。

文化、教育、体育、医疗、环境、法制、城市化等等的建设都与经济增长方式的转变关系密切。我国从1997年就开始进行经济增长方式转变，从模仿经济走向创新经济，一直不是很成功，原因很多。其中，资本市场建设滞后拖了后腿，而资本市场建设是否成功，与法制、教育等上层建筑改革关系极为密切。所以，从深层次讲，资本市场的改革影响更加深远，风险也更大。我们即使分析了美国股市发展史中的股灾，看到的也可能只是表面现象，因为中美国情不同。

一、美国经典股灾分析

（一）1929年美国股灾

1929年的世界经济危机，就是从华尔街股市崩盘开始的。当时的胡佛总统坚持认为，股市有自己的运行方式，能够自我修复，政府不应过多干涉，结果股市崩盘，引发全球经济大萧条，间接引发了第二次世界大战。

1. 1929年美国股灾的主要机制

（1）股市泡沫、经济周期反转、货币紧缩与杠杆收紧。经济周期反转与股市泡沫破裂，导致股价不断下行，财富缩水。货币紧缩与杠杆收紧，加剧股市暴跌，股民大量财富迅速消失，企业破产，银行破产，大量信用货币消失。货币消失与财富消失，加剧了资本主义的危机，商品需求不足，投资供给下降，经济发展潜力受到伤害。（2）政府救市不得力：自由放任、未及时释放流动性、信用紧缩黑洞及连锁效应。本来股灾就伴随着流动性危机，在美国政府不释放流动性的背景下，殃及无辜，使危机像瘟疫一样，横扫一切健康群体。（3）股灾迅速蔓延成金融危机、经济危机、社会危机。

2. 银行系统是脆弱的，股市也是脆弱的

（1）银行的脆弱性。由于银行的存款要变成贷款，银行才能产生利息收益。一旦发生挤提，所有的银行，无论好坏，都会倒闭。为了避免信心危机，存款保险制度产生了；为了向好银行注入必要的流动性，中央银行承担了最后贷款人角色；为了避免规模庞大的银行倒闭引起连锁反应，政府利用财政资金予以多种形式的救助。

（2）股市也是脆弱的。①股市规模庞大，股市泡沫一旦发生信心危机，所有的人都想即时卖出，则交易系统就易崩溃。流动性危机与系统性危机互相叠加，形势就会急剧恶化。②从美国股市发展史来看，股票市场的危机具有必然性。但是，危机的程度、发生的频率、对经济的影响，则有弹性，取决于诸多因素。③危机中政府救市，只能低点救市。其原理就好比商品储备等稳定基金一样，发挥价格调节作用。根据马克思主义原理，商品有价值，商品价格围绕价值上下波动。但是，股市的内在价值是多少？在什么样的股票指数低位，政府入市干预？这些问题则是充满争议的。

中国的股市牛短熊长，投机氛围浓厚，IPO 不断被停止。这波行情中，很多基金其实就是大散户，疯狂投资，置越来越高的股市泡沫风险于不顾，这是这次股市动荡的重要内因。我们必须让股市拥有价值基础，没有价值基础的股市投机，政府也就难以进行成功的股市干预。到底什么是股市价值基础？从价值投资的角度来分析，能够得到更加科学的答案。

我国股市是世界上投机性较强的股市，原因很多。我国股市的科学治理已经摆上了日程，而公安部直接到证券交易所调研股市操纵情况，恰恰反映了我国股市已经发展到了一个新的阶段，需要国家更多地在科学治理上发力，将股市治理作为一项系统工程来抓。

3. 危机后的美国股市治理

大萧条之后，美国股票市场进入一个重要的规范和恢复期。虽然面临华尔街利益阶层的坚决反对，罗斯福坚决地推行新政，重构了美国证券市场的监管框架。金融操纵被立法禁止，上市企业的信息透明度和投资者保护成为华尔街监管的主题。1933 年国会在美国股票市场已经运行了 100 多年后出台

第一部全国性的证券业法规《1933 年证券法》，主要规范证券发行人的信息披露。《1933 年银行法》将商业银行与投资银行业务分开，联邦储备委员会的地位被进一步强化，存款保险制度建立。《1934 年证券交易法》颁布，该法案对证券操纵和欺诈进行了界定，证券诉讼中的辩方举证得以建立，大大规范证券交易行为，并促成了证券交易委员会（SEC）的建立。《1935 年银行法》修订了 1913 年的《联邦储备法》，所有存款超过 100 万美元的银行进入联邦储备体系。《1935 年公共事业控股法案》加强了对公共事业机构的监控。《1938 年马洛尼法》建立了全国证券交易商协会，场外交易纳入监管范围。《1939 年信托契约法》、《1940 年投资公司法》、《1940 年投资顾问法》等法律也相继颁布，基金等中介的投资行为被严格监管。1941 年保险公司又一次被允许购买股票。

我国的股市治理离不开法治。多年来，我国股市散布影响股价的造谣者多数在逍遥法外，财务造假只有极端恶劣者才会受到极其轻微的处罚。股市由于其庞大的规模，成为行贿、洗钱、利益输送的最隐蔽的场所。中国的股市治理，任重道远。

（二）1987 年股灾

1987 年 10 月 19 日，星期一，华尔街上的纽约股票市场刮起了股票暴跌的风潮，爆发了历史上最大的一次崩盘事件。道·琼斯指数一天之内重挫了 508.32 点，跌幅达 22.6%，创下自 1941 年以来单日跌幅最高纪录。6.5 小时之内，纽约股指损失 5000 亿美元，其价值相当于美国全年国民生产总值的 1/8。

1. 股灾背景

20 世纪 80 年代开始，尤其是进入 90 年代以后，美国股市进入"机构投资者的觉醒"的时代。大部分机构投资者慢慢放弃了传统的"用脚投票、不积极参与公司治理的华尔街准则"，机构投资者日益认识到仅仅用脚投票是不够的，采用这种方法，利益受损害的往往还是自己，对管理层的行为起不到任何积极作用。因此，在需要股东表决的问题上投票时，他们开始采取谨慎的姿态。机构投资者也发觉因对某公司管理行为不满而抛售股票，既不明智也不可行。上市公司的股票往往有多家机构大量持股，上市公司一旦出现问题，机构投资者抛售股票就面临相互间的博弈，可能出现"囚徒困境"。如果大家以自身利益出发抛售股票，由于操作的同向性，很容易使这只股票遭遇到流动性风险，造成股票价格直线滑落。结果，机构投资者可能都无法抛掉股票，价格却已经跌落很多，这样的结果不是任何一家机构投资者所愿意看到的，因此，在这个时候，机构投资者最优的策略是联合起来，积极介入上市公司的经营管理，改"用脚投票"为"用手投票"，向管理层施压，要求改善公司经营，从而改善上市公司基本面，增加公司的内在价值。公司的执行官们发现，越来越多的机构投资者以及一些活跃的股东，他们要求所持股的公司具有长期创造价值的能力。这一转变被称为"机构投资者的觉醒"。

著名投资家沃伦·巴菲特是这一时期积极参与上市公司经营与管理的代表人物。1983 年至 2000 年的超级牛市，巴菲特掌管的资产在这个 17 年间增长了 42.3 倍。可口可乐、吉列、运通、大都会、美国广播公司都是其中经典的投资案例。

这种投资模式值得我国机构投资者学习。投资机构奉行价值投资策略，而不是动量投资法则，即追涨杀跌，才是减少股市投机性的根本途径。不以股市价值为基础，股指期货杠杆、融资融券杠杆只会加剧股市波动性，投机性反而更强。所以，科学的股市治理是股指期货、做空、融资融券等创新业务发展的基础。

2. 美国救市活动

（1）"救市"星期一。大崩盘的当天，美国各界反应极为强烈，广播、电视和报纸发表大量报道评论。白宫发表声明说："国家经济运行状态良好，就业率处于最高水平上，生产也不断增加，贸易收支也在不断改善。联邦储备委员会主席最近发表讲话说，没有迹象表明通货膨胀会进一步发生。"晚上，美国总统里根立即召回在西德访问的财政部长贝克和在外地的美联储主席格林斯潘，一起商讨对策。纽约股票交易所主席约翰·费兰和其他有关官员纷纷发表讲话，稳定市场情绪。（2）星期二早上，银行纷纷停止对专业经纪商和交易员提供信用，而专业经纪商已没有足够的现金向交易所支付保证金以维持交易畅通的责任，因为他们已经买进了过量的股票，没有现金参与星期二的交易。它们要么倒闭，要么求助于另外一家公司兼并它们。一旦专业经纪商倒闭，纽约股票交易所就会处于极其危险的境地，因为资金清算交割缺乏正常的资金来源。在这个关键的时刻，美国联邦储备委员会主席发表了具有历史意义的讲话，宣布立即向银行系统注入资金，两家主要商业银行马上宣布降低优惠利率。随后，美国的各大商业银行纷纷降低利率。（3）10月 20 日，股票指数上升了 102.27 点，10 月 21 日比 20 日又回升了 186.94 点，但 10 月 22 日收盘价比 21 日又下降了 77.42 点。大崩盘发生的那一周内，约有 650 家公司公开宣布要在公开市场上回购本公司的股票，上市公司的大规模回购行为对股市产生了相当积极的作用。10 月 20 日（星期二），纽约股票市场刚开门不久，G. A. F 买回 700 万美元，约合该公司 21% 的股票。这一行动无疑给衰弱的华尔街注射了一支强心针，说明该公司的实际信用远远超过股票市场所反映出的股票牌价；到中午，又有 4 家小公司相继回购它们流通在外的股票；12 时 10 分，美林公司宣布回购 500 万美元的股票。美国几家大公司也相继效仿，福特、霍尼威尔公司等也采取了同样的行动。

我国这次政府救市的不少举措，吸取了美国的 1987 年股灾的救市经验。我国本次股灾情形也与美国 1987 年的情形极为相似，从长期来说，我国股市牛市基础确实存在。

二、我国股灾经典实例

（一）近代中国第一次股灾：橡胶股灾

20 世纪初，橡胶在国际市场的价格不断上涨，引发了国内橡胶股票价格泡沫。上海蓝格志公司的商标长时间地占据了上海有影响的中外大报的头版，宣传攻势收到奇效，蓝格志公司的名气打出去了。蓝格志公司其实是个皮包公司，创设人是英国人麦边，其精心设计了骗局。

他罗织同伙，抢购股票，等价格上涨之后，大笔抛出，再次抢购。如此反复，蓝格志股票被越炒越高。麦边又像模像样地每周召开一次董事会，拿出"从产地拍来的电报"，向董事们报告近期的橡胶产量。每 3 个月，就给购买蓝格志股票的"股东们"发一次红利，每股可拿到 12 两 5 钱银子。于是，面值约 60 两银子的股票很快突破 1000 两银子的价格大关，麦边迅速聚敛了大笔钱财。7 月份，麦边"失踪"了。

当时，上海市的流动资金都被吸到橡胶股票里面去了。预计到流动性危机如果演变成全国性的金融危机，后果不堪设想，上海道台蔡乃煌拨出官银 300 万两救市，稳定了局面。但是，由于清政府的昏庸和官员内斗，官银被迫取出上缴清政府的"庚子赔款"，而且，蔡乃煌被免职。10 月 7 日，外国银行突然宣布拒收 21 家上海钱庄的庄票。一场严重的金融危机席卷中国，近代工商业受到沉重打击，钱庄纷纷破产。

当时，橡胶股票的全国总投资约为清政府财政收入的一半，晚清新政的成果毁于一旦。此次股灾一定程度上助长了 1911 年清政府的灭亡。

（二）1996 年 12 月 16 日开始的大跌

星期一，沪市跳空低开 105 点，开盘在 1005 点，收于 1000 点，上证综指重挫 9.91%、深证成指下挫 10.08%。当天，两市绝大部分股票都收在跌停板。次日，上证综指再度暴跌，跌幅为 9.44%，深证成指跌幅则为 9.99%。

1996 年 9 月份，百姓以为，香港回归之前，政府会托市，所以买股票就必然赚。这种预期导致新股民入市较多，股民从 1400 万户增加到了 2200 万户。从 4 月 1 日到 12 月 9 日，上证综合指数涨幅达 120%，深证成分指数涨幅达 340%。由于股价飙涨，证监会连续发布了后来被称作"12 道金牌"的各种规定和通知，意图降温，但行情仍节节攀高。12 月 16 日，《人民日报》发表特约评论员文章《正确认识当前股票市场》，给股市定性："最近一个时期的暴涨是不正常和非理性的。"涨势终于被遏止。上证指数开盘就到达跌停位置，除个别小盘股外，全日封死跌停，次日仍然跌停。后来有起伏，没有一跌到底，中央放了心。

可见，正是由于中央即时有力的干预，避免了股市崩盘的恶劣后果。

这次疯牛从 2014 年 7 月发动，至 2015 年 6 月结束，涨幅约 240%。不同之处，微信炒作"国家牛市"的概念，配资规模达到 3 万亿元，使股市结构异常脆弱。股市有股市的规律，错误干预，后果严重。

（三）2001 年国有股减持

2001 年 7 月 26 日，国有股减持在新股发行中正式开始，股市暴跌。到 10 月 19 日，沪指已从 6 月 14 日的 2245 点猛跌至 1514 点，50 多只股票跌停。当年 80% 的投资者被套牢，基金净值缩水了 40%，而券商佣金收入下降 30%。上市公司银广夏业务造假导致其股价连续 15 个跌停，严重打击了所有投资者的信心。直到 2005 年股价跌到低谷时，证监会才说服中央着手解决国有股流通问题，从而开启了之后 2007 年的牛市。

（四）中国 2015 年股市动荡的特殊性

1. 在 1 年时间内，政策市明显，涨幅过大，达到 240%，且没有像样的调整。

2. 中国经济放缓，美元加息。中等收入陷阱是摆在中国人面前的巨大挑战，需要奋斗十年才能真正摆脱；美元加息使资金从新兴市场流入美国，大宗商品价格下跌，不利于中国股市。

3. 牛市大背景下的短期狂跌。许多改革正在推进，人民币国际化、公司上市注册制、人民币成为 SDR、一带一路、亚投行设立，等等。

4. 股市动荡是在证券市场锐意改革的背景下发生的，一些制度可能存在漏洞。比如：散户加杠杆，风险识别和承担能力弱；大量分级基金、伞形基金投资于创业板和三板，泡沫化最严重；中证 500 等的无限量做空，迅速恶化多头形势。

5. 中国股市基本治理仍然存在诸多问题，散户投资者暴富思想严重。股市治理包括依法治理、公司治理、投资者治理等方面内容。股市存在谣言、假财务报表、内幕交易、操纵股市等得不到惩罚的普遍现象。公司治理存在圈钱、违规操纵股价等氛围。投资者散户居多，散户普遍追涨杀跌，一地鸡毛。这些治理需要一个过程。

6. 人民币的大门还没有完全打开，外资直接做空中国还比较困难。

7. 人们对股市寄予过多期望。如期望通过财富效应促进消费，拉动经济增长，但投资者盈利的钱其实还是躺在账上。监管者期望慢牛，但这种期望是不现实的。期望股市泡沫带动 IPO 与 SEO，其实，IPO 与 SEO 未必非要到股市泡沫时才上市。

这次股市动荡最积极的意义就是：在国际资本还没有大举进入我国时，国内资本市场风险集中暴露，它告诉我们股市治理要完善。

三、美国股灾与中国本次股灾的比较分析

美国 1987 年的股灾因为赶上了 IT 革命，长牛的局面没有被改变。但是，1929 年的股灾因为政府应对错误，造成史无前例的后果，并引爆了第二次世界大战。所以，本次政府出面救助股灾，可能是必要的。但是，中国政府这次救市强化了我国股市的"政策市"特点，对股市长期发展不利。我们反对"政策市"的原因很多，其中一条就是政府相应的人才。我们希望政府抛弃狭隘的"政策市"思路，尽可能地给市场以自由，不断"松绑"，而不是相反。

我们必须看到，政府资金直接入市弱化了投资者的风险教育，开了危险的先例。股市暴跌是股市的生存规律之一，是股市融资输血等积极功能所对

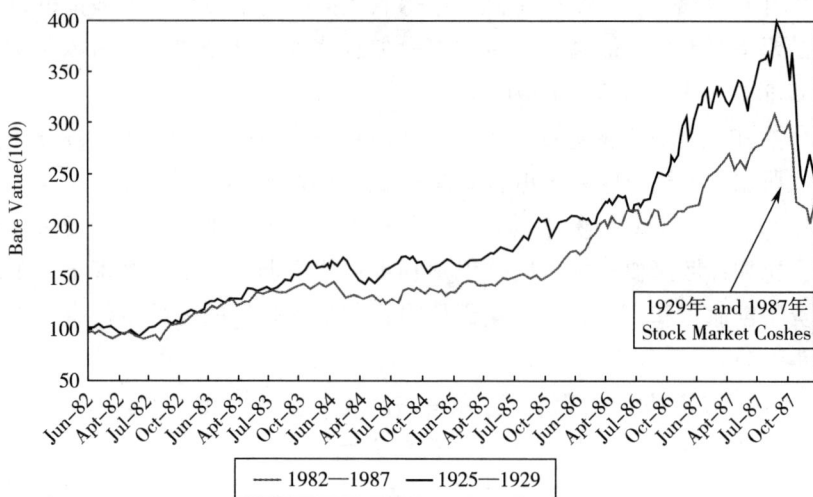

图 4 - 1　美国 1987 年与 1929 年股灾 K 线对比图

应的消极的另一面。股市的两面性是从娘胎里带来的，从南海泡沫、密西西比泡沫就已经存在了。但是，我国投资者普遍存在着追求高收益，却不愿承担高风险的现象。投资一旦出现问题，就拿政府出气，2 万多亿元的中金公司业务，就像"唐僧肉"，2 万多亿元"唐僧肉"，将扭曲市场运作，产生诸多的副作用。

　　我国的这次股市动荡是否如美国 1987 年股灾那样继续保持牛市局面呢？

　　我国 2014 年 7 月发动的牛市，是改革牛，既有诸多国内外挑战，也有诸

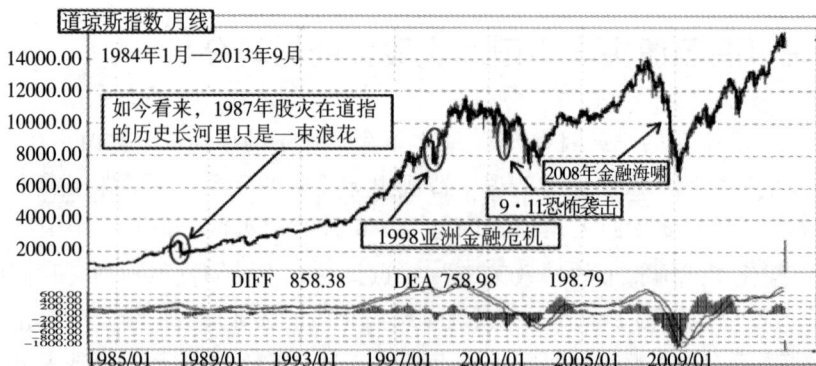

图 4 - 2　美国 1987 年股灾前后图

多重要国内外机遇。我国已拥有高铁、核电、隐形战斗机等一批高端装备行业，在飞机发动机、大飞机等关键行业也必然会取得重大突破。"四个全面"的正确指引也是我国经济取得新飞跃的重要保障。

　　但是，我国股市的"疯牛病"必须治理，牛短熊长的格局必须改变。存量优化，增量放开，推动股市健康发展是支持我国经济结构转型的重要路径。

四、日本 20 世纪 60 年代股灾救市的正面观点

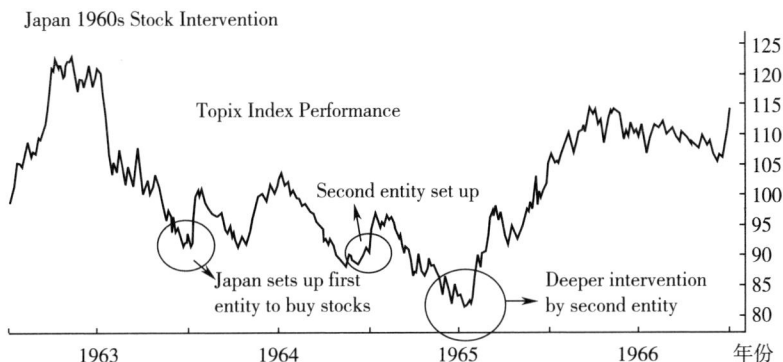

来源：万德数据。

图 4－3　日本 20 世纪 60 年代的股市走势图

　　标普全球经济学家 Paul Shear 提出一种观点，认为我国这次股灾与日本20 世纪 60 年代的股灾相类似，中国经济和股市在历经磨难后，将终成正果。

　　回顾 20 世纪 60 年代的日本：1964 年东京奥运会前该国经济迅猛增长，到处大兴土木，高速公路和新干线铁路建设如火如荼，工厂林立，掀起基建高潮。然而随着经济增速的大起大落，股市也走着过山车行情，最终日本政府对信贷的收紧变成压垮市场的最后一根稻草。

　　1963 年股市出现大规模抛售后，日本政府开始干预。日本央行汇总的文件显示，在 1964 年和 1965 年，当局成立了两个实体来稳定市场。第一个救市平台由商业银行帮助出资，耗资 1936 亿日元大量买进股票，资金耗尽后央行又跟着进场护盘。第二个平台又融资 2349 亿日元，其中 95% 由日本央行承担。

　　国家经济研究所（National Bureau of Economic Research）的一份报告称，

日本政府的干预总金额占到了当时日本股市总市值的约 6%。救市最终取得了成功，股票开始大幅反弹，经济增长也得以持续获得动力。

日本静冈大学（Shizuoka University）经济学教授 Hiroshi Takeuchi 称，事实证明，这是一次非常出色的行动，因为它防止了金融衰退。一旦形势稳定下来后，新一波的经济增长就随之启动了。

第五章　股市分析基本理论

股市交易理论很多，道氏理论、波浪理论、形态理论、K线理论、基本面分析理论、价值投资理论、量化投资理论、有效市场理论，这些理论作为一个专业人士，恐怕早就熟悉了，而且相关的书籍也很多。我们主要介绍一些对于分析这次股灾有用的新理论与新方法。

一、正反馈及拐点理论

（一）股价变动的正反馈机制决定了股市的泡沫形成与泡沫破灭

股市与银行资金的正反馈机制有多条。持续的牛市必然会从银行系统、货币市场等吸纳资金到股市。那么，股票交易是否改变了M1总量了呢？答案是没有。

假设甲花1块钱买乙的A股票1股，乙得到1元钱，甲得到1股A股票，如果乙的1元钱存到银行，那么，M1在甲流出1元钱后，由于股票资金清算是T+1，第二天M1又流入了乙的1块钱，M1的总额不变。

由于价格上涨，C花2元钱购买甲的1股A股。M2减少了2元，但是，第二天，M1又流入甲的2元钱。M1的总额仍然不变。

结论：假设股票出售后，卖方获得的现金存入银行，则成交后的第二天，M1保持不变。

推论1：如果投资者将资金调入证券交易的资金账户，这些账户的资金并不存入银行，则M1将减少。

推论2：当价格不当飙升时，日成交额不断放大，M1中相当于成交额的资金将在股市里周转，被股市占用。

推论3：牛市需要充足的资金推动，宽松的M1才能支撑起逐渐提升的股价和逐渐增加的成交额。

推论 4：M1 与理财产品、房产、债券等资产相互转化，而新增贷款、财政赤字、货币发行、新增外汇占款则新增 M1。

推论 5：新增 M1 有利于支持股价上涨。

我们设想一种状态，股市上证指数 2151 点时，2014 年 7 月 1 日，M1 的值是 57346 亿元，到了 2015 年 6 月，股市指数已经涨了 250%，达到 5422 点，M1 仍然是 59010 亿元，当时已经是全球第二大股市。那么，在股票与货币的转换过程中，股市变得更加脆弱。根据市场经济交换的基本原理，物以稀为贵，当市值已经涨到 250% 的股票追逐数量同样的货币时，货币的价格上涨，股票的价格下跌。这个道理很简单，没有人会反对。当然，如果股票代表的公司经营非常好，股本回报率非常高，抵抗股灾的能力就强，比如说万科，股价变动不大。

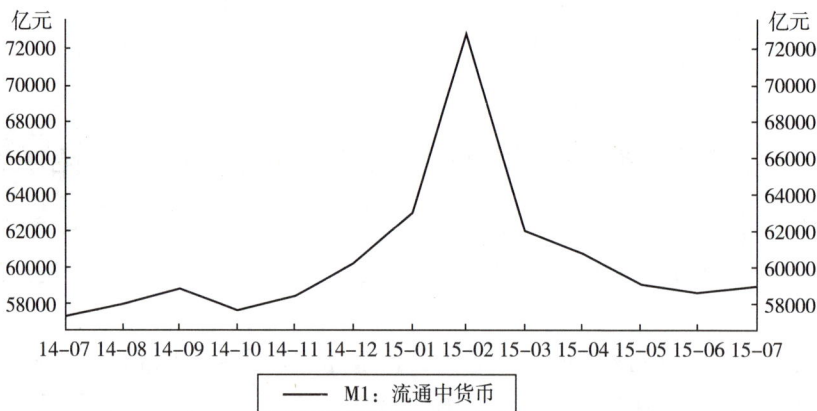

数据来源：万得数据。

图 5 - 1　M1 变动趋势图

正反馈。（1）资金从银行流向股票市场，指数抬升；拿股票到银行质押贷款，贷款金额上升，资金从银行流向股市。（2）股票价格上升，羊群效应，跟风买入，加大从券商融资的杠杆，加大场外配资，股价继续升高。（3）股票价格迅猛下跌，引发恐慌，羊群效应导致散户等跟风卖出，券商融资盘面临强平，场外配资盘面临强平，股价继续狂泻，一字跌停，流动性危机，股票无法卖出，恐慌加剧。（4）银行质押股票价格跌至银行强平线，银行强平，股市更弱，市场塌陷。

（二）快牛的投机型股市，财富重新分配，不利于大众

1. 多年的股指表明，我国的股市除了投机可以赚钱外，年度投资的资本利得往往是负的。

表5－1　　　　　　　　我国沪深300指数历年来的最高点与最低点

	2006年	2007年	2008年	2009年	2010年	2011年	2012年	2013年	2014年	2015年
最高	2052	5891	5756	3803	3597	3380	2717	2791	3542	5380
最低	926	2030	1606	1837	2462	2267	2102	2023	2077	2952
振幅	221%	290%	358%	207%	146%	149%	129%	137%	170%	182%

数据来源：股市行情，时间从每年1月1日到12月31日；振幅：最高/最低。

表5－1表明：（1）年度振幅较大。2012年振幅最小，全年除最后半个月外，一直下跌。（2）从历年最低值来看，没有逐年上抬的阶梯效果，投资结果不确定性度高，整体来说，持仓收益可能是负的，特别是对于追高的散户来说。

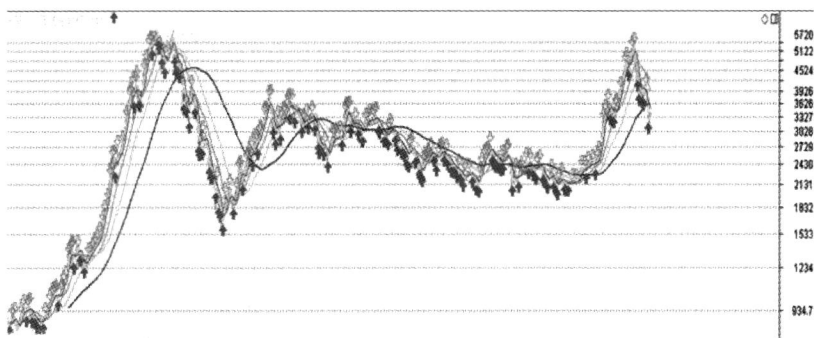

图5－2　沪深300K线图（2005/05/19至2015/09/10）

图5－2非常清楚地展示了我国股票市场整体走势图。2005—2007年是改革牛，全流通改革成功，出口增长迅猛；2008年1月至2014年7月，大约7年时间，整体是熊市。

根据图5－2，2015年股市在走到3800点左右应该有一个大幅震荡，且期限较长的震荡，如6个月，才能加固牛市根基。其实，在此之前就应该进行深度调整，比如3000点左右。如果我们的股市在3000点与4000点左右分别有深度调整，股市的风险就不会像2015年6月在5300点左右硬着陆，触发国

家救市。从 2014 年 7 月至 2015 年 6 月，股市上涨 250%，上市公司业绩与全球经济形势无法支撑这么高的股市，管理层对股市过分乐观了。管理层忽视对股市治理这个健康股市基础的关注，而将大量的精力放在了刺激股市不断上涨上，且在股市疯涨时，没有及时出手。所以，股市的指数管理是失败的，这么说应该是实事求是的。

2. 在快牛的股市，财富被重新分配，不利于散户

在一个快牛的股票市场，正反馈机制在起作用，泡沫较快地吹起，然后又较快地破灭。泡沫的破灭，导致股票财富的消失；如果有银行与企业破产，则会发生"货币消失"。危机传导给实体经济，影响银行信贷、消费和财富分配。这个原理在后面还要论述。

对于一个投机型股市来说，如果它的基础是不健康的上市公司，它就没有创造财富的效应。记得 2007 年的中央文件里，曾经明确写入了股票财富效应。但是，多少年来，这个预言没有实现。投机型股市，一方面，IPO 以极快的速度创造着不计其数的亿万富翁；另一方面，当股灾的时候，财富总额不变，但财富重新分配了。那些被套的投资者，股票账户"浮亏"，只有等到股价重新涨上来时，才能解套。

那么，建立在快牛市基础上的财富效应自然也就立不住脚了，因而建立在股票财富效应基础上的扩大消费的理论也就悬空了。

3. 一个国家的消费是稳定的，发展中国家的消费收入比相对低于发达国家

从国际上来看，一个国家的消费占收入的比例是长期稳定的。美国的消费占收入比要高于中国，但是，要中国的消费收入比追赶美国，四五年之内还不现实，因为消费收入比背后的决定因素，还没有研究清楚。消费收入比是个重要的经济变量，是由经济和社会制度决定的，不是能轻易变动的。

发展中国家需要大量的资金进行基础设施投资，包括交通、医疗、教育、居住、城市建设。同时，新创造的财富还没有进入遗产传承阶段，居民购置房产的还贷压力决定了人们不可能消费太高。发展中国家日常消费品的价格要低于发达国家，住房价格则极高，这使得发展中国家的消费数据偏低。

扩大消费的基础是收入，而不能发展债务型消费经济。有了良好的国家医疗保障和便宜的住房，消费潜力能够得到充分释放。但是，当前的城市新居民如果只能买房，而不是从父母继承这些遗产，他们就没有多少钱用来消费。以北京市的住房价格和收入为例，假设市区一套房子 400 万元，这不算

高，以 5% 的年利率计算，一年利息支出 20 万元，也就是说一个月不吃不喝，税后收益的 1.7 万元要用来还利息。但是，在现有的税法体系下，税后 1.7 万元，要征收 3000 元的工资收入税，也就是税前收入要 2 万元，才能还得起全额房贷的利息。所以，购买房产的支出挤占了消费。利息是严重影响房贷支出和居民购房能力的经济变量。

同时，消费也需要热点。目前，我国没有新的拉动全民消费的热点，旅游、保健等支出占家庭收入的比例并不大。新热点的形成需要科技创新与集成，不是一天能够形成的，需要市场自己去发现。

（三）股市拉动经济增长靠的是资源配置能力

1. 健全的市场与政府的科学干预是有效配置资源的主要手段

政府干预经济如果不能保证其科学性，后果很严重。常见的干预经济的手段是产业政策，但是，产业政策的失误并不是不可能。一旦政策失误，巨额的资金、人力和时间浪费，往往是致命的。日本在 20 世纪八九十年代，产业政策上大力发展房地产和模拟电子产业，后来被迫大力发展金融业。这些失败教训需要铭记：（1）房地产业的泡沫化日趋严重，最终"令人意外"地破灭了。（2）日本所具有优势的模拟电子产业本质上是夕阳产业，巨额资金、人才与时间浪费了。日本的刚性的企业制度与社会制度也不适应新经济。（3）日本被迫开放的金融业由于前期改革的准备不足，在丧失了改革时间窗口的背景下，被迫开放的效能有限。（4）银行坏账处理等不及时，使金融活力受到抑制。一个有病的金融系统怎么去应对国外金融机构的挑战，怎么去完成国内经济交给它的金融使命？中国呆坏账虽然达到 4 万亿元，但是，由于坏银行资产的剥离，制度改革成功将"坏"银行转变成了好银行。

所有的泡沫破灭都是"令人意外的"，其实也都是意料之中的。只是人们没有居安思危，盲目自信而已。

人无远虑，必有近忧。如果一个国家没有自己产业发展的方向，它就迟早会在竞争中落伍。日本的战后振兴虽然始于朝鲜战争的大量订单，但是，它抓住了 20 世纪 50 年代的科技革命，从美国输入半导体技术，建立全球竞争力的电子产业才是根本原因。日本的衰落，就在于过于民族自信，没有居安思危，躺在经济奇迹上睡大觉，在主导产业上失去了垄断的优势。资本不可怕，可怕的是资本掌握在让你可怕的人手里。我国政府掌握了巨额外汇，但是，中投公司投资黑石、房利美等损失惨重；如果这些资本掌握在愿意效力的巴菲特、索罗斯等人的手里，它们就是可怕的。

资本通过杠杆来拉动经济增长，前提是市场竞争选出优胜者，然后，由制度保证将资本集中到这些强者的手里。所以，资本主导经济发展的主要机制是公平竞争机制基础上有效的微观配置资源的机制。资本的优胜劣汰是无情的，但有效率；"大锅饭"有情，却鼓励懒惰。

2. 股市的资金要向新兴战略产业倾斜

美国历史上经历多次股市泡沫，甚至 1929 年的大崩溃。这与南海泡沫的性质截然不同，后果也截然不同。南海泡沫是骗局，玩的北美殖民地遍地黄金的概念。而美国历史上的运河泡沫、铁路泡沫、钢铁泡沫等，都是将资金运用到经济急需的战略性行业。而且，美国政府并没有深度参与。如果美国政府深度参与股市，美国经济没有今天。政府的责任是监管股市，防范与化解大的金融危机。

如果一个股市不能将资金配置到新兴产业，如果股市配置的新兴产业只停留在概念上，没有实质性内容，那么这个股市就不是健康的股市，将来准会出大问题。

不只是圈钱的弊端，我国的股市融资在资金有限的情况下，不能过于倾斜于资金密集型行业。银行等金融机构从市场上抽取了巨额资金，2008 年 1 月，平安保险竟然再融资 1000 亿元。这些资金在欧洲的投资中折戟，损失近千亿元。如果我们将优秀的科技型军工企业、新材料等高科技企业上市，效果要比金融机构融资好得多。

3. 股市的杠杆是配置资源的有力杠杆，资源错配的后果与杠杆成正比

股市融资杠杆指标有：（1）市盈率，本质是激励杠杆。上市公司赚 1 元钱，市场给它的回报是市盈率，比如说市盈率是 30，则回报 30 倍。市场奖优罚劣主要通过市盈率这个指标来反映强度。如果公司绩效较差，就应该退市。因为市场资金供给有限，该退市的企业不退市，就会在股市泡沫中占用宝贵的金融资源，影响新兴产业的发展。（2）股本与市值比，即股价与净值比。这个指标反映原始股东拿 1 元钱，能从市场上融资到几元钱，是反映融资的杠杆。这个值与行业、股市周期有关系，不同行业的市净值与股市之比是不同的。

但是，市盈率并不是越高越好。市盈率过高就是泡沫，公司管理层努力经营的压力就小得多了。市场给予管理劳动的过高回报，会降低管理层的经营努力，从而使经济增长的潜能难以发挥。

如果股市的产业结构调整具有前瞻性，这种杠杆性就使得它比银行资金

调整产业结构更快，效果更好。我国一直在使用银行这个产业结构调整的工具，但是，我们看到，大量的资金被投到传统产业，特别是"三高"产业，产能过剩加剧了，产业失败的风险集中到了银行。股市则有投资风险由社会承担的特点，投资者要从股市中学习，让市场的优胜者来领导股市行情。一个成熟的市场，具有通过公平竞争选择优胜者的功能，从而提高微观经济体的效率，促使生产力的提高。

股市作为资本杠杆，是调整产业结构的重要工具。但是，股市的产业结构等不合理，也会给经济结构的调整带来负面影响，因为股市极其廉价吸引了国内大量资金。由于没有硬性规定，我国上市企业不需要发放红利。同时，上市公司退市数量过少，使股市的优胜劣汰机制不能发挥作用，这导致大量的夕阳产业，如"三高"产业、产能过剩的行业得不到自然淘汰。而朝阳产业的数量却有限，大量优秀的"互联网＋"企业难以在国内上市，腾讯在中国香港、阿里巴巴在美国上市。

4. 克服困难，让新三板与战略新兴板块健康运作起来

对于上市公司来说，股市的淘汰机制是巨大的压力。如果说国内现在缺资金、人才，还不如说缺科学的股市治理制度。国家领导层必须将股市治理放在国家战略层面的高度，需要跨部门的国家层面股市治理。股市治理需要遵循市场化原则，适当的行政干预是可以的，过多的行政干预则适得其反。这个度的把握是一门艺术。

从经济结构调整的角度来说，我们需要股市将资金更多地配置到战略新兴产业与高科技产业中去。当然，融资并不是高科技发展的充分条件，只能说是必要条件。所以，在融资条件改善的同时，必须进行相关建设，如加速国家核心技术群的创业支持与技术创新，继续从全球引进科研人才，继续改革科研体制，完善科研的基础设施建设，等等。让股市在国家经济发展中起到中心作用，但是，国家的科研发展战略、市场孵化战略，以及风险投资行业的发展都是必不可少的。

现代高科技的成长不是靠银行融资，而是利用天使投资、风险投资等成长起来的，阿里巴巴、腾讯的成长壮大等都是如此。银行在它们成长起来之前，是不可能给它们大笔贷款的，因为贷款的风险与收益也不对称，银行也不具备评估其风险的能力。这也是股市要在我国现阶段的经济发展中起到中心作用的原因，因为这是高科技企业成长的需要，也是"互联网＋"等企业成长的需要。

二、多级杠杆放大理论

（一）资本主义经济是资本杠杆的经济

资本主义经济的特点之一是杠杆。任何一个企业都有杠杆，企业向银行借款，是加杠杆；银行利用自己的资本开展业务，也是加杠杆；股市融资，还是加杠杆，原始股本吸引更多的社会资本参与；市盈率也是杠杆，是收益的资本化；扩大再生产是杠杆，优胜劣汰。

资本主义通过资本杠杆来加速企业成长，通过杠杆来对企业优胜劣汰。而资本对优胜企业的选择主要依据企业经营的结果来进行的，具体经营管理则由企业的管理者来进行。巴菲特参与企业的管理，主要表现在用人和公司发展前景的判断上，具体管理都是由他信任的人进行的。巴菲特选择那些创业成功者进行收购，收购之后往往继续由原创业者进行管理。这些创业者在退休年龄之后把自己的企业卖给巴菲持，同时，继续为巴菲特经营好企业，像对待自己的企业一样，可见巴菲特的精明之处。

诚信是市场经济的基石。我国经济发展到今天，诚信文化的缺失制约着它向更高阶段发展。我国经济要继续向前发展，需要啃的都是硬骨头。诚信文化建设是硬骨头之一。

（二）杠杆的杠杆：巴菲特的伯克希尔·哈撒韦

伯克希尔·哈撒韦给价值投资者带来的回报，回报的倍数差不多是杠杆的平方。该企业拥有可口可乐、运通公司等的大量股票，能够享受到资本利得。当可口可乐等盈利丰厚时，其股价必然迅速上涨。伯克希尔·哈撒韦的获利是已经杠杆化一次的可口可乐，即可口可乐的股价上涨额，数目相当可观。由于股市的市盈率等杠杆特性，伯克希尔·哈撒韦的股价是已经杠杆化的可口可乐等公司股价上涨带来的盈利的杠杆化，即杠杆的平方。当然，第二次杠杆可能没有第一次杠杆高，比如说我国银行的杠杆是 6，低于普通企业的杠杆。伯克希尔·哈撒韦的股东很少出售股票，该股票的供给有限，需求却旺盛。2015 年 9 月 30 日，股价 19.7 万美元。

我国股市也需要这样的公司，它的回报大约是杠杆的平方，大量的资金集中到了能够有效配置资源者的手中。

三、股价涨跌的财富变化理论

股市有存量和流量，流量影响存量。无论牛市与熊市，乃至股灾都是流量影响了股票价格，进而影响市值。

股票市值30万亿元，并不是它真的值30万亿元的货币。当存量变现时，股价就会下跌，市值就会缩水。你将30亿元市值的股票全部换成现金，由于现金数量有限，股票的价格必然越来越低。

以极端的情况最容易说明问题。以1只股票为例，假设10亿元的交易量将某股票价格从价格1抬升到价格2，在价格2时已经泡沫严重，由于外因刺激，比如说战争，所有的人都要卖出股票，但是，没有人要，股票价格在零成交的情况下下跌到价格1。这时，财富瞬间蒸发。虽然，价格上升过程中，有人盈利，但是，其他人亏损的总财富要大于盈利的总财富，总的结果是部分财富的消失，损失的金额是交易成本，包括税收和手续费。同时，由于财富的重新分配功能，部分在高位接盘的人就会破产，如果人数众多可能会带来严重的社会问题；如果股市创新低甚至历史新低，比如说股市下跌一年将五年的涨幅都跌掉了，则财富消失的整体影响更大，因为五年中，人们已经消费了部分盈利，这时候的社会财富必然较五年前要缩水。

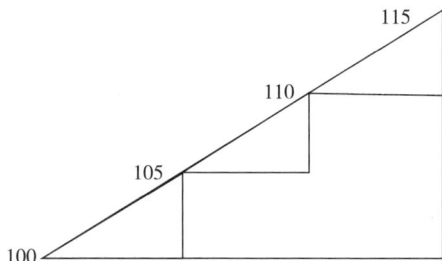

图 5-3　股价涨跌财富变动原理图

我们有以下假定：①在股份上涨过程上，没有下跌，因而没有人亏损。②只有1股股票。③不存在税收和收费。④100是发行价，也就是股票到达普通投资者手里的成本价。

有两种情况：

（1）股价跌到100为止，普通投资者的总财富变化是0。在股价上升过程中，第一个卖出的人获得了 5 元的盈利；第二个卖出的人获得了 5 元的盈利；第三个卖出的人获得 5 元的盈利；第四个卖出的人亏损 15 元。社会总财富的变化为零。但是，如果有手续费和税收，则这些钱被转移到证券公司与国家手里。社会总财富的变化为零。

（2）股价跌破 100，如跌到 95。第四个卖出的人亏损 20 元，社会总财富亏损 5 元，这个 5 元被企业 IPO 时拿走了。从这个角度来说，不考虑税收等，社会总财富没有变化。

结论是：①在不考虑税收和手续费等成本的情况下，股价上升并下跌到原位时，社会财富总量没有变化；但是，财富持有者的结构发生变化了。②当年末股价跌破年初股价时，人们感觉自己的财富比去年少了；但是，与前期相同价格相比，社会总财富并没有变化。当然，由于人的本能的局限性，"先甜后苦"带来的总效用损失比"先苦后甜"带来的总效用收益大。

当采取的是杠杆交易，也就是融资融券交易时，可能有些投资者的亏损会导致破产。所以，杠杆交易的金额必须建立在投资者的实际负担能力上。否则，就会有跳楼等现象发生。

以上分析表明：股票财富效应的前提条件是股市不断上涨。如果股市没有价值基础，没有与银行存款相近的分红或价格上涨，持有股票会带来股价的缩水。同时，财富的重新分配对大众不利。

四、股市脆弱理论

（一）股市也是脆弱的

银行是脆弱的。（1）流动性脆弱。任何一家银行都会只留下一部分现金，更多的现金拿出去贷款或投资，所以，面对超常金额的提现，必然出现流动性问题。（2）传染性。一家银行发生危机，其他银行也会跟着遭殃。因为存款人无法知道哪一家银行是安全的，所以，他们的最优策略是提款。但是，当大家都提款时，健康的银行在挤兑面前，也会破产。（3）风险容易集中，如区域性风险、行业风险、经济周期风险都容易集中，中小银行最容易受冲击。

股市是脆弱的。（1）群体无理性会影响股市价格的非理性。根据心理学家的研究成果，有理性的个体在一起时，增加了无理性的概率。股市的集体疯狂上涨与集体恐惧下跌，都是市场无序的表现，为股灾埋下基础。（2）股市容易受到全球股市、汇市等行情的传染。当股市价格迅速下跌，股市参与者的第一反应是尽快止损，因为等待理由的呈现没有任何意义，根本等不起。等到你弄清楚为什么下跌时，已经晚了。（3）全球股灾不断，每隔几年就会爆发全球性股灾，这是全球股市发展的规律。不少美国顶级投资人预测美国近2年会发生股灾。（4）当现金转换成股票时，股价被推高；当高价位的股票追逐数量有限的现金时，这种反转容易以股灾的形式表现出来。

正是股市的这种反复无常，股市投资风险较大。试想想，一年的定期存款利息4%，而股票一个涨停10%，一天最大涨幅20%。如果风险不大，那么大的收益，钱会都涌到股市里去了。无论怎样发达的股市，股市风险不会消失。

（二）股市风险巨大

对于几十万亿元市值的股市，政府与趋势对抗，也是扛不住的。有人会说，香港救市是成功的。但我们分析一下，我们这次救市与香港救市不能比。

香港从14838点降到6600点分为两个阶段。第一个阶段，1997年10月8日恒生指数为14838点，1997年10月28日跌为9059点，历时13天。这个阶段，索罗斯获利，港府没有介入。第二阶段，1998年8月份，国际游资在港股8000点之下，仍然进犯。在6660点的低位，港府放开买入，动用了1100多亿港元。由于港股当时没有涨停板限制，这种狙击策略是有效的。港府的这些买入最终都获利。港股的介入是在股市下跌44%的时候，名利双收。·

港府救市名利双收有几个条件：（1）在股指交割日附近才开始实弹反击，抄了大底。（2）没有涨跌停板的限制，使对手最后失去反击的空间与时间。（3）港府偷偷进行实弹反击，以快取胜，迅速收兵。

我们大致看一下我们的救市脉络。（1）在沪深300指数4400时，央行开始呼号救市。6月26日，降息降准，但市场不买账，高开低走，当日跌7.87%。6月29日，周一，沪深300指数从开盘小V形震荡上涨2.2%后直线下挫至-7.7%，后反弹至0线下滑。（2）这次救市本质上是救国有资本背景的证券公司、信托公司、银行等，而大量的股民以为政府可以保证股市的稳定，甚至再度上涨，因而按兵不动，在最后的出逃机会出现时，仍然在梦想自己的财富将增加。还有，"救国赴市"的人套得最惨。不过，如果没有杠杆的话，他们迟早会解套，将买泡沫化的股票与爱国联系起来，微信群中的高级写手具有很强的忽悠能力。如果真的仅仅因为爱国而买股票，股票被套正好体现爱国。（3）我们有涨停板的限制，创业板的股票跌停，迫使基金卖出中证 500 的股票和蓝筹股，使中小板泡沫破灭的结构性下跌导致全盘下跌，而大盘的下跌使指数迅速下降，加剧恐慌，全线跌停，使股市流动性丧失。否则，市场总能找到均衡价格，从而出清。由于涨跌停板的限制，政府在反击时不能出其不意地置对手于死地，毕竟一个涨停板不能置对手于殒命的地步。（4）救市大张旗鼓地进行，长时间多次救市，只买不卖，使自己处于被动地位。一方面，政府与普通百姓成为交易对手，如果赚钱了，是与民争利，如果输钱了，那是纳税人的钱。另一方面，股灾政府直接入市交易好比与空方打仗，自己处在明处，十分被动。投资者在政府出手相救的低价格买入股票，在政府支撑不住的高价位卖出，波段操作获利甚丰。政府在股指高位入市大张旗鼓，白白送钱。因为市场的均衡价格不在那儿，比这要低，空方就可以不断打压，政府不断拉抬股价，又不断被打压下去，情形可想而知。政府买入 2 万亿元的股票后，将十分被动。2 万亿元，只要一开卖股市就会跌；不卖，政府就撑着，要付利息，一年利息几千亿元。问题是在没有垄断权的情况下，政府的微观经营能力难以在市场上竞争。1998 年左右，我国的粮食"统一收购，统一销售，垄断经营"的改革最终失败了，付出了沉重代价，其经营性亏损一度威胁到财政安全。直到今天，国家粮库仍然时时爆发出负面新闻就是例证，因为那是"唐僧肉"。

证金公司掌管着 2 万亿元的股票资产，负效应十分明显。这 2 万亿元，怎么保证其运营效率？怎么保证这巨大的权力不会被少数人利用？在我国股市治理混乱的情况下，内幕消息怎么样被发现？老鼠仓怎么发现？弄不好，就是一块"唐僧肉"。我们用逆向思维去思考问题，就能开启思维空间，少犯决策性错误。证金公司入市操作如何确定均衡价？证金公司确定的均衡价，十有八九会高估。就像第一波救市时，证券公司的老总信誓旦旦地说，把股市拉到 4500 点有信心，4500 点是均衡价。事实证明，这种判断是错误的，只是一种政治口号而已。

证金公司的股市操作与外汇管理局的外汇干预有着天壤之别。外汇干预手段相对简单，而股指期货与股票品种繁多，交易规模庞大，上市公司有 2780 家。而且，股市的风险比汇市要大得多。

证金公司的好处在于其政治功能。在股市低潮的时候，政府直接入市操作，给人们带来希望，代表了政府的一种关怀。但是，这种政治关怀，并没有考虑到股市的高风险特性。股市就是一种战场，是自己人与自己人打仗，整体上来说，你赚别人就要赔。除非上市公司质量高，保证较好的股息分配，否则，这场游戏就是零和博弈。

在决策层始终没有认识到股市凶狠的一面，始终认为股市是自己的孩子，大人还管不了他？监管层没有认识股市凶狠的一面，过于自信，没有预案，没有考虑到最坏的情况，只是拥有"一切尽在掌控之中"的幻觉。如果不能正确认识股市凶狠的一面，不能正确认识泡沫破灭的风险，不能认识到股市发展就是从一场危机到下一场危机，就可能在股市治理上走入歧途：以危机干预为由，捆绑市场的"手脚"，造成人为的市场失灵和政府失灵。

市场有两大特征，一是规则透明基础上的公平竞争，二是公平公正基础上的行动自由，包括自由进出入一个行业，自由招工与解雇，自由融资，自由维护自身权益，等等。我国经济总量全球第二，人口数量也全球第二。但是，我国经济大而不强。我国经济发展已经进入一个新常态，实际上，就是制度重构与创新创业并举的新阶段。我国还处于社会主义初级阶段，许多制度问题认识起来会比较复杂，比较有争议。

这次股灾，空方自发地联合起来，其力量比政府的力量还强大。我国政府拥有强大的经济实力，但是，政府的实力并没有达到让股市像孩子一样听话的地步，不具有玩弄股市于股掌之中的绝对控制力。政府强大到能够不遵循股票市场的发展规律，那种情形你能想象吗？那将是另外一场灾难。

股市上涨250%恰恰反映了人们的过于自信，对危机视而不见，盲目乐观。这些盲目乐观的人，由于危机意识不够，对政府救市的宣言实际上误解了。股市风险巨大，政府救不了它们；否则，政府自己都可能翻船。那些过于乐观的人，财富消失了，财富"梦"破灭了，他的"中国梦"消失了。但是，"中国梦"不会因为这些人受伤而消失。"中国梦"的实现是曲折的，要做好战斗的准备，这是马克思主义哲学告诉我们的。

如果以这种盲目自信在军事战场上战斗，后果会更加严重。从长远的角度来说，如果我们化危为机，继续深化改革，这场危机就是好事；如果我们反应过度，就可能延缓改革，停止金融改革开放，那就是悲剧。庆幸的是，这个道理中央很清楚。

教条主义是学习能力不佳，形式主义是作风不实，官僚主义是体制僵化。

（三）从股市脆弱的角度分析救市

政府救市除了直接入市交易，是否有更好的办法？设立证金公司，利弊如何？

　　如果从巨型机构来说，汇金公司控股了银行、证券、保险公司等金融机构，中投 2500 亿美元外汇储备，二者都是巨无霸。现在加上证金公司，资产规模 2 万亿元。这些机构对于执行中央的政策意图，当然是有力的抓手。但是，效率能否得到保证，则要视情况而议了。我国的国家政策偏向于国有金融机构、国有企业不言而喻。银行的利差在 2008 年全球次贷危机之后一直很高，达到 4%，甚至 5%。民营企业的财富向银行转移，在经济困难重重的情况下，"银行收益好得没法说"。新银行的政策造成东南沿海的许多企业老总被逼不断跑路。现在利差缩小到 2.6%，银行就说没有办法干了。银行的经营成本比较高，竞争激烈，中投公司投资黑石和房利美债券，亏损巨大。根据香港某经济学家的研究，亏损达到上万亿元人民币。在我国银行改革吸引外国资本作为战略投资者的情况下，外国投行从原始股与流通股的价格差中获得的收益有上万亿元。证金公司这次亏损估计有好几千亿元。政府机构持有这些股票不能卖，只能买。汇金公司出售银行股票成为这次股灾的导火索之一。证金公司这次亏本增持二万亿元，不可能救散户，只可能救国有金融机构。但是，这些金融机构在推动融资杠杆促使股市泡沫化的过程中是有责任的，有不少证券公司开展融资业务时是比较谨慎的。证券公司由客户经理打电话或在营业部面对面推销配资业务，信托公司为了利润也容忍各种高杠杆的场外配资。在这次股灾中，不少被劝说进行配资的投资者损失惨重。但是，怂恿配资的金融机构却没有受到损失。它们被救活了，风险转嫁给了政府，转嫁给了全体人民。

　　政府对国有资本的偏爱，与新常态并不匹配。在新常态下，为了激发更多经济主体的活力，国有企业与外资企业都不应该享受超国民待遇，不应歧视民企。事实上，歧视抑制了民营企业的发展，而没有民营企业的成就，就没有中国今天的成就。在 1999 年前后剥离银行不良资产的过程中，只有四大银行享受了这个待遇。而实际上，其他股份制银行也有不少国有企业改制中的呆坏账。国有企业由于规模大，处于行业的垄断地位，在次贷危机中获得了大量低利息的贷款，资金充裕，甚至用来对民营企业放贷。而大量原本优质的民营企业，由于融资难，成本高，跑路破产，几十年的奋斗成果付之一炬。

　　新常态是一个特殊的时期，是经济增长由数量向质量转变，是民营经济更加大力发展的阶段，是经济管理和政府治理制度重建的阶段，是激发中国文化重新活跃焕发光辉的阶段。这个阶段主要的任务是创新与创业，而不是守成；制度创新与技术创新并举，磨合并彼此激发正能量的阶段。"中国梦"并不是说只要我国的 GDP 总量超过美国就可以了，或者是人均 GDP 达到中等发达国家就完成了。"中国梦"不止于此，作为文明一直没有中断过的唯一的世界文明古国，中国将创造新世纪的文明，在与西方文明的竞争中保持优势，并且超越西方文明。在这个文明的凤凰槃盘中，为世界做出自己的独特贡献。中国人有这个潜力和能力。

这个文明需要继承西方市场文明的精髓，并在上层建筑的国家治理方面，减少西方式"三权分立"的摩擦与消耗，又能有效制约权力运用，防止权力走向人民的对立面。

这样的蓝图，市场经济是根基，而市场经济的基础是投资主体的理性和独立承担风险的能力与意识。这次泡沫破灭中，谁承担了最后的责任？当股市达到 4000 点时，人民日报与新华社发表文章说，"这只是牛市的起点"。言犹在耳，股灾就把政府给套进去了。政府的这个 2 万亿元，近两三年很难有机会完全退出。你只要一卖，股市就要大跌，看看汇金卖出银行股引发股市大跌就知道了。

所谓的"国家牛市"是非常危险的理论，这个理论足以让人倒吸一口寒气，为国家的前途命运担心。炒股需要悟性，你长时间地盯盘时，K 线与分时图就会与你说话，告诉你发生了什么事。然后，你决定下一步怎么做。等到你决定怎么做时，你会发现别人已经先于你这么做了。这就是股市，你在与几百万人甚至上千万人对弈。很多人比你聪明，你傻傻地买，最终只能是亏损，赚钱了则只是运气而已。如果你不靠运气赚钱，你必须做大量的分析，提前做好准备，机会之窗有时候只有一秒。这个一秒是风险最小的时候，过了这一秒风险就会增大。

这次股灾政府救了金融机构，使这些金融机构免受灭顶之灾。但是，这些金融机构在 2007 年之后的金融改革停滞中，所具有的能力让人嗟叹。在这次股灾中，政府、金融机构、投资者都有责任。

从 3000 点上升到 5000 点，再跌回 3000 点，如果不考虑手续费和税收的话，社会总财富不变。但是，在股灾中遭强平的那些人，其亏损的巨额资金到底被谁赚去了呢？这个问题，在沪深股票交易所拥有透明交易信息的条件下，应该是可以查出来的。

中登公司拥有这些股票交割的信息，中金所拥有股指期货交割的信息。通过这些信息可以算出哪些人盈利？哪些人亏损？亏损额到底有多少？

五、股票价格理论

(一) 股票的价值由公司未来的净现金流贴现之和（NPV）决定

这个理论在西方经济学中有着重要的地位。它的缺点是不能实证，因为未来是不确定的未知变量，尽管可以预测。由于预测值受到诸多因素的影响，股票的价值是剧烈波动的。

NPV 理论对于指导股市治理有一定的理论作用。股市要给股东带来回报，如果不能带来资本利得，则股息需要与存款利息等相匹配。当然，对于股价不断上涨的上市公司，即使公司不分配股息，如伯克希尔·哈撒韦，也让投资者欣慰。

这样一来，持续亏损的企业由于净现金流为负，就不适合用此方法。而高科技企业也不适用于该方法，亚马逊最近几年才开始盈利。

(二) 股票的价格由企业的重置成本决定

对于亏损的企业，其价值并不为 0，一般大于零。例如，对于即将退市的企业，如果亏损，可以核算其企业重置成本，以此决定其价值。

对于那些产品有前景，行业发展还有空间的企业，由于经营不善等原因导致困境的，此时，企业的价值可以由重置成本确定。这样，那些收购这些公司的企业出这个价也是公平的。

(三) 对于面临破产的企业，股票的价格由企业的清算价值决定

核算其破产清算价值，这时的清算价值是由市场价格决定的。当市场不完善时，市场无法提供合理的价格，导致清算价值无法确定。如果市场不完善，企业破产时，需要支付安置工人的成本，需要支付税收等成本。对于那些资不抵债的企业，如果资产的质量又低，清算价值就为 0。所有债权人的债务在无法偿还时，只能一笔勾销。

(四) 股票的价格由供求决定

股票的价格受供求影响，当股市过热时，价格普遍较高。当股灾之后，

价格普遍较低。对于严重股灾之后，投资于那些价格严重低于价值的股票，就会获利。这些股票包括：成长型股票、蓝筹股、股价下跌过于厉害的股票。这时，一定要核算其价值，比较价格与价值。通常，遇到危机但业绩一直优良的公司，其主业如果未受影响，则股票值得购买。

（五）股票的价格由公司的税后利润率与利息率决定

根据马克思主义理论，利息率越低，股票价格越高。举个简单的例子，如果银行存款利息是 5%，那么对应的市盈率是 20 倍。每股净资产如果是 x，每股回报率是 y，则该股票的价格是 $20y$。

（六）趋势、测试、反转理论

市场会寻找自己的方向，向各个方向反复测试。如上冲行情上不去，就下冲行情。反复震荡，还是为了上冲；如果反复震荡上冲不上去，阻力太大，在利空消息不断积累的情况下，市场就会选择大幅度地下冲。市场总是不停地动，一刻也停不下来。

当一种趋势形成，通常与经济形势与经济政策有关，这种趋势就会持续。如牛市、熊市都是一种状态，一种趋势。一旦上冲成功，股市不断创新高，则上冲的趋势就会持续，趋势上升的"动能"最后以疯狂收尾；最后，市场开始测试反转，一旦测试成功，市场就会趋势性下降，可能是崩溃性下降，也可能是中国式的长期熊市。

所以，趋势是否反转成功，都会发出信号。投资者必须耐心捕捉市场发出的信号，如果捕捉失败，就要认错，亏损出局，不可与市场趋势对抗。人都是会犯错误的，所以，认错形势是很正常的事情，关键是止损技术。在你认错趋势的时候，亏损不大；而在你正确地认识了趋势的时候，盈利很大。这就是成功的投资。

趋势测试、反转理论要求我们小心谨慎，不可大意。

长期趋势里会有相反的短期趋势。短期趋势处于次要的地位，强度要弱于长期趋势的幅度。一旦短期趋势突破了长期趋势的框架，如一定时间的最低价或最高价，往往意味着反转成功。由于我们是在向前预测，在形势不明朗的时候，我们判断下一个趋势是否已经反转，需要多方面的信息想到确认。

投资最重要的任务就是判断趋势，确认趋势。如果你能准确成功地把握趋势，你就应该盈利。我们将判断的准确率与杠杆率对应起来，准确率高则杠杆率高，如此一来就能盈利。如果你判断对了，却没有盈利，说明你的判断技术还不是特别成熟，需要改善。

由于行情瞬息万变，你不可能总是判断正确，所以不要过于依赖琐碎的判断。你要抓住最主要趋势，一旦确认上涨，就在行情下跌时不断买入。剩下的时间多看少动，反复确认你的判断。不要乱动，动得越多，失败越多。

中国股市，多方面因素造成投机常常占主导地位，牛短熊长。只要趋势判断正确，就可以赚大钱。所以，投资的本质就是你是否能冷静地判断趋势，不头脑发热。当行情冲上5000点时，马上行情就要冲上6000点，甚至1万点的舆论就会出来。股票投资就是打仗，谁如果不严肃对待此事，谁就会以亏损出局，如果死不认输，就会输得一无所有。

不能以相信政府作为你容许自己亏损的理由。因为股票投资是你自己的决策，风险极高，丝毫不能马虎。古今中外皆然，虽然我国政府的宣传给大多数人造成一种错觉，"与牛市一起发财吧"，"把钱从银行投向股市吧，既支持国家建设，还能发财"，"'中国梦'会使所有的人都会发财"，这些宣传不少是错误的。这些错误的宣传是政治的需要，是并不操作股票的人主导了话语权。不能埋怨媒体，国外的媒体在股灾前的反应能力与中国媒体的这次表现相比，也好不到哪儿去。

当我们从全球历史事件中，看到事物发展历程的曲折时，就要谨慎。任何时候都保持危机意识，不要以相信政府为理由，将亏损的责任全部推给政府。你为什么在泡沫那么严重的时候，保持那么高的杠杆？你入市的动机是不是赚钱，你赚钱的时候分给政府了吗？你入市的时候，没有想过赚钱的艰难吗？无知者无畏乎！

六、信息优势与羊群理论

金融业的本质功能是为实体经济服务。把经济体比做人体，金融业是血液，流遍全身，滋养实体经济；实体经济要创造有效使用价值，具备造血功能。

金融业的业务本质之一是信息。无论是银行，还是证券，谁拥有关键信息，谁就有优势。对于证券业，信息就是钱。

股市信息的来源：（1）原始信息，多是显性信息。宏观信息，包括经济政策、法律法规、宏观经济数据；企业信息，包括财务、管理层、产品、技术等；行业信息；交易数据，股指期货、股票交易分时数据等。（2）派生信息，从显性信息加工出来的信息，不同的人看法不一样，如西方主流经济学派算出来的风险系数、波动率等，各种股市指标，K 线形态分析、分时图分析、心理学分析等。（3）信息利用。对于同样的信息，不同的人利用的水平、内容、方法、状态、错误率等不同，结果不同。

信息优势这里我们采用这样的定义，包括获得拥有交易竞争优势的信息和正确加工这些信息的方法。

信息优势是相对的。如所谓的内幕消息，在传递多少遍，或者传递一段时间后，已经失效，但是，后期的信息接受者如果仍然相信并加以利用的话，就会成为信息劣势。但是，有些内幕消息是拥有巨大价值的。如股市救灾中，当部分证券公司在执行买入指令，如果告诉自己想告诉的人，对方必定获利。有些刚从董事会传出来的重组消息，都会导致信息接收获利。另外，有人经过训练，能够有效利用各种信息，或者自己加工决策信息，或者直接利用原始信息，进行科学的决策和交易操作。在股票市场或期货市场，从分析正确到获利还有很长的路，那就是交易的迅速性。在高频交易中，华尔街的股票交易者为了获得指令成交的微秒级的优势，不惜从外地迁到华尔街，将公司靠近交易所的机房，有的公司从外地铺设光纤，采取直线距离，将交易指令送到股票交易所的机房。

所谓羊群效应，就是那些没有信息优势的投资者，在面对极端市场行情时，由于情绪失控，或者放弃自己的理性，跟随市场进行操作，以增加收益或者减少损失的行为。这些投资者由于数量众多，最终导致股市暴涨或暴跌。

羊群通常不具有信息优势，原因很多：没有时间，因为上班忙，不能看盘；没有精力，因为工作压力大，很疲劳；没有投资经验，是投资新手；老人，没有学习能力；性格缺少独立性；钱来得太容易，没有风险意识，或者认为自己承受风险能力强，错误地承担风险；没有受过专业培训，也不自学；盲目轻信他人，被他人控制；认为自己错了，但是，发现的时间太晚了。

不只是散户，机构投资者也会表现出羊群效应，这方面就不再重复前人的研究结论了。

羊群效应导致股价过低或过高，从而给有经验的投资者带来做多或者做空的机会。价值投资者会在别人恐惧的时候，倍感兴奋；在别人疯狂的时候，倍感恐惧。

七、极端点盈利理论

在股市或者期货行情出现极端情况时，往往存在短期获利的机会。根据研究，那些平时持有更多现金的美国基金公司，盈利更多。这种投资方法要求你准备好弹药，一旦行情出现机会，采用判断趋势，逐渐加仓，设置止损的方法来获利。

这里的关键在于判断顶和底。有很多人认为，顶和底是不可判断的。确实，你难以提前精确判断具体在什么时间，什么价位出现顶和底；但是，当你采用独特的分析方法时，并且盯盘，是可以大致判断顶或底的。

极端点盈利方法有风险，就在于你的判断与市场的判断并不同步。有经验的投资者往往先于市场的判断，如果没有耐心，过早进行交易，就会出现亏损。很多人趋势判断准确，但无法盈利，就是因为过早地进行交易。当你因为过早交易，出现亏损，你会因为止损放弃自己的正确判断，最终错失投资机会。那些对亏损不设上限的做空者，往往要有超常的耐力和智慧，但是，他可能面临巨大的无法承受的亏损，无法坚持到天亮。

可以通过专业训练来形成自己的交易模式。例如，股市下跌的动能强，但强弩之末即是行情短暂转变的时机。当恐慌扩大时，股市下跌的幅度不断加大，成交量也不断加大，乃至出现悬崖式跳空跌停，那么跌停的第二与第三天就值得时刻关注。在加速俯冲之后总是有反弹，而且俯冲得越快越深，反弹得越快越高。遇见这种极端行情，只要你有耐心和经验，盈利的机会极大。

同样，这种极端暴涨行情，不能冲出新高时，或者在震荡冲高的幅度越来越小，甚至无法完成实质性冲高，在成交量不断放大的情况下，也将有一波下跌行情。只要你谨慎，注意止损策略，就可以盈利。

股市和期货的投资机会特别多，风险也是特别大。机会与风险同时存在，稍有不逊，就可能亏损。

八、股市是洗钱的好地方

股市的规模几十万亿元，每天交易近万亿元，是藏污纳垢的好地方。在这里洗钱，不容易被发现，也不容易被侦察，金额也可以做得很大。股市是洗钱的最佳场所，具有合法的外衣，违法犯罪的成本最低，最不吸引人注意，阻力最小，主要形式有：（1）基金与私募的分赃交易。基金高价接盘，私募与基金经理人私分私募利润。（2）证券公司、企业高管分成交易。企业高管配合证券公司，证券公司准备坐庄。上市公司操纵财务信息，一起欺骗、抢劫不明真相的投资者。（3）企业高管、地方政府人员、地方其他企业，通过编制虚假重组、虚假交易等信息获利，把亏损留给投资者。这样的例子不胜枚举，很难受到法律的惩处。中国的投机者，为了暴利不惜"入虎穴"。（4）高级后台人士、企业高管、财团，在 IPO 原始股、股票增发等环节轻松赚取价差，一二级市场套利。（5）企业高管，不用心经营，而是通过各种手段低买高卖自己的上市公司股票获利，做起了股票生意，其中，包括股票期权。（6）不法资金来源，通过股市牟利的记录，证明自己的收入来源合法。（7）企业圈钱，股东套现，大小非出逃。（8）黑社会介入的股市洗钱行为。（9）其他行为。

我国股市有点乱。食物链的底层是普通大众，也就是我国的散户，主要的"博傻"者。股市是我国散户财富的绞杀机，有些悟出道道的投资者，在巨额亏损之后，发誓永远不进股市。但是，股市是一个博弈的大市场，你有可能赢，取决于你自己的能力与努力程度。所以，禁止散户入市投资资格，不现实，不可行，不少散户不相信机构投资者，亲自入市。

如果我们根除这些股市洗钱行为，普通大众的处境则会好得多。然而，最重要的基础则是上市公司的健康的财务状况。因为大多数散户，在赔钱时，就选择"当股东"，"股市总有一天会涨起来的"。但是，融资杠杆可能使投资者失去所有的钱，可能永远失去了翻身的机会，甚至生活的信念也破灭了。

西方的投资理论，基于美国股市，认为：把钱投入股市是更好的投资行为。但是，对于投机型中国股市和那些没有投资经验的散户而言，这些结论是错误的。

九、股市是群体行为

股市是由上亿个体组成的，虽然每个个体的心理并不同，对股市的看法也千差万别。但是，这些个体行为会表现出明显的群体行为特征，仿佛股市就是一个人，有自己的喜怒哀乐。

（一）股市是有情绪的，通过股价变化表现出来

对于牛市来说，你用100亿元资金能将价格拉升5%还是10%，取决于市场情绪。市场情绪乐观，价格就会上涨；如果市场情绪悲观，价格可能会下跌。市场情绪是可以感知和测试的，庄家通常会测试这个情绪，然后决定对策，庄家只有顺势而为才能赚钱。这个市场情绪受到很多影响因素，既有国内外的，也有股市玩家的。有时，上午大涨，下午大跌，都是可能性的。近期市场情绪，或者说股市的短期趋势有很多预测技术。形态理论、K线理论、波浪理论等都可以预测。但是，对于同样的K线，仁者见仁，智者见智。所以，技术分析是模糊的，需要分析者的主观努力。如果分析者是个新手，其自身的自满、悲观等个性化情绪居于支配地位，就会导致预测失败。时刻谨慎，如履薄冰，就可以增大判断准确的概率。

（二）股市内的不同群体

股市有胆大的和胆小的。股市的行情不是由胆小的参与人发起的，胆小的参与人由于对风险的高度谨慎，会选择短线，稍稍获利就卖出。胆大的投资者，面对股市的震荡敢于入市操作，在股市低迷时敢于测试市场，敢于买入并持有，即使下跌也不卖出。而胆小的，则总是在市场稳定时买入，因此获利的机会少，获利相对也小些。胆小的投资者，即使看对行情，也会由于各种各样的原因，把握不住机会。所以，投资需要魄力。一方面，你要对你的分析要尽最大努力；另一方面，你要对你的判断有信心，该出手时就出手。

股市有领跑者和跟随者。股市的趋势形成和表现出来需要一定的时间，很多投资者会在趋势不明朗的时候选择观望。而那些有分析能力或者自信的投资者，会在恰当的时候扭转股市的方向，从多向空，或从空向多。股市的领导者能够赚到更多的钱，因为它能领导行情。基于技术分析的跟随者则在行情出现明显的趋势时，才介入。实际上，这会丧失大量的利润。但是，由于没有特殊的信息优势，这种方法是他们的最优策略。而那些成功的投机者，能够从众多的信息中发现行情变化的蛛丝马迹，成功进行预测，大胆博弈于危险的股市。

坚定的做多者与坚定的做空者。股市投资的做多与做空的角色转换并不容易，做空的人与做多的人有着不同的心理特质。做多的人往往较为乐观，而做空的人会对各种消极面比较敏感。那些做空者会耐心等待做空的机会，

甚至很长时间，在确认市场机会后，狠击痛击。获得的丰厚回返能够助长他的自信，并因此蔑视他人，自命不凡。乐观的人认为这次股市要冲上一万点，而悲观的人说股市的底是 2000 点，这些判断与人的性格往往有一定的关系。市场的走势往往在这些过于乐观与过于悲观的人的观点之间。

第六章 近年来我国股市及监管简要回顾

集中统一的全国证券监管体制真正形成是在 1998 年 4 月。之前，国务院证券委与副部级的中国证监会两个单位同时存在，前者领导后者。证券市场当初的使命是为国有企业"圈钱"，并以计划手段在各省分配上市指标。这给股市造成较沉重的政治包袱，是我国投机市的重要原因之一。

一、1998 年前的股市治理

深圳和上海市政府分别主导的上涨行情和混乱，使中央政府下决心掌握股市的统治权（1996 年—1997 年 7 月），深市股指涨了 4 倍，沪市涨了 2 倍。在沪深股市竞争的压力下，上海市政府与深圳市政府把股指与金融中心挂钩，两地竞相炒作。深市以深发展为龙头，沪市先以陆家嘴为龙头，但陆家嘴的分配方案大大低于市场预期，上交所不惜让《上海证券报》将排好版的公告撤下来，改变董事会决策。但是，市场最终选择了长虹作为龙头股。1996 年 10 月深沪行情的再度大爆发，从 10 月 22 日起，中国证监会开始连续发布多道通知和评论，警告市场方方面面不要从事融资交易，严禁操纵市场，查处机构违规事件。《人民日报》头版头条发表社论，并在前一天晚上的中央电视台《新闻联播》破例宣读。代表两地交易所立场的《上海证券报》和《证券时报》竟然忽视了这篇重要社论，没有及时转载。疯牛继续发疯，直到 12 月 16 日，《人民日报》发表特约评论员文章，管理层将此文以电报形式发送各省、自治区、直辖市，政治高压之态使市场接连两个跌停。1997 年 7 月 2 日，国务院决定将上交所和深交所划归中国证监会直接管理，交易所正副总经理由证监会直接任命，正副理事长由证监会提名，理事会选举产生。

1997—1998 年，股市治理主要照顾了国有资本家利益，包括上市公司与机构中介，而对普通投资者的利益较少考虑。

1993 年 2 月到 1996 年 3 月被称是中国股市的第一次大熊市，主要是国家宏观紧缩遏制经济过热所致。1997 年 5 月到 1999 年 5 月的下跌，是中国股市非常值得玩味的第二次大熊市。

1998 年前后，在市场中转轨的国企十分衰落。大型企业不能卖，有些企业又卖不出去，只有去股市圈钱。比较典型的是国有企业红光实业，2000 年年底被成都中院宣判犯有欺诈发行股票罪，罚金 100 万元，而欺诈发行募集的资金是 4.1 亿元，这就是那个时代的黑色幽默。

1998 年 12 月 29 日，全国人大第六次会议通过了《证券法》。

二、2005 年之前的坐庄

亿安科技的老板罗成控制 7 家公司，坐庄亿安科技。通过对倒拉抬股价，股价上涨后向银行质押贷款融资，再拉抬股价，买通相关人员，释放利好，出货，共获利 4.56 亿元。在证监会调查前，罗成已经将亿安科技转让给另一家公司，自己也消失了。最后，公司的财务总监和资本运营部门的负责人被判刑。

2001 年 8 月所谓"世纪大牛股"的银广夏的覆灭。银广夏弥天大谎，编制虚假合同。2002 年年初，蓝田股份造假败露。东方电子、德隆、格林柯尔等的陷落，让股市的信心受到影响，加上国有股减持得不到市场的认可，上证指数跌到 2005 年 6 月 6 日的 998 点左右。

三、2006—2007 年的牛市

股权分置改革、人民币升值、加息、流动性过剩和股指期货的推出等利好，使牛市持续了两年多。最终，股市的泡沫在大小非疯狂套现面前，在因通货膨胀不断上涨央行加息面前，一路下跌。

2006 年 1 月 1 日，新版《中华人民共和国证券法》和《中华人民共和国公司法》施行；工行、中行上市；上市公司清欠成为人们全年关注焦点；基金净资产突破 6300 亿元；2006 年 12 月 14 日，上证综合指数突破 5 年前的高点 2245 点。

上证指数从 1 月 4 日的 2728 点，一度上涨到 10 月 16 日的 6124 点高位，上涨幅度超过了 220%。同时，股指加速上行，上证综指从 4000 点到 5000

点，用了三个月；而从 5000 点到 6000 点仅用了 1 个半月。2007 年，市值结构优化、资产注入、整体上市带来的制度性变革，税率并轨导致的所得税率下降，新会计准则的实施以及股权激励所释放出来的短期利润都大大推动了上市公司业绩的大幅上升。2007 年，中国石油、中国神华、建设银行、中国平安等 9 家公司募集巨额资金，中石油募资 668 亿元。11 月 5 日，中石油上市时，沪深总市值突破 30 万亿元。2007 年 5 月 30 日，印花税上调至 0.3%，股市放量暴跌；10 月 17 日，再度上演暴跌，后来持续性的下跌使总跌幅达21%。同时，经济形势不容乐观，货币政策由适度从紧转向从紧，房贷新政出台，准备金第十次提高，第六次加息，这些成为压倒银行股和房地产股的最后一根稻草。

　　2007 年元旦与春节，股市兴盛，一片祥和气象。有社论撰文，把股市当做财富发动机和蓄水池。这种观点在 2015 年，又盛行起来。这种观点是似是而非，是十分有害的。股市成为蓄水池的，只可能是那些极少数的财务情况极佳的公司股票，基本不受经济周期的影响，类似云南白药、贵州茅台等。股市本身不可能成为财富蓄水池的，因为股市泡沫终究会破裂的，股市动荡也对财富分配产生影响，不能将股市容量扩大与股市财富蓄水池混为一谈。"股市是财富蓄水池"提法最大的错误是，该提法没有看见股市投资的巨大风险，特别是对中国股市的高投机性视而不见，对多次股市动荡中股民的巨大损失选择性失明。

四、2008 年的熊市

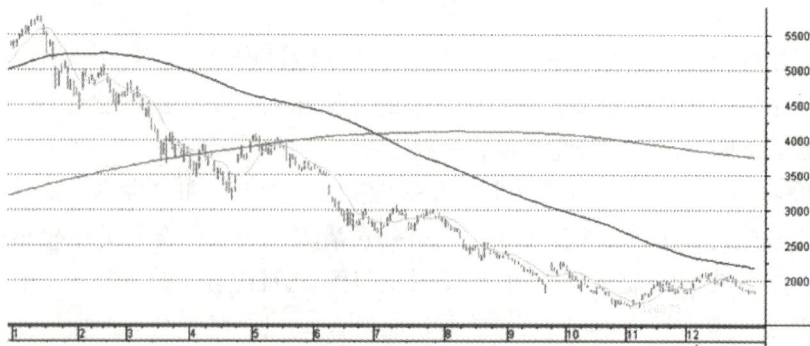

图 6－1　沪深 300 指数 K 线图（2008/01/01—2008/12/31）

2008 年，熊市。外因主要有，美国的次贷危机，直接影响到全球的经济状况；油价的大幅上涨，导致很多行业运营成本增加，利润下降；周边地区的经济环境和股市环境不好。内在因素：国内通货压力巨大，由于人民币升值因素，国外热钱疯狂涌入，国家为了控制热钱，货币政策从紧，股市不振。

几件大事。一是汶川地震；二是奥运会，期间普京回国处理俄格战争；三是美国次贷危机于中国奥运会后集中爆发。

2008 年 1 月 21 和 22 日共大跌 13%，主要原因是中国平安再融资 1000 多亿元，接着浦发银行也要从股市再融资 400 亿元。3 月 12 日，出了利好，但是指数高开低走。3 月份股指一路下跌。4 月上旬，滨海能源概念、天津概念、环保概念等短暂闪光了一下。4 月 21 日，国家出台变相限制大小非制度和大宗交易平台制度。4 月 22 日晚，降印花税。

5 月 12 日，汶川地震。1995 年 1 月 17 日，日本阪神大地震，股市连跌 4 日，跌 7.6%；1999 年，中国台湾 9 月 21 日地震，股市 5 个交易日下跌震荡，跌 5.2%。汶川地震后，中国股市累计跌 20%，之后有所反弹。期间，四川路桥、重庆路桥，以及水泥行业迎来一波行情。5 月底 6 月初，3G 概念涨了几天。6 月 18 日，奥运概念涨停了一把，特别是浏阳花炮。

7 月份，钾肥概念，源于世博会的上海本地股票，都火了一把。

奥运开幕式的 8 月 8 日与次日，股指单向下跌，共跌 10%。

9 月，股市单边下跌，一直跌到 9 月 16 日。9 月 16 日，受美国雷曼兄弟银行倒闭，美国股市暴跌影响，以及央行下调银行准备金和贷款利息拖累，金融股大幅下跌，上证指数跌破 2000 点，9 月 18 日跌至 1802.33 点。从 2380 点跌到 1802 点，下跌 25%。

9 月 18 日至 9 月 26 日，上证指数从 1802 点反弹至 2333 点，涨幅约 30%。内因，官方救市使出了三狠招，一是印花税由双向征收改为单向征收，二是汇金公司从二级市场购入工行、建行、中行的股票，三是国资委鼓励上市国企大股东自主回购股票。外因，美股大幅高收，全球各大央行联手注资 2470 亿美元拯救金融市场，美国政府酝酿新救市计划。当天所有的股票皆涨停。

10 月，上证指数持续下跌，跌 29%。10 月 25 日，国家 2 万亿元计划获批。10 月 28 日，沪深 300 当天创出新低，并成功翻红，涨 2.8%。这是个局部低点，进而一直上升，从 1664 点涨到 11 月 18 日的最高点 2023 点，涨幅 23%。

11 月 22 日，央行副行长易纲说降息要根据具体情况，25 日降息，沪深高开 7%，但是，最终回落到 0.5%。在市场悲观气氛下，利多导致的高开，往往会回落。

五、2009 年的牛市

图 6 - 2　沪深 300 指数 K 线图（2009/01/01—2009/12/31）

从 2009 年 1 月 5 日的 1882 点，上升到 2009 年 8 月 4 日的 3803 点，创出年内最高价。这是典型的政策调节市场的一年，包括推出十大行业振兴规划及其实施细则、新股发行制度改革、国有股转持、股票市场政策维稳、创业板实施细则等重大举措，宽松的货币政策与宽松的财政政策搭配，流动性前所未有地宽裕。但是，人小非套现总是重挫投资者信心，标志着股市趋势转折。

学术界对于"4 万亿"有激烈的争论。一是民营企业拿不到资金，国有企业利用国有银行输送的资金，收购民企，国进民退，导致整体国民经济效益下降，增长潜力下降；二是大量的低效益项目、"三高"项目上马；三是延误了经济结构调整的改革，延误改革必将增大后续的改革风险；四是大量的过剩项目上马，加剧产能过剩；五是民营经济边缘化。这些诊断基本被后来的事实证明是正确的。

创业板成了创富板。不只是股东迅速致富，投资者也能分享财富盛宴。这里的前提条件是，上市的创业板要有成长前景，要有好的业绩回报。但是，"第一年绩优，第二年绩平，第三年绩差"的公司，不在少数。

领头股的疯狂投机说明投资者对于价值投资理念的蔑视，反映了这个投资市场供需双方都不尊重价值投资规律。ST 九发从 4.32 元涨到 14 元，涨幅 324%；吉峰农机，从上市时的最低价 6.98，上涨到最高点 23.98，涨幅 343%；甲流概念第一股莱茵生物十七个涨停板，从 2008 年 10 月 28 日的 2.84 元，上涨到 2009 年 11 月 3 日的 15.24 元，涨幅约 6 倍；物联网第一股新大陆从 1 月 5 日的最低价 1.74 元上涨到 11 月 4 日的 9.31 元，涨幅 535%，其中，9 月 11 日后的 15 个交易日涨幅 96%；第一季度最牛股 ST 有色，股价从 6.18 元上涨到 22 元，主因是公司通过资产置换向稀土、钨采选业的转型；然而，2008 年年报及 2009 年季报却显示，ST 有色高溢价置入的稀土、钨采选业资产竟是亏损资产。大杨创世，从 1 月 5 日的最低价 3.23 元上涨到 10 月 20 日的 19.73 元。

六、2010 年的"蝙蝠"形震荡

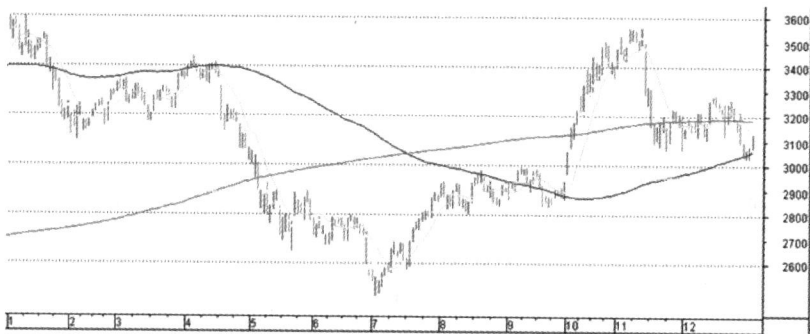

图 6-3　沪深 300 指数 K 线图（2010/01/04—2010/12/31）

从图 6-3 可以看出，2010 年 1 月 11 日创出最高价 3597 以来，一直未能超越。最低点在 7 月 2 日，2462，跌幅约 30%。当年，中国 GDP 全球第三。

2010 年，中国 IPO 总额成全球之最，突破万亿元关口，占全球 1/4。中小板，IPO 共 349 家。农业银行融资 686 亿元，冠中国股市融资之最；海普瑞创发行价格之最，148 元，一周之后又跌破发行价；华泰证券破发 -33%。

这一年里，股指期货实盘交易了，创业板诞生了，融资融券了，新股发行第二轮改革初见成效了。国内事件方面，腾讯 PK360，国美控制权之争，"蒜你狠，豆你玩，楼坚强"，富士康十三连跳，等等。这些事件不断冲击大众的眼球。

　　2010 年，在股市制度完善上，证券监管机构做了些事情。但是，股市执法却是弱项。首先，处罚力度不够，没有威慑力；其次，覆盖面不够，仅靠证券监管系统的人力、物力、财力，根本不可能有效、充分、及时地对违反《证券法》的相关行为予以处置；最后，监管者处罚的象征性特点。"大事化小，小事化了"，是中国文化的特点。

　　所以，股市治理在法治治理方面要下工夫。特别地要让投资者自己保护自己的权益，给予投资者联合诉讼的权益。投资者作为受害者，要拥有权益能够依法得到保护的机制，即使是国企，也要承担应有的责任。

七、2011 年的熊市

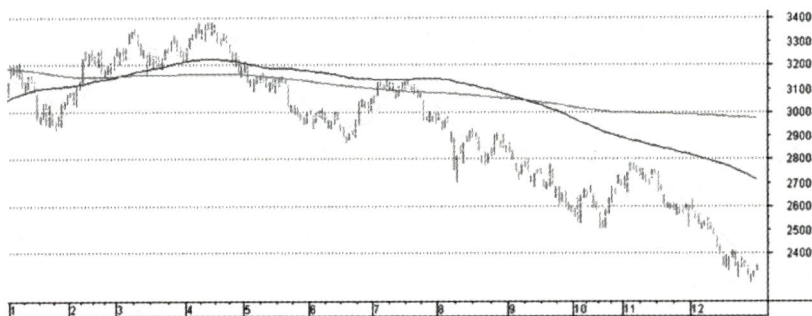

图 6-4　沪深 300 指数 K 线图（2011/01/01—2011/12/31）

　　2011 年，股市 1 月 4 日的日间最低价 3143，在 4 月 18 日达到全年最高点 3353。之后，股价下行，12 月 28 日，全年最低价 2267，全年跌 22%。

　　对于股民和基民来说，2011 年是不堪回首之年。（1）央行从年初以来持续收紧货币，不仅先后 3 次加息，而且 1—6 月每个月下旬都要上调存款准备金率 50 个基点，有时候甚至是加息、提存款准备金双拳出击。（2）全年房地产调控不放松。房地产调控政策主要有两个，一是货币政策。首付比率及开发商融资等方面的限制。二是行政方面。通过限购，限价政策进行调控。（3）欧债国家爱尔兰、葡萄牙、希腊、意大利和西班牙等国家的债务危机愈演愈烈。（4）8 月 5 日，美国主权信用评级也被从 AAA 下调至 AA＋，未来展望负面。美债危机事件多年来不断重演。（5）国际板是大盘头上悬着的一把要命的剑。（6）上市公司的利空不断出现。"7·23"动车追尾事件，7 月 25 日后，中国南车、中国北车等高铁概念股暴跌，累计下跌幅度达 37%；3 月 15

日，央视播出了双汇发展的瘦肉精事件，后期累计跌幅达 40%；重庆啤酒陷入"疫苗门"事件，12 月 8 日至 22 日开始，一直跌停，累计最大跌幅达 76%。（7）3 月份的日本核危机事件。

2011 年，没有新的改革举措。

八、2012 年"MW"形

图 6-5　沪深 300 指数 K 线图（2012/01/01—2012/12/31）

2012 年全年行情如下：

1—2 月，大盘强势上扬。2 月 27 日、3 月 5 日、3 月 14 日，三次冲高 2700 点，冲击成功。之后，单线下跌。3 月 29 日，当月最低点 2429 点。12 天共下跌 270 点，幅度 10%。

3 月 29 日至 5 月 8 日，大盘一路上扬。

5 月 7 日至 12 月 4 日，震荡下行。5 月 7 日，沪深 300 因为降低交易费用，督促上市公司强化股东回报，股市反弹至 2717，创年内新高。与 3 月 5 日相比，增幅过小，多头力竭。（1）6 月 8 日，央行超预期下调基准利率 0.25 个百分点，股市从 6 月 8 日的最低点 2520，反弹至 6 月 18 日的最高点 2593 点，幅度 2%。之后暴跌至 6 月 29 日的 2417，8 天下跌 176 点，约 7%。（2）8 月 2 日，证监会大幅降低相关收费标准，鼓励破净公司回购股票，沪深 300 指数从 8 月 1 日的 2331 点上涨到 8 月 10 日的 2413 点，上涨 82 点，约 3.5%。高点触发新一轮的资金出逃，一直下滑至 9 月 5 日。（3）9 月 7 日，日涨 4.5%，成交量放大 1 倍，行情启动。但是，日本在钓鱼岛主权问题上严重侵犯中国主权，9 月 16 日，全国多处爆发反日大游行。9 月 24 日创年内新低，但收阳线。说明行情欲上行，因为 10 月份中央换届，市场充满期待。9

月 27 日的 2185 点上涨到 10 月 23 日的 2344 点，涨幅约 7%。市场对中央换届的激烈斗争有些担心，下跌到月底 10 月 29 日。但是，多头仍然有信心做多，在 10 月 30 日、10 月 31 日、11 月 1 日、11 月 2 日等月底月初打出阳线，以影响市场多头气氛。11 月 1 日上涨 1.9，成交额上升，以应中国的"一年之计在于春，一日之计在于晨"之说，看重月初的第一天。但是，在熊市里，第一轮反弹都是逃出的机会，都会触发新一轮的更大更快的下跌。（4）11 月 16 日，IPO 暂停，股市暂缓下跌 6 天，除最大日涨幅 1% 收阳线外，均收阴线。之后，又快速下跌。12 月 4 日创全年最低点 2102 点。

12 月 4 日起，中央经济工作会议预期利好，股市向上反攻；12 月 31 日，股市到达 2522 点，比 12 月 4 日上涨 20%。

证监会推进了一些改革，如：倡导上市公司分红，降低期货与证券交易手续费，严格打击投机，利好价值投资；强调 IPO 的市场化定价发行，清理和取消一系列行政审核制度，实施退市制度，利好公司上市。证监会认识到：在过度监管的惯性下，市场缺乏创新；市场需要放松监管，鼓励创新。但是，对于"股市一涨，新股发行，市场下行，暂停 IPO"这样的怪圈，证监会没有好的对策。2012 年，全国养老金入市方案被搁置，为何内资不敢入市？另外，为数众多的特批上市股更是一道"风景"。

完善退市制度、强化中介机构的连带责任、实施监管后移也可以净化股市空气。国外成熟市场的注册制奉行成熟的事后监管，对违规行为进行惩戒。但这种监管方式需要有完善的社会信用制度、健全的法律法规体系和有效的惩戒手段作为保障。否则，监管后置反而纵容了源头的造假和欺诈行为，等到问题公司上市恶化之后再去追究和退市处理，其成本和对投资者的伤害远大于事前监管。如果事后监管跟不上，注册制就是对目前屡禁不止的"圈钱"的纵容。

绿大地这样明显的造假公司，在地方政府的庇护下，照样逍遥法外，它不过是十多年前银广厦造假事件的复制。资本市场的改革需要更高和更广层面上的配合，单兵突击，往往适得其反。证监会看起来管理着资本市场的一切，其实权力有限。丑闻公司：塑化剂超标的"酒鬼酒"，"毒胶囊"事件的通化金宝、财务数据造假的万福生科，"地沟油"做原料的健康元，"蛆虫事件"的双汇发展。

资本市场事关社会主义初级阶段的经济基础。我们的基本判断是大力发展民营经济，让国有资本、民营资本与外资资本公平竞争。资本与上层建筑有着千丝万缕的联系，相互影响，相互渗透。资本竞争是残酷的，正是这种残酷的竞争公平地选出了优胜者，从而最大限度地增进了总的社会福利。这就是宏观上的"有情"与微观上的"无情"的统一，是大爱。而任人唯亲、裙带关系是微观上的"有情"，宏观上的"无情"，也就是小家与国家的利益关系。

本着"三公"原则，大力发展资本市场将使我国社会主义初级阶段的事业更上一层楼，推动社会发生质的变化，它的重要性怎么强调都不为过。

小结：（1）2010年、2011年、2012年三年熊市，不，2012年12月的反攻，沪深300指数从1949上涨到了2269，一个月内涨幅16%。2012年，证监会锐意改革，但是，效果有限。（2）扩容大跃进、再融资、"三高"发行、"大小非"是股市低迷的重要原因。（3）政策救市值得反思。股市治理牵涉多个部门，不只是正部级的证监会一家说了算，需要对目前的股市治理的组织结构与机制进行研究。

九、2013 年的"蝙蝠"年

图 6-6 沪深 300 指数 K 线图（2013 年 1 月 4 日—2013 年 12 月 23 日）

2013年2月8日，沪深300达到最高值2791，2月18日是春节后的第一个交易日，股指当日冲高回落。一直回落到4月16日，创年内新低2316点。5月2日，第二次探底后，终于以"W"底的形态上攻，至5月29日创出局部新高2661。之后行情暴跌，6月26日创全年最低点2023，下跌24%。由于央行降息，一路反弹至9月12日的2527点。之后，宽幅震荡，区间大致是2500至2250，震荡幅度约10%。

　　2013 年又是一个熊市年，但题材炒作不断，如互联网金融，互联网的手游，军工的航母与北斗导航，文化传媒题材，电子通信的 4G，民营银行，环保，资产重组，等等。

　　对股市有影响的重大事件有：（1）2013 年 8 月 16 日，光大证券乌龙事件。（2）6 月 19 日开始，央行冷眼看"钱荒"，股指跌到 1845 点。（3）雾霾促进环保行业股票的火爆。（4）9 月 29 日自贸区挂牌，相关概念股飙涨，如外高桥从 7 月 19 日停牌时 13.13，8 月 30 日复牌开始涨停，一直 19 个涨停，涨到 63.82，这个价格直到今天都还没有被超越。上海物贸，从 7 月 1 日的 3.80 元，上涨到 9 月 15 日的 18.30 元。（5）军队"禁酒令"和政府抑制"三公"消费，白酒价格迅速下跌，贵州茅台 2014 年 1 月 9 日跌落到 89.94 元。

　　2012 年是证监会锐意改革，但熊市（除最后一个月外）和 IPO 暂停则表明，股市治理需要更深层次的思路与动作。2013 年，IPO 没有重启，尽管炒作题材不断，股价依然低迷，以熊市收尾。

　　中国股市有两大问题，一是诚信问题，二是"圈钱"问题。融资问题，如 IPO、SEO、大小非、大小限解禁等。我国股市综合套现金额等指标高居世界第一，股市被抽血，存量资金不敢也不愿意待在股市。诚信问题，如欺诈上市、财务造假，老鼠仓等问题。虽然证监会打击了一些，但是，那只是冰山一角。类似令计划等利益集团在股市里的大量犯罪行为，也只是在令计划倒台之后，才被揭露出来，其实，坊间并不是没人知道的秘密。"股市的水很深"，治理股市，不是一个证监会有精力、有能力和有魄力就能解决的问题。

　　股市治理已经与反腐败、经济结构转型、中等收入陷阱、社会风气转变等问题牢牢地锁定在一起，是系统性的问题，是改革的"深水区"，是改革必须完成的任务。在 2013 年之前，很多学者担心中国制度性的崩溃。如果不改革，世界第二经济体的殊荣并不能保证中国的长治久安，前苏联的 GDP 也是排世界第二。实际上，在这个美国主导的世界旧秩序里，第二是最难当的。专家反复强调 2013 年之前的维稳机制有问题，花了很多钱，但维而不稳。恰恰是新一代领导班子让人们看到了"中国梦"实现的希望。

十、2014 年的牛年

　　2014 年的行情可以有多种不同的分析方法。（1）压制线与支撑线法，分

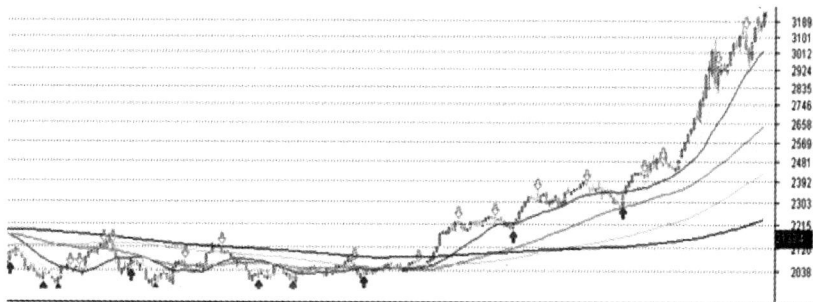

图 6 - 7　行情发动

为三个阶段，以 2300 点和 2500 点为分界线。（2）以半年线 120 日线为界。7 月 22 日之前，始终在 120 日线下方震荡；7 月 22 日突破该均线的约束，飞了起来。（3）以 7 月 29 日突破年线 240 线分为两段。

这三种分析方法可以结合起来，彼此并不矛盾。但对牛市行情的发动，笔者依据的 5 日线、10 日线、半年线等的黏结，即 7 月 22 日行情发动。

2014 年，A 股融资 7000 亿元，其中，IPO 约 700 亿元。1 月，IPO 启动，但是，力度温和。我国股市表现与 IPO、再融资、大小非等有着密切的关系。2014 年，明显的结构性行情：周期性强、高耗能、高消耗材料的产业表现萎缩；煤炭、钢铁、冶金等行业，陷于困境；餐饮业、酿酒业受政策影响，风光不再；重资产的行业、传统产业步履蹒跚。同时，中国上市公司的一些体制性弊端和机制顽疾，还不能根除。

这里是我们对各月的一些大事的记载。3 月 4 日，*ST 超日的超日债违约，无法按期支付 3 月 7 日的债务；3 月 21 日，证监会发布《优先股试点管理办法》；4 月 17 日，华润集团董事长被查；4 月 21 日，长航油运退市，部分股民不满；5 月 9 日，国务院发布了《关于进一步促进资本市场健康发展的若干意见》（以下简称新"国九条"）；5 月 17 日，南纺股份五年虚增利润 3.44 亿元，罚款 50 万元，处罚过轻，又一个黑色笑话；6 月 27 日，控制*ST 国恒、ST 成城的中技系掌门人遭上海经侦办拘捕；控制着方大特钢、方大炭素、方大化工的方威涉嫌行贿和挪用资金，被免去第十二届全国人民代表大会代表职务；7 月，深交所监事长杨平遭调查；8 月，上市公司"山水文化"（疯股）的大股东因债务黑洞遭山西证监局下发行政监管措施的决定；9 月 9 日，国家发展和改革委员会对上市公司亚泰集团和冀东水泥的价格垄断协议处罚 1.15 亿元；9 月 15 日，中国铝业的总经理涉嫌严重违纪；9 月 19 日，中金黄金的总经理被检察机关带走调查；10 月 30 日，獐子岛发布公告称受影响，海里存货异常导致影响利润 8 亿元，投资者质疑其涉嫌造假；11 月 3 日，北大方正管理层被举报"操纵北大医药"和"涉嫌内幕交易"；11 月下旬，银行股和券商股一路走高，开户牛市；12 月，证监会投资者保护局局长因创业板工作期间的事发，涉嫌违法违纪；12 月 12 日，成飞集成终止与沈飞集团的重组，股价从 12 月 14 日的 53.43 下跌到 12 月 30 日的 32.44。

11 月以来，低价股强于中高价股、大盘股强于中小盘股的现象愈演愈烈。"小、新、差、题材、伪成长"等前两年来被反复炒作的股票，股价表现却不太好。

从监管的理念上来说，欺诈发行和重大信息披露违法情形也可能导致退市。但在实际时，证监会遭受来自股民的巨大压力。

对于 2014 年来说，万亿融资盘，股市"热钱"形式之一，换手率是普通交易的 5 倍，是市场的不稳定力量。这种不稳定性力量，在 2015 年 7 月初明显地表现出来。当大量股票需要强平时，股票市场却被钉在跌停上，丧失流动性。2015 年，融资规模除了正规证券公司的，HOMOS 提供的机制使融资交易与 P2P、私募基金、小贷公司等联系起来，整个行业的融资规模有人估算有 3 万亿元。对于融资交易，也就是杠杆交易带来的新冲击，监管部门估计不足，这是股市动荡踩踏的重要原因和机制。

十一、2014 年沪深 300 的 K 线分析

（一）1 月 1 日—7 月 21 日的 K 线分析

如图 6-8。数波浪时，下降看谷底。

1 月 2 日（周四）到 1 月 20 日（周一），三波次浪（三个谷底）的震荡下跌，由 2325 点降到 2156 点，降 8%。第一浪的谷底降幅最大，图 6-8 中显示为 5 个横格，第二浪的谷底下降次之，图 6-8 中较第一个谷底下降 2 个横格，第三浪的谷底较第二浪的谷底降幅最小，为一个横格。无论是本书后面的分时图，还是此处的 K 线图，波浪理论的三浪理论基本可以适用。在应用时不能教条化，因为四浪与二浪都是有可能的，毕竟各种信息都会影响到股市行情，没有走出三浪也是完全正常的。另外，K 线涨跌也经常是涨三天跌三天。

1月20日（周一）到2月20日（周四），以二个次浪加上右肩震荡的形态形成整个上升过程，上升到2331点，升8%。（1）1月20日—1月24日（周五）上升浪。1月22日涨56点，约2%多。1月23日平开，冲新高，低走，收阴线，1月24日低开高走，冲新高，收阴线。（2）1月24日—2月7日，下跌，最高2257，最低2177，降80点，约4%。1月27日（周一）低开低走，收阴线，1月28日大幅高开，十字星，长下影线。1月29日，高开，小十字星。

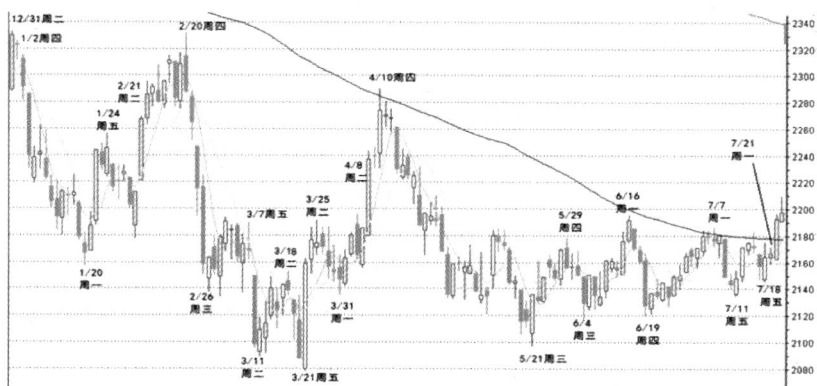

图6-8　沪深300K线图

1月30日，低开低走，近乎光头的较大实体。1月31日—2月6日春节7天假期。2月7日，春节后上班第一天，低开16点，开盘2187，最低2177，收盘2212，即当日最高点。2月8日，开盘2221，跳空9点高开，最高2270，收盘2267，振幅49点，约2%。2月20日，开盘2287，跳空高开17点，最高2331，最低2286，振幅45点，约2%，收盘2314。

2月20日至3月21日，三个次浪的下跌，至2077，降幅254，约11%。第二次浪的下跌与反弹，第三次浪的下跌，都属于同一个震荡区间。第一次浪下跌10格，第二个谷底与第一个谷底下降2格，第三个谷底比第二个谷底下降1格。（1）2月20日（周四）—2月26日（周三），下跌，共5天，最高2331，最低2137，降94点，4%。2月26日是由跌转升，低开高走的一天。（2）2月26日—3月7日（周五）震荡，因为每天的最低点与最高点互相平行，无明显涨跌。（3）3月7日—3月11日下跌。3月10日，开盘2149，收盘2097，最高2049，最低2095，下跌54，约3%，大阴线。3月11日，低开高走，开盘2092，由跌转升，最低2088，最高2118，收盘2108，振幅 30 点。（4）3 月 11 日—3 月 18 日，分两段上升。第一段是 3 月 11 日与 3 月 12 日。3 月 12 日，开盘 2102，收盘 2114，最高 2130，最低 2090，振幅 40 点，约 2%。第二段是 3 月 13 日（周四）—3 月 18 日（周二）。四天开盘皆高开。3 月 10 日—3 月 18 日构成一个下直角三角形的形态。（5）3 月 18 日—3 月 21 日，下跌。3 月 10 日—3 月 24 日，大体在一区间震荡。

3 月 21 日到 4 月 10 日，二个次浪的上升，至 2290，升幅约 10%。（1）3 月 21 日（周五）—3 月 25 日（周二）。开盘 2079，低开，延续上一次浪的跌势，收盘 2158，大涨，最高 2077，最低 2163，振幅 86，约 4%。3 月 24 日，开盘 2161，收盘 2176，最高 2186，最低 2150，振幅 36，约 2%。3 月 25 日，接近十字星，开盘 2170，收盘 2174，最高 2191，最低 2164，振幅 27，长上影线。（2）3 月 25 日（周二）—3 月 31 日（周一），下跌 5 天。3 月 26 日高开低走，3 月 37 日—3 月 28 日，低开低走，3 月 31 日，低开低走。（3）3 月 31 日—4 月 3 日，上涨。4 月 3 日高开低走，回归 5 日均线。3 月 22 日—4 月 7 日与 2 月 26 日—3 月 7 日基本都在同样的区间震荡。（4）4 月 4 日（周五）—4 月 10 日（周三）。从 2155 涨到 2290，上涨 135 点，涨幅约 7%。4 月 4 日，低开高走。4 月 8 日大阳线，4 月 9 日十字星，4 月 10 日大阳线。

4 月 10 日至 5 月 21 日，五波下跌，从 2290 降至 2096，194 点，约 9%。4 月 10 日触及半年线，引发五波下跌，跌至 3 月 11 日最低点附近。4 月 11 日（周五）与 4 月 14 日（周一）属于右肩十字星。

5 月 21 日至 7 月 7 日，三波次级浪上升行情，接近箱体震荡，涨至 2186，涨 80 点，约 4%。

7 月 7 日至 7 月 21 日，"Vv"形。7 月 7 日—7 月 11 日，跌，7 月 11 日—7 月 16 日，涨，7 月 16 日—7 月 18 日，跌，7 月 18 日—7 月 21 日，涨。7 月 7 日，小上影线，7 月 8 日，小下影线，7 月 9 日（周三），40 点的光头阴线，7 月 10 日，小十字星，7 月 11 日（周五），孕阳线，7 月 14 日，实体 23 点的阳线，7 月 15 日，振幅只有 11 点的小阳线，7 月 16 日，振幅 17 点的小长影线阴线，7 月 17 日（周四），振幅 17 点的半阴线，7 月 18 日，振幅 29 点的右孕线，7 月 21 日（周一），11 点的小十字星。

4 月 10 日至 7 月 21 日属于"WWW"形态的震荡，有 6 个底，5 月 21 日是 6 个底中的大底。4 月 10 日—4 月 25 日属于高一级别的震荡区间。4 月 29 日—7 月 22 日中除 5 月 19 日—5 月 21 日（周三）属于更低一级的震荡区间外，都属于中间级别的震荡区间。所以，这段时间的震荡分为三个震荡区间：2280—2180，2180—2120，2120—2096。

（二）7 月 22 日（周二）—11 月 21 日（周五）的 K 线分析

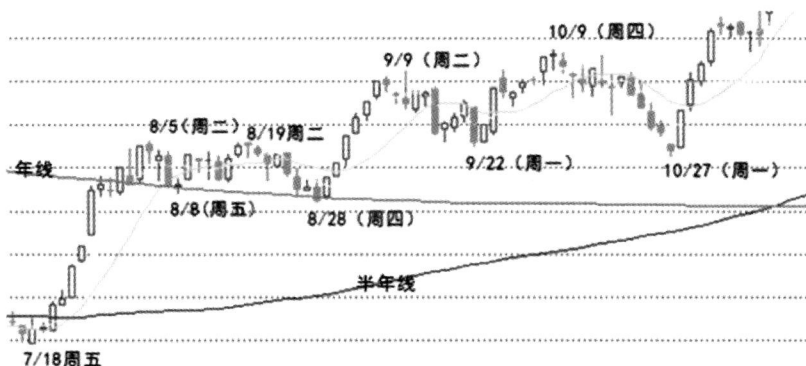

图 6 - 9　行情启动后沪深 300 走势图

这个时间段由 4 小浪组成。7 月 18 日—8 月 28 日是启动浪，8 月 28 日—11 月 20 日的三小浪组成发展浪。启动浪由 7 月 22 日—8 月 5 日的启动部分与 8 月 5 日—8 月 28 日的震荡稳定部分组成，含 2 个谷底 8 月 8 日和 8 月 28 日，以及 2 个峰顶 8 月 5 日和 8 月 19 日，该震荡属于区间震荡。8 月 28 日—11 月 20 日由三个谷底，8 月 28 日、9 月 22 日、10 月 27 日，以及三个峰顶，9 月 9 日、10 月 9 日、11 月 14 日，组成。

从支撑线与阻力线的角度，有三个梯队的指数运动区间。第一个梯队是 7 月 22 日—9 月 1 日（周一），第二个梯队是 9 月 2 日（周二）—10 月 30 日，第三个梯队是 10 月 31 日—11 月 20 日。

1. 7 月 22 日—8 月 28 日启动浪 K 线分析

7 月 22 日，行情启动。7 月 18 日—8 月 4 日，连续 14 天上涨，从 2145 涨到 2375，涨 230 点，约 11%。其中，7 月 24 日—7 月 28 日（周一）连续三天跳开，成交量迅速放大，7 月 29 日—7 月 30 日采取右肩窄幅震荡，多头强势信号。8 月 5 日—8 月 8 日下跌，从 2380 到 2319，跌 61 点，约 3%。8 月 8 日（周五）—8 月 19 日（周二），上涨，8 天，从 2319 到 2380，涨 61 点，约 3%。8 月 19 日—8 月 28 日（周四），8 天，从 2380 跌到 2309，共 71 点。实际上，从 7 月 29 日—8 月 28 日，都在横盘震荡，幅度 3%，以消化行情启动时的卖盘。

2. 8 月 28 日—11 月 20 日发展浪 K 线分析

第一波上升浪：8 月 28 日—9 月 9 日。8 天，从 2309 到 2454，涨 146 点，约 6%。9 月 9 日—9 月 12 日（周五），从 2454 下跌到 2412，跌 42 点，约 2%。

第一波下跌浪。9 月 11 日上冲至 2461，低至 2417，长上影线。9 月 12 日（周五），收阳线，振幅 26 点。9 月 12 日—9 月 16 日（周二），三天上涨，从 2412 到 2442，约 30 点。其中，9 月 16 日，高开低走大阴线，振幅 56 点，最低 2387。9 月 16 日—9 月 17 日，下跌 2 天，从 2442 跌到 2379，跌 63 点，约 2% 多。9 月 17 日—9 月 19 日（周五），上涨三天，从 2379 到 2430，涨 61 点，2% 多。9 月 22 日（周一）跌一天，2419 跌至 2374，大阴线，跌 45 点，约 2%。

第二波上升浪。9 月 23 日—10 月 9 日，上涨。9 月 23 日—9 月 25 日，上涨 32 天，从 2379 到 2462，共涨 83 点，约 3% 多。其中，9 月 24 日大阳线，预示着 9 月 25 日高开低走。9 月 24 日，从 2387 涨到 2443，共 56 点，约 2% 多。9 月 25 日—9 月 26 日（周五），下跌 2 天，从 2462 跌到 2420，42 点，约 2%。9 月 25 日，高天低走；9 月 26 日，低开高走。9 月 26 日—10 月 9 日（周四），上涨 5 天，从 2420 到 2480，60 点。10 月 1 日—10 月 7 日国庆放假。

第二波下跌浪。10 月 9 日—10 月 27 日，12 天，从 2488 到 2361，下跌 127 点，约 5%。10 月 9 日（周四）—10 月 13 日（周一），三天，从 2480 到 2430，跌 50 点，约 2%。10 月 13 日—10 月 20 日（周一），围绕 5 日均线与 10 日均线震荡，特征是小实体，长上下影线。10 月 16 日，最高 2480 与最低 2441，振幅 39 点，长上影线阴线；10 月 17 日，最高 2456，最低 2410，振幅 46 点，长下影线阴线。10 月 21 日（周二）—10 月 27 日（周一），从 2459 到 2361，跌 98 点，共 6 天。10 月 27 日跳空，但小实体。

第三波上升浪：10 月 27 日—11 月 17 日（周一），共 6 天，从 2361 涨到 2524，上涨 163 点，约 7%。

第三波下跌浪：11 月 17 日—11 月 20 日。11 月 17 日的最高指数 2614，11 月 20 日的最低指数 2522，跌幅 92 点，约 4%。

（三）11 月 20 日—12 月 31 日的 K 线分析

在这个加速过程中，从 11 月 20 日的最低点的 2522 加速到 12 月 29 日的最高点 3524，共 29 个交易日，上升了 1000 点，上涨了 40%。

这个过程异常迅猛，特点有：（1）K线的底部被不断抬高，虽然偶有下跌，但下跌时的最低指数都不低于昨日的最低指数。12月9日（周二），该日最低指数3074与12月8日的最低指数3075相当。（2）阳线多，阴线少，K线不离5日均线。12月1日，12月的第一天，没有收阳线，收了小阴线。在11月中下旬连续暴涨8天之后，股指从2522上涨到2809，面临调整的压力。8天上涨280，约12%。12月2日—12月4日（周四）继续收大阳线，三天分别上涨3.7%、1.5%、4.6%，共9.8%。15个交易日，股指已经上涨了20%。股指面临调整的巨大压力。12月9日（周二），开盘3233，收盘3103，最高3387，最低价3074，振幅313，约10%。上影线长284点，约9%。该日成交量全年最大，收盘于5日均线。12月24日（周三）在5日均线下方，12月25日（周四）以大阳线重新收于5日均线，接着，12月26日，K线又位于5日均线之上了。（3）从12月1日的最低点2808，到12月31日的最高点3542，涨26%。这种涨速的资金动力就是年末的基金考核决定基金管理人员的年终奖金。在这多年的熊市里，今年的机会难得。

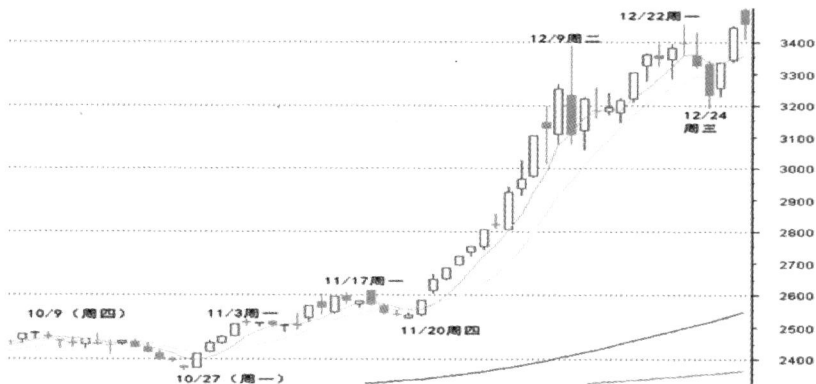

图6-10　沪深300加速浪K线分析

很明显，11月中下旬与12月的行情属于加速阶段。一般来说，接下来有一段像样的调整行情将有利于行情的整固与后续冲高。如果没有调整，前一阶段的投资户成本很低，在下一阶段的泡沫阶段，这些低点进入的投资者的抛盘将消耗多方的资金。只要行情一直上涨，这些投资户的最优选择是持仓；只有行情出现较大幅度的震荡，投资者会选择抛售持币观望。从盘面上看，投资者换仓之后，新进入投资者的持仓成本就会提高。这样，在下一波行情冲高乃至回落的过程，这些持仓者会选择持股，而不是抛售。行情上涨一定幅度后，就会调整，或者巨幅调整，或者横盘整理，以时间换空间，消化获利筹码的抛压，并给予新股民和其他持币投资者以进入股市获利的机会。原来的股民因为获利，还会继续投资；新进入的投资者由于有获利的希望，带来新的资金。这样，大盘才有继续上冲的牢固基础。如果投资者都以抢钱的心态到股市投机，在"护市使者"的"呵护"下，股市不断创出新高。一旦风吹草动，大家同时疯狂出逃，股市就容易出现流动性危机。

股市需要中长线投资者，也需要短线投机者，需要不同投资流派的投资者。如果股市投资者的类型单一，这样的市场就容易暴涨暴跌。我们不能给机构投资者贴上长线投资者的标签，机构投资者的投机狂热完全可以让散户"自愧不如"。机构投资者的投机手段要远远多于散户，也更加惊心动魄，无所不用其极，将我国股市的投机性仅仅归咎于散户，显然掩盖了事情的本质。

十二、2015 年 6 月 4 日前沪深 300 走势分析

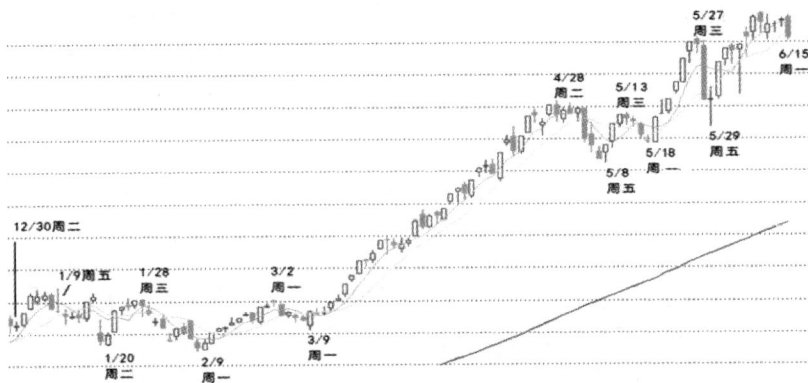

图 6-11　沪深 300K 线图（2015 年 1 月 1 日—2015 年 6 月 15 日）

在 2014 年行情暴涨的基础上，2015 年的行情分阶段，2015 年 6 月 15 日之前是上涨阶段，2015 年 9 月 30 日之前是下跌阶段。由于国际局势较为复杂，我们不打算在这篇力求严谨的学术著作里估计未来的股票走势，对未来的预测充满不确定性。每一个预测数值背后是许多假定的条件，通常人们并不关心预测背后复杂的逻辑。我们持谨慎乐观态度，投资者应该自己去判断未来走势，而不是依赖于别人的判断。

6 月 15 日之前的走势分为三个阶段。

（一）1 月 1 日—3 月 13 日横盘震荡阶段

1 月 6 日的最高指数 3683，2 月 9 日的最低指数 3298，震荡幅度 385，约 10%。花了两个月的时间震荡，但幅度不够，这导致获利盘在更高的价位抛出，对大盘构成打压。

2014 年 12 月 30 日，收出小红十字星。2014 年 12 月 31 日中阳线，开盘 3462，收盘 3533，最高 3542，最低 3452，振幅 90，约 2% 多。新年第一次开盘 1 月 5 日，至 1 月 9 日，共五天，都在较窄的区间里震荡。

四个峰顶：1 月 9 日（周五）、1 月 16 日（周五）、1 月 28 日（周三）、3 月 2 日（周一），点位相近。二个谷底，1 月 20 日（周二）与 2 月 9 日（周一）点位相近。

3 月 2 日至 3 月 9 日更是成交量与振幅处于较低水平。多头已经急不可耐了。多头的能量为何如此巨大？首先，多年的熊市压抑，使牛市的爆发更加强烈。其次，由于实体经济困难，大量的资金没有投资渠道，涌入股市，形成正反馈机制。再次，由于政府与官方媒体的鼓励乃至怂恿。最后，政府的威信较高，新的领导班子的治国理念得到市场的认可。

（二）3 月 9 日—5 月 21 日第二波大涨及整理阶段

3 月 9 日的最低点位 3417，4 月 28 日的最高点位 4839，共上升 1422 点，约 42%，用时 36 个交易日。

4 月 28 日至 5 月 13 日是谷底不断上升的，峰顶略有下降的震荡整理。5 月 8 日，开盘 4515，收盘 4558，上涨约 1% 多，最高 4559，最低 4445，振幅 114 点，约 2% 多。5 月 13 日，开盘 4746，收盘 4718，阴线，最高 4758 点，最低 4678 点，振幅 80 点。5 月 13 日的最高 4758 点，低于 5 月 28 日的最高点 4849。5 月 18 日的底 4565 是低于 5 月 8 日的底 4445 的。5 月 19 日是大阳线，行情已经急不可耐地上涨了。

当股市上涨到这个价位的时候，时常进入新的骚动期，冲击 5000 点、6000 点成了下面的目标，已经有人喊出要冲击一万点的口号了。

（三）5 月 22 日—6 月 15 日的最后一波上涨阶段

从盘面上看，5 月 18 日到 5 月 27 日，共 7 个交易日。5 月 18 日的最低点

4565，5 月 27 日的最高点 5226，共 661 点，约上涨 14%。从 K 线形态和波浪理论来看，这已经是整个牛市的最后一浪了。

这一个月的行情，仍然是震荡上行。将来的行情，阻力越来越大，聪明的多头准备考虑离场了。

第七章　本次股市动荡的原因分析

对于投机者来说，不要等到弄明白行情变化的原因才去交易，要从市场的海量交易信息中发现市场的情绪，并判断市场的走向。当然，市场情绪多变，一会艳阳普照，一会儿雷霆万钧，不要奇怪。而那些股评者，往往在瞎掰。如果他们总是能够准确地预测行情，他们的最优选择就不是坐在那儿耍嘴皮。分析行情，需要大量信息，需要花费大量的时间。而在屏幕上表现出来的"谈笑间灰飞烟灭"的盲目自信，只是在演"戏"。真正的投资者不屑于在媒体上露脸，除非他的成功已经遮掩不住，迷倒了媒体和粉丝。

这里面分析股灾的原因，是出于研究的目的，"前车之鉴"。真正的投资者没有必要去较真这些原因，也没有精力去分析透彻。有那个精力，还不如去跑步锻炼。

一、泡沫越吹越大

（一）连续的重大事件利好无意中不断拉抬股市

2009 年 8 月份，2010 年 4 月、5 月、6 月三个月，2011 年 5 月份至 6 月中旬，2012 年 5 月至 11 月，2013 年 6 月份，2014 年 6 月至 8 月份，股市均不断下跌。这种现象绝非偶然，而是我国特有的政治市现象。因为在这段时间内，没有重大会议和外事等安排，一般难以密集产生利多消息。

2009 年 10 月至 11 月份，2010 年 7 月至 11 月初，2012 年 10 月至 12 月份，2014 年 10 月至 12 月份，行情终上涨。只要这些重大事件能够释放充分的利多消息，股市就会被刺激着不断上涨。

至 2014 年 7 月份，反腐力度不断加大，大老虎不断落马，而国内政局依然稳定，这让普通中国人看到国家兴盛的希望。而且，多年的股市下跌，为资金回流股市创造了一个低的起点，有利于做多。党的十八大以后，我国不断推动创业、创新与改革，加上中国股市典型的政治周期式，利多逐渐积累，市场产生了牛市的强烈欲望。

同时，由于实体经济遇阻，不少资金开始流入股市。这样，股市一方面有资金，另一方面有看涨的心理预期。股市涨起来后，就会对各种信息做出反应，对于中国来说，反映中国强大的信息会激发人们的信心，从而刺激股市上涨。类似美国在渤海的严重挑衅，而中国又处于下风，则会刺激股市下跌。

沪港通、中央经济工作会议、一带一路、高铁营销、成功反腐等利多信息均刺激中国股市不断上涨。等到春节之后，由于大量的散户资金流入股市，通常会上涨一段时间。在配资和中央媒体的再三鼓动之下，大量的后续资金入市，将沪深 300 推到 5400 的高度。

（二）前期利多释放过多，后期利空释放过多

如果重大利空在前期释放，如外汇贬值、去杠杆等，而将利好放到后期释放，使股市在沪深 3600 点左右时有一个大的调整，幅度达到 30%，耗时 2~3 个月，则股市要健康得多。由于调整幅度过小，大量的浮盈成为行情下跌的定时炸弹。而且，由于大量胆小的、投机性强的投资者获利丰厚，随时可能会成为空方的得力助力。

所以，对于操作过股票的人，会明白这些随时可能"叛变"的人的巨大杀伤力。为什么庄家要反复洗盘？为什么庄家要反复测试盘面情况？只有将这些未来的"捣乱"分子清除掉，股市才能走远。

但是，由于利好不断，没有办法对这些容易变节的人进行清理，这就直接意味着后期的直泻式崩盘。而后期利空的不断升级，终于导致了一波接一波的惨烈的下跌。由于对国家统计局经济数据的不信任，由于国家干预股市意味着经济形势十分严峻的推理判断，加上国外包括美国股市等的巨幅调整，使坐在中小板泡沫顶端的多头底气越来越弱，最终多头变成空头，恐慌多次笼罩市场。

（三）国家牛市的错误"战略"

其所以"战略"打上双引号，是因为虽然官方媒体有"国家牛市"的表述，但是，并没有官员的正式表述，也就无所谓国家战略了。"国家牛市"中

的无知让专业投资人士感到震惊。它使我们看到，在我们决策层，或者影响决策层的参谋中，有些人对现代市场经济的理解多么落后。没有证据表明，国家牛市是国家战略，但是，从媒体等层面来看，它似乎得到了国家默认，无意中成了"国家战略"。

我国股市自诞生以来，股灾不断，股市"圈钱"本质一直不变。本来，全球股市都有投机性。在金融市场，投机是投资的属性之一，无法绝对分开。中国股市的投机性强只是表象，股市法治混乱，上市公司缺乏诚信等才是根源。从思想文化的角度来说，整个国家的公民诚信出现严重问题，所谓老太太讹诈扶起自己的人，所谓碰瓷，只是这个国家的道德水准已经到了难以再下降的地步了。在这样的道德水准下搞市场经济，只可能是裙带市场、官僚黑社会勾结的市场，一句话畸形的市场。这样的市场不具有自动演进的能力，而具有自动衰退的特征。苏联的解体，根本原因是体制落后，体制不断衰退，失去生机与活力。

反腐作为国家长治久安的根本对策，是深受人民的欢迎的。反对者是少数人，是人民的敌人。也是在这个大背景下，牛市启动。

但是，以牛市来启动消费，来增加上市公司的利润，这种理论破产了。可怕的不是股灾本身，而是以这种短视的思维方式来治国，将祸害无穷。这种思维方式，不是辩证唯物主义的思维方式，而是片面地、孤立、主观地看问题，脱离了理论联系实际的毛泽东思想。

如果领导人没有丰富的基层实践经验，被放在重要领导岗位上，由于不了解下情，决策脱离实际，就会酿成严重后果。我们需要警惕，既要防止盲目崇拜美国，又要防止情绪化的排斥西方文明。

国家牛市是个严重的错误"战略"，股灾只是一种表象。我们担心，随着"国家牛市"的盲目乐观情绪的破灭，对国家前途感到悲观，惊慌失措的情绪蔓延，从而给我国经济带来不可挽回的损失。

不能慌乱，股灾不可怕。虽然有人鼓吹说，我国从来没有发生过金融危机，但是，股灾是市场经济的内在矫正机制之一。这种机理，与春夏秋冬的季节变换是一个道理，经济危机和股灾都有积极的一面。股市里，每年6%左右的退市规模是有利于股市的长远发展的。这种思维是辩证思维，是符合辩证唯物主义的。我们用辩证唯物主义的方法论来辨别西方的经济理论与派别，所谓通货膨胀有利于经济的发展是有前提条件的，就是通货膨胀是温和的，且没有被民众预期到。否则，严重的通货膨胀会带来政权动荡，经济秩序混乱。无论美国和德国，都将控制通货膨胀率作为中央银行的重要职责。1989年的"动乱"，经济原因之一就是通货膨胀超过了民众能够容忍的范围。

"国家牛市"是严重的错误政策。它不仅造成政府干预股市的习惯，而且破坏市场生态，造成市场对政策的依赖。而政府的治理能力跟不上时代发展的步伐，不足以科学干预股市。政府拥有过多的权力，权钱交易，最终会损害市场的健康发展。

政府的精力要放到执法上来，淘汰劣质上市公司，让公平竞争来指引市场的健康发展。政府在股市治理上下工夫，但不要迷恋于玩弄股市于股掌之中的快感。

另外，IPO上市并不需要太高的市盈率。过高的市盈率增加了股市的投机气氛，使股票供给对股价的冲击变得更加脆弱。如果股市3500点时，让大量的企业上市，难道不好于在5400点让大量的企业上市吗？搞注册制、国际板、战略新兴板等，为什么不在3500点左右完成这些任务呢？而股指已经5400点了，改革的很多举措还没有出笼！

政府要敬畏市场！不可再重蹈历史覆辙！

（四）媒体误导

媒体误导是一种宿命。每一次美国股灾，美国媒体都误导了美国投资者。将来，媒体还会继续误导投资者。所以，投资者要具备甄别能力，因为风险是投资者自己承担的。你的客服是为你服务的，但是，它们不会为你承担责任。

指数在4000点的时候新华社等官方权威媒体宣传为牛市新起点。新华社与人民日报鼓吹牛市，对上涨过快的市场没有警惕，而是沉醉于"成就"之中。

唯物辩证法和历史唯物主义告诉我们，"中国梦"的实现不会一帆风顺，经历风雨才能见彩虹。中国需要一揽子改革方案，进行制度重建。

围绕着中国文化与灵魂的建设，市场经济、法治、政府边界、政府能力的建设、股市治理等是相互联系的问题，是我国着力摆脱中等收入陷阱的主要对策方向。所谓改革深水区，就是制度重建和利益关系的深刻调整，必须系统推进。如果没有辩证唯物和历史唯物主义的理论视野和眼光，盲目采用西方的错误流派的理论，而缺少甄别能力，可能会酿成大祸，从而使"中国梦"更加坎坷。

当我们说起文化重建时，许多人已经不再相信辩证唯物主义和历史唯物主义，或者已经忘记，或者似懂非懂。如果抛弃这些立国之根本的科学的思维方式，"一个中心，两个基本点"的坚守就是问题。

"无知者无畏。"我们要学习，从丰富的实践和西方投资大师的智慧中学习。市场发展太快了，而我们的政府治理和监督管理跟不上形势的发展。这是股灾偶然性中的必然性。

股灾暴露了很多深层次的问题，我们只有与时俱进，继续做好改革的顶层设计，系统性地推进改革开放，为把经济做强打下制度基础。

只要有办法，股灾可以变成一件好事。所谓好事与所谓坏事是相对的，塞翁失马，焉知非福？它使我们更加积极主动地推动改革，特别是制度建设，加大改革与开放的力度。如果错误地解读股灾，类似"别让李嘉诚跑了"的阴险呐喊，只会让所有人倒吸一口凉气。

股灾发生了，我们不能改变这个历史事实。但怎么解读股灾，后续的路怎么走，这些重要的战略问题，需要我们思考和回答。作为世界第二大经济体的苏联解体了，作为世界第二大经济体的日本也衰落了，"老二"不好当。我们的设想是这样的：让市场通过公平竞争和价格机制在资源配置中起到基础性作用，政府通过完善教育、医疗、养老等制度为市场效率的发挥创造完善的基础设施，财政、货币、部委监管等为市场效率发挥营造良好环境，资本市场建设、人力资源战略、重大项目攻关、国家创新体制完善，等等，为市场注入资本、人才、技术、创新思想等有效资源。同时，完善法治，依法治市，为相关主体的合法利益提供法律保护与民事协商机制，从而调动民间创造商品价值的积极性，在全球竞争舞台中，打出一片天地。

二、泡沫越来越缺乏支撑

（一）泡沫缺乏经济基本面的支撑

在众多国内外矛盾已经积累到一定水平的背景下，短期经济承压的局面可能还会持续几年。次贷危机之后，全世界普通大众的消费能力下降，我国出口对经济的贡献率下降。一个国家的消费收入比是长期稳定的，单纯刺激消费不见得理想，也可能产生长期的副作用。美国次贷危机本质上是美国国民收入分配不平衡到了一定的临界点，即国家经济发展需要全体国民更多消费住房，但国民的收入地位保证不了他们的这个消费能力。这次爆发的金融危机本质上是国民收入分配不平衡导致的经济危机，是普通人的总收入在 GNP 中的占比不断下滑的结果。

美元强势导致人民币相对其他货币升值，打压了中国出口。

投资方面受到诸多约束。产能过剩，环境已不允许"三高"产业大力发展，高科技产业还不是主导产业，国家科研实力还不能支撑战略新兴产业在全球独傲群雄。

我国上市公司的产业结构需要优化，投资空间也因此受到制约。白酒等产业的发展短期有上限，毕竟世界上不少国家是禁酒的；有色、钢铁、稀有金属、石油、煤炭等产业面临全球价格下滑；传统商业面临电子商务的竞争；建材、家电等受到房地产行业的影响；饮料业含糖也不宜多饮用；等等。这些都制约了投资空间。

（二）缺乏国际环境的支撑

欧债危机、希腊债务危机、乌克兰危机、南海风波、中东动荡，等等，在全球已经形成诸多的不稳定点，战争的压力是存在的。

全球存在一些看空世界经济的投资巨头，也不看好美国经济，认为美国股市已经到了崩溃的边缘。他们预测，"金砖四国"的经济将在这场世界经济危机的长周期中出现重大问题。现在，印度的经济形势相对于巴西与俄罗斯要好一些，中国的经济形势也不容乐观。

IT 革命是一场提高全社会运营效率，重建全社会运作机制的革命。它的意义在于从第二产业和第三产业解放出更多的人力，从而将更多的资源和人力向新兴产业、高兴技术和服务业输送。IT 革命伴随着现代制造业革命，生产力大大地解放了。在这种产业结构调整的过程中，由于人们意识调整的滞后，由于公民学习能力建设的滞后，产业调整并不能迅速到位，从而使经济出现动荡。

对于中国来说，幼教以及课外科学与艺术教育的产业化，保姆产业，医疗，亲子游，等等，都是以人为本的急待发展的服务产业。

我国需要投入更多的资金到高科技等研究和基础研究中去。以形成稳定的科研队伍，将人才数量优势转化为人才质量优势。这需要更大的力度从国外吸引人才，同时，也要打击科研中的做假之风，明确学术道德的一票否决性的地位，把资金用好，出好成果。

如果说工业革命解放人的手和脚，将人从体力活中解放出来，那么，IT革命等则是解放人的脑力，将人从简单重复的脑力劳动中解放出来，以更多的资源投身人类面临的各种难题，在环境、宇宙太空、海洋、基因、死亡等方面发力，拓展人类的生存空间，支持人类的全面发展。

（三）上市公司不能提供优良的业绩

原因是多方面的。一是上市公司治理问题。如：大股东大权独揽，损害中小股东的利益；董事会的主要精力没有放在经营上，任人唯亲；所处地方环境不利于公司成长。二是夕阳产业的问题，行业处于衰落阶段。三是经济周期处于调整阶段，全球皆如此。四是税收负担较重。五是整体商品供应过剩，竞争激烈。六是制度性原因，股票市场没有退市机制，使差企业长期滞留股市。不少这样的企业有地方背景，得到一笔地方退税，或者地方补助，就可以脱掉 *ST 帽子，下一年亏损继续，再下一年重新戴上 ST 帽子。对于主营业务没有造血功能的上市企业，需要坚决退市。至于股东利益问题，可能通过退市基金来解决，方案可以研究。

（四）资金供给面不能支持股市泡沫

如果要牛市就需要货币宽松。有些牛市发生在经济衰退期，前提条件是货币宽松。如果没有货币宽松，只是降息，并不能提振市场。

我国的资金利率与货币供给并没有必然的联系，因为我国的利率是由央行确定的，即使央行确定较低的利率，同时，使货币供应数量偏紧。

当前情况下，央行并没有许诺敞口供应货币。央行时常在股市需要货币的时候，缩紧货币供应。典型的例子如 2013 年 6 月的股市暴跌，当时行情已于 2012 年 12 月发动，但下行压力较大。如果利空较多，又没有利好，股市就会下跌。

当时，由于大量资金进入"影子银行"、地方政府债务，或者进入股市，实际经济仍然不能得到足够的资金。同时，银行头寸倍感紧张。由于央行对陡然增高的银行间拆借利率不愿意出手相助，股市一阵暴跌，从 6 月 3 日至 6 月 25 日，跌去 30%。此时，央行才在压力之下，为市场提供流动性。那次是银行的流动性导致了股市暴跌。

这次股灾中的央行降息，力度不大，不足以安抚市场恐慌情绪，市场只是高开随即埋头向下。央行由于受到维持汇率职能的制约，货币政策较为谨慎。

在这次"国家牛市"中，各种宏观政策并没有全力支持这个泡沫，比如央行货币政策就没有"放水"。所以，"国家牛市"只是少数人编撰的传说。复杂的经济系统是由互相制约的要素组成的，牵一发而动全身。

三、杠杆加速了泡沫的形成和破灭

（一）监管层缺乏配资规模的准确数据

杠杆是重要变量。期货的杠杆最高，达到 7～12 倍。股市的杠杆有 1:1 到 1:10 的不同等级。期货有保证金，配资也有保证金，但股市的流动性不如期货，因为期货是 T+0，且集中于几个指数品种。

股市结构出现了问题，创业板与中小板的泡沫太大了，结构性暴跌最终拖累了主板。为什么创业板的泡沫这么大？因为 2015 年的中小基金都是针对创业板与中小板而来的。2014 年的第一波行情拉动的是蓝筹股，而中小盘股则价格不断下跌，很多股民只赚指数不赚钱。到了 2015 年，基金改变策略，卖出大盘股，买入小盘股。2015 年的行情比 2014 年的行情更凶猛，涨速更快，很快泡沫化。由于股市上涨的过程中，所有的大盘调整都不超过 10%，私募、散户、公募在 2015 年也更加自信，配资也更加孤注一掷，使创业板与中小板的价格膨胀到要爆炸的程度，也没有危机感。而此时，这么高的泡沫无法得到足够的支撑。在监管层去杠杆、IPO 融资、大股东套现、IPO 冻结巨额资金的压力下，股市有限的现金"衣不遮体"。从股票供求上看，若没有大量新增资金入市，泡沫的破灭是必然的。当然，泡沫破灭的速度则是由"偶然"因素决定的，因为影响泡沫破灭速度的许多因素是不确定的。

杠杆配资在这个泡沫积累的过程中起了重要作用，在流动性危机中起到了关键性作用。这个关键变量的数值，监管层并没有准确掌握。证监会难以掌握全面数据，因为 P2P 是归银监会监管，信托也是由银监会监管的。不少配资是从银行、P2P、信托等流入股市。但是，HOMOS 证监会应该知道，因为恒生电子主要为基金公司提供软件，而基金公司是由证监会监管的。P2P、信托不少都是使用 HOMOS 的，HOMOS 使监管出现了黑洞。所以，IT 技术提供了混业的现实基础，但是，分业监管却跟不上时代的形势。政府治理需要解决这种权力科学配置的问题，如果不改革，市场发育就会受到人为阻碍。

"一行三会"需要在混业监管上达成一致意见。如果拖下去，还会有新的危机。

在这个科技革命的大潮里，政府需要跟上形势发展的节奏，不断地进行权力重组，改善政府治理。

对于股市治理，监管层权力分配之间出现裂痕，难以形成合力。市场有时可能也并知道自己该由谁管，有时也不愿意政府监管过多。市场的本能，是追求自由。而政府则要对市场的自由进行疏导，维持公平公正的市场秩序，并避免系统性危机。可是，政府为了自己舒服一点，必然会把权力抓在自己手里，把责任和义务推给他人，从而把职责风险降到最低。这就造成不同部门的权力交叉地带出现协作困境：如果有利益，大家都去抢，如果没有利益，大家都去躲，出现问题，互相推诿，没人承担责任。

证监会对 HOMOS 的失察说明，股市资金供给变动对股价的重要影响他们没有认识清楚。证监会需要下基层，调查风险隐患。我们认为，高手在民间，证监会需要从业绩优良的私募大佬、交易员、基金经理中找到这样的高手，为自己的监管目标服务。这些"高手"划着一条小船闯海，与那些开着大船出海相比，需要更加准确的风险判断能力。

证监会作为监管机构，必须有发达的根须深入到股市和社会中去。证监会系统只有 3000 名员工，精力又过多地集中于 IPO 审核，对股市的后期监管能力能够达到市场的需要吗？如果达不上，注册制的实施就是有系统风险的。

"严进宽出"式的我国社会管理方式，反映了中国人好面子，管理者不愿意得罪他人的文化心理。比如说高等教育，入学很严，以分数论，差一分都不行。但是，进了高校的门之后，管理就很松，很容易毕业。如果学生成绩不好，由别人代考，进入高校后，他也可以正常毕业。

（二）去杠杆与股市下跌的恶性循环导致流动性危机

在股市泡沫化严重的背景下，证监会进入两难。如果不去杠杆，泡沫进一步发育，残局可能更加不好收拾；如果去杠杆，股市向下的动能可能被加速。最终，去杠杆导致股市迅速下跌，股市迅速下跌导致强平，强平导致股市更加下跌。这样的恶性循环难以打破。

去杠杆触发并加速了股市泡沫的破灭。去杠杆是重大事件，在什么时间启动去杠杆？需要慎重决策。我们认为，在 5400 点的高位去杠杆值得我们思考：如果不在此时去杠杆，该在何时去杠杆？如果不去杠杆，会发生那么严重的股灾吗？不去杠杆，有什么后果？

　　从证监会角度来说，去杠杆是对股市配资行为的一种校正。证监会本来允许配资与融资，但是，现在感觉到泡沫形成的原因与杠杆有关，所以，觉得这项金融监管创新是错误的。去杠杆化的结果是，以后股市不允许有杠杆。也就是证监会认识自己错了，所以，要走回头路。那么，有没有回头路呢？

　　我们以打仗作比喻，以淝水之战为例。前秦出兵 80 万伐晋，结果，东晋以 8 万兵力战胜前秦。前秦失败的关键原因是什么？一是先锋部队 5000 人被东晋的刘牢率 500 人打败，前秦士气低落；二是符坚答应从淝水岸边退后，让东晋谢玄渡过淝水决战。谢玄使用心理战，让前秦士兵以为前秦兵败撤退，前秦军心动摇，一退不可收拾。其他原因还包括：（1）符坚本人原因。符坚用人不择贤愚，赏罚失明，对汉人多疑；符坚好大喜功，缺乏冷静客观的分析，战前没有周密的战略部署，临战时又犯了一系列战术指挥上的错误；自以为明主，正确的意见也不能被采纳。（2）出现内鬼。符坚自认为能速战速决，派前秦尚书朱序前去劝降谢石，朱序却私下提示谢石宜先发制人，击溃前秦的先锋部队。"秦军虽有百万之众，但还在进军中，如果兵力集中起来，晋军将难以抵御。现在情况不同，应趁秦军没能全部抵达的时机，迅速发动进攻，只要能击败其前锋部队，挫其锐气，就能击破秦百万大军。"谢石起初认为秦军兵强大，打算坚守不战，待敌疲惫再伺机反攻。现在改变了策略，取得了胜利。（3）双方正面战场交战的兵力相当，但东晋的北府兵的战斗力远胜于前秦军。东晋先锋部队就是被十分之一兵力战败的，军队锐气大伤。在符坚命令军队后退时，士兵以为是战败，一发不可收拾。（4）前秦刚刚统一北方，国家根基不牢。开国功臣王猛死时，谏阻符坚吞并东晋，认为应该先打牢统治基础，毕竟北方才刚刚统一，统一全国的时机还没有成熟。

　　针对去杠杆过程引发的踩踏，我们认为：在股市价格结构性失衡时，去杠杆政策严重影响市场预期，使本来就偏空的市场失去做多动能。之后，股市下跌进入恶性循环，进入下跌通道。

　　如果不是政府强制去杠杆，而是由市场震荡来去杠杆，市场则没有强烈的偏空预期。同时，在股市顶部下跌时要限制期货做空，方式是采用不对等的保证金。让主动做空的保证金是主动做多的保证金的四倍，手续费也是四倍。这将限制期货市场上的做空动能，减少投机做空的收益。证监会虽然在第二阶段调整了手续费和保证金额比率，但"雷声大雨点小"，只是限制交易笔数。即使是笔数，应该是自觉而不是软件强制限制，作为行政命令，未必被大资金遵守。到了第三阶段，股指大幅下挫，此时，估计决策的人已经换了，因为保证金提高到散户难以承受的地步，而手续费也从 30 元提高到 2000元。政策把整个股指期货市场给"杀"了，走向了另一个极端。实际上，新的决策者基本否定了股指期货的积极作用。国内的巨额资金当然会到国外进行沪深股指期货的投机，从而实际上否定了 2010 年股指期货的初衷。

我们认为：（1）不能高调宣布去杠杆，因为这会严重影响市场的预期，惊吓市场多头，鼓励市场空头。日间巨幅震荡洗盘，"护市使者"实力雄厚。5 月 28 日与 6 月 4 日的巨幅震荡，笔者以为是空军的一次试探，市场测试，结果表明市场多头的力量还比较强。同时，也有可能是空头为了麻痹多头。（2）政府应提前准备股市下跌预案，避免国家出面直接买卖股市，不宜随意修改交易规则。如果股市迅速下跌，在跌到支撑位时，迅速出台组合对策，力度足够大，有可能稳定多头军心。国家过早出面，有很多弊端。一是轻率干预市场，破坏了市场规则，使人们怀疑政府的治理能力。政府随意干预股市，何来法治？而法治是市场经济的基石，除非万不得已，不可轻易改变规则。二是政府救市让普通民众不知道发生什么严重事情，竟然需要政府史无前例地干预股市，从而助长民众看空，使得持股者欲尽早逃离股市。三是让有经验的投资者怀疑政府的能力，担心政策性风险。（3）政府兜底会使市场蜕化。第一，使市场主体承担风险的独立意识始终树立不起来。就像企业债券违约一样，政府不能处处兜底，否则，利率无法市场化。政府兜底导致市场上劣币驱逐良币。那些信用风险低的企业出低价无法融到资金，高信用风险企业融到资金，却无法有效运用资金。当高信用风险企业无法偿还时，政府却帮助偿还了。这个市场就乱套了：资金都流到差的企业了，且由政府承担所有的违约责任。后果不只是市场无法正常运转，失效的资源配置必然影响经济的健康发展。第二，政府持有两万亿元的证券资产后，政府就有了不断干预股市各种动机与理由。那么，政府与市场的边界在哪里？如果政府真能够代替市场，要改革开放干什么？第三，被救的金融机构都是风险偏好高的金融机构，金融机构破产将会警示它们调整自己的风险偏好。

如果是流动性危机，就解决流动性危机，而不能走得过远。

（四）政府治理能力不能充分满足社会发展的各项需要

随着我国民众文化素质的提高，随着市场经济的不断发展，政府与市场的关系发生了变化。以前是政府调节市场，把政府摆在第一位，因为那时的市场比较弱。现在，市场已经不断发出松绑的呼声。政府管理是为市场雪中送炭呢？还是掐住市场的脖子？这是两种不同的思路，出发点不同。如果从经济发展的角度，政府要为市场服务，雪中送炭为好；如果从政治的角度，让市场听从政府的指挥棒，无论对错。如果政府错了，市场是不会听政府的指挥棒的。

随着我国 IT 革命的深入，政府治理面临着两种冲突的观念，一是精兵简政，搞好权力配置与制约，使权力自觉服务于经济发展的需要，二是抓住权力不放，让市场听从权力的指挥，让市场为权力服务。中央政府的简政放权，减少审批权，在地方遇到各种软抵抗，有的明放实收。一个从计划经济过渡来的人数众多的政府，与一个市场经济需要的精明强干的政府，存在诸多不同。而现在，政府职能改革的需要，政府能力建设的需要，在这次股灾中表现得非常明显。

国家在压缩部委传统产业管理的职能的同时，要加强第三产业的引导职能。总之，使政府职能配置与改变了的或即将改变的产业结构相适应。市场看到国家正在正确的方向行驶，充满期待。同时，市场又有些亢奋，改革的步伐、力度和成效都难以支持如此高的泡沫。而配资清理成了这次股灾的导火索，刺破了泡沫。

四、对国外理论缺乏透彻把握，监管层缺乏实战经验

国外的经济理论流派并不强调真理性，只是从思维的角度来划分。在思维的全频谱段里，你只要占据了一定的频谱段，就在理论体系中拥有一席之位。因而，一套理论体系，可能大多都是错误的，但都含有正确的成分。国外的经济理论创新强调新颖性和系统性，理论与现实是否脱节并不重要。这样，理论与现实的脱节，或者说理论的非真理性，就有可能会为信奉这些理论的人带来灾难。

（一）文理分科、考试教育不利于培养综合型与创新型人才，知识碎片不能把握真正的规律

文理分科，学生就不能享受文理兼通带来的创造力跃升的好处。国内高校教育已经认识到这种缺陷，采用学分制。但是，学分制的选课是有限制的。而且，由于学生的功利性较强，理科生在人文学科（如艺术、文学、哲学）上往往不愿花时间，混学分是主要现象。分科分工过细有利于培养专业技能，

但是不利于培养学生的创造创新能力和综合素养。专业划分过细，学生阅读面过窄，发散思维等训练不够，制约了学生综合能力的提高。当然，现在的家长都在学生幼儿和小学阶段学习一些音乐、绘画等方面的技能，以培养孩子的形象思维能力，是好的。

知识碎片化，自学能力不足，求索真理的热情不高，都制约了毕业生把握真理的能力。以投机为例，需要哲学、心理学、经济学以及专业投资理论技术等方面的素养，需要自我训练。这些技能都不是现有教育体系所能够提供的，不少财经院校的课程设置不能与时俱进。

（二）国外的错误理论被信奉，监管层没有股市实战经验

国外强调理论体系，不强调真理性。例如，利息理论有时间价值、风险定价、供求决定、古典利率理论、流动性偏好、可贷资金、利润率决定等，其中，如果利息率超过利润率，经济就会陷入困境，企业破产就会增加。2011 年左右，银行利息率超过了产业利润率，全国发生多起企业家跑路现象。在银行贷款时，风险大小会影响银行贷款利率。杭州等地的企业一度拿不到贷款，只能拿高利贷。这样做的结果必然是更多的企业破产倒闭，反而使银行的坏账风险加大。最终，工行选择了继续向困难企业贷款，甚至增加贷款，以扶持企业发展。如果按照西方的利率理论，浙江的企业恐怕死光一大片。西方的理论流派总是有自己的局限性，如果不懂得这些，盲目应用，就会产生灾难性后果。

西方的有些理论是错误的，却被当做教条广为传播。典型的错误如：汇率完全由供求决定，自由浮动，政府通过利率可以调节汇率。（1）汇率有管理的浮动恰恰是我国经济成功的原因之一。当然，汇率也不能僵化，要有一定的灵活性。汇率如果自由浮动，其巨大的波动风险将增加汇率风险防范的交易成本，出口型中小企业的风险敞口可能使企业破产。而投机资金涌入汇市将加大汇率波动幅度，同时占用宝贵的资金。当然，如果我国经济金融发展到一定条件时，可以实现自由浮动。但即使现在，自由浮动汇率制也是行不通的。我国的金融业还需要改革开放，汇率风险管理方面的能力还不足。（2）通过利率调节汇率的例子没有不失败的。第一个例子是日本，日本在"广场协议"之后，通过降低利率来提升日元汇率，日元兑美元从 1 美元兑换 200 日元升值到 80 日元。伴随着财富的膨胀，日本人的自信达到了历史的顶点，没有"居安思危"。同时，低利息导致经济失衡，股市泡沫和房地产泡沫

导致财富进一步增加。这样日本人开始旅游，在全世界花钱。同时，日本财团出手阔绰，在美国以极高的价格大势购买房产。今天，中国人也在纽约购买房产，但比日本人精明得多。由于财富迅速膨胀，日本国内的改革开放的必要性下降了，一些制度刚性化，教条化，对自己的技术优势也盲目自信，缺乏危机感。最终，日本人在东南亚金融危机中被连带冲下神坛，直到今天也没有找到自信。第二个例子是泰国。泰国在抵御索罗斯的汇率攻击时，大幅度提高利率，结果股市下跌，企业利息负担加重，经济受到较大消极影响。利率是个重要的经济杠杆，即使对于世界第一的美国，低利率也导致了房地产泡沫与股市泡沫。通过利率调节汇率，如果是药方的话，也是一服毒药，不喝也罢。

再举一个例子。IMF 救助深陷外债危机的国家时，需要这个国家紧缩财政与货币政策，无论是救助东南亚，还是希腊，都用了这样的标准。尽管这条标准保护了 IMF 作为债权人的利益，副作用却是较大的。我们把它当做结论放在这儿，认为没有必要去从专业的角度来论证。我国银行在浙江企业跑路潮中，采取的思路与 IMF 的截然不同。我们的思路是救助，是非紧缩性的。而 IMF 的思路是紧缩，由于紧缩，工人失业，企业破产，经济衰退，人力资源被闲置，造成生产力的巨大浪费，并形成恶性循环。

国外的错误理论，包括泡沫有利论，财富效应扩大内需论。这些错误理论，我们在本书的其他部分进行了反驳。当然，我们不是说该理论是绝对错误的，而是说这些理论不适合我国国情，因为理论都是有条件的，如果你不知道这些理论成立的条件，当做教条来应用，那将是危险的事情。

第八章　我国股市治理分析

笔者对中国未来股市的发展充满信心，对中国未来经济的发展充满信心。在"互联网＋"这个抓手中，青年人创业，互联网的潜力被继续挖掘出来，并领先于世界。在这个投资浪潮中，全球的人才与科研资源都被吸引到中国内，未来二十年，我国将建立有效的教育与科研制度。

一、股市治理要提升股市的内在价值

1. 中美股市基础与投机性的比较

中国股市牛短熊长、暴涨暴跌，美国股市牛长熊短、涨多跌少。平均来看，美国熊市持续10个月，跌幅35.4%，牛市32个月，涨幅106.9%，牛市持续时间是熊市的3.2倍，呈典型的牛长熊短、涨多跌少特征；A股熊市27.8个月，牛市12.1个月，熊市持续时间是牛市的2.3倍，呈典型的牛短熊长、暴涨暴跌特征。

（1）美国的股市基础要好于中国

其一，美国部分上市公司业绩优良，不少上市公司是全球公司，有着很强的全球竞争力，如Facebook、Intel等。其二，美国股市定价给予优秀的代表未来发展方向的高科技企业较高定价。今天，美国的明星企业不再是洛克菲勒，也不再是沃尔玛，而是，谷歌、Facebook、Intel、苹果等新兴企业，美国股票市场先后给予Cisco、微软等很高的地位。

（2）中国股市的投机性要强于美国

首先，我国股票市场上市公司的结构无法反映高科技、战略新兴产业等发展的最新成果，资源类、酒类、地产类、钢铁类、有色金属类、汽车类等传统产业，不少是夕阳产业，在我国股市里占据举足轻重的地位。国有资本也主要布局在这些传统产业中，这说明我国的产业结构升级空间很大。其次，阿里、腾讯等代表新未来方向的IT企业都没有在国内上市，战略新兴产业板块等的推出，可以弥补我国股市支持新兴产业不足的根本性缺陷。再次，上市公司风气不好，圈钱文化除了符合创业者的短期利益外，害了不少上市企业，也害了股民。恒生电子这些年来，稳扎稳打，倒是逐渐壮大起来。但是，HOMOS 确实给证监会添了不少乱子。最后，投机文化已成为我国主流投资文化，也是历年投资者惨痛教训的总结，短期内难以改变，因为这是投资者的理性选择。那些曾经学习巴菲特，试图长期持有股票的股民们，结果往往投资亏损。2012 年就是例证之一，监管者高举改革大旗，恢复了人们的信心，结果由于不计代价的股市融资，当年中国股市在全球表现倒数第一。股民投资股市，根本目的只有一个，就是赚钱，不可能到股市上来学雷锋。

（3）中美国股市差别的原因

①市场法制环境：美国股市几百年的发展历史，经过多次血雨腥风的洗礼，法制较为健全，信息公开、对违法行为严惩重罚。即便如此，在暴利面前，也有多家公司与主要责任人以身试法，对法律置若罔闻，最终接受法律的严惩。

中国依法治市方面还存在不足：一是法律本身不健全，我国的《证券法》经过多次修改，在中央领导层面对股市治理的重视程度还没有充分调动起来的时候，依法治市的地位和作用都没有被充分认识到。法律的不健全表现在法律条文有待完善，执法的覆盖面、公正性、严肃性还存在不足，违法的代价与所得严重不对称，对违法行为产生逆向激励的效果。二是依法治市的机制还不完善，依法治国还停在口头上，缺少一系列有深度的思想与周密的行动。人治的灵活性与法制的严肃性产生冲突，说情文化普遍，执法弹性较大。在查处重要股市违法案件时，会遇到地方政府甚至中央权力部门的干预，办案人员阻力重重，而动力不足。依法办案需要公安、司法、检查、监管等多部门的协调与配合，隐性成本比较高。很多案件的处理力度之所以很小，背后有着深刻的原因，就是社会关系网对法制的蔑视。三是没有授予投资者集体诉讼的权力。由于集体诉讼案件涉及的对方可能是国有企业，我国没有采纳这项基本制度。而这项制度是美国股市治理的关键概念，因为注册制监管模式下，证监会只保证上市公司及时、准确、充分地发布信息，而公司的质量判断则交给投资者。"宽进严出"与中国的传统文化有着明显的冲突，投资者的权益保护尤其迫切。如果集体诉讼等权益诉求方式不能确立，注册制的实施就会带来较大的政治风险。

注册制对股市治理的要求更高。监管机构必须花更大的精力进行依法治市。注册制条件下，监管机构必须管得更好，股市发展才有希望。本来，监管机构是"接生婆"，负责审核申请公司能否在主板、中小板、创业板等出生。现在，"接生婆"不再用B超等看是否出生残疾儿了，出生的"坏孩子"必然多了。可是，大多数投资者又没有这个管教"坏孩子"的能力，管教规则与管教设施也跟不上，最终，"坏孩子"都成帮了，更加难以对付了。这种风险是存在的。

所以，在我国法制不健全的情况下，注册制必须更加周密地实施。

②投资者结构：中国股市是散户主导的追涨杀跌，美国股市是机构投资者主导的价值投资。

我国的许多基金公司，其行为也是大散户，没有独立的投资个性，人云亦云。股市需要多样化的投资者，如果都是一种类型的投资者，股市就没法玩了。如果都是价值型投资者，股市就冷清了，行情难以火爆。机构投资者不但需要投资能力，还需要对企业的管理能力。机构投资者参与所投资企业的管理，使业绩差的企业创造价值，变成业绩好的企业。如果我们的投资机构具有再造一家业绩差的上市公司的能力，我国股市才可能成为价值投资型股市。

美国20世纪80年代的时候，其机构投资者就经历过"用脚投票"到"用手投票"的过程。用脚投票，把股票低价卖出去，投资者亏损了，但是，上市公司还是我行我素，没有什么转变。而巨额的资金追逐的就是那么多股票，这也脚投票，那也脚投票，结果，没有可买的股票了。那么，你的养老基金，你的资金增值怎么实现？这些长期资金不可能都投机，毕竟，投机的风险也是巨大的。所以，我国的股市健康发展，就需要资金雄厚的机构投资者，通过并购等参与企业的管理，改造烂企业，再造出一个好企业。我国必须打通这样的企业再造机制，这也我国现在鼓励并购重组的原因。而如果要实现这一点，股市的泡沫就不能大。差的企业的股票价格足够低，并购的风险才能控制，并购的成本才能足够低。谁愿意花高价钱去买一家烂企业？

从这个角度来说，我国资本市场的发展，还依赖于投资银行业的健康发展。投资银行业要以市场手段吸纳各种管理人才，改造差的企业。这需要猎头市场的发育，即高级管理人才交易市场。

③市场供求自我调节机制：美国实行注册制，进入退出机制完善，能自

动调节股票供需，而中国股市承担了过多的"圈钱"功能，严重打击投资者信心。

实际上，一个股票市场所能承载的股票供给数量是有限的。在此条件下，应该将有限的融资额度让给高科技型、战略新兴型中小企业，这些企业才是中国的未来和希望。但是，我们的股票市场，传统企业在征得证监会的同意后，不断进行巨额再融资。股市本来就贫血，又不断"失血"。我们要规范大小非制度，因为大小非的不惜血本的套现，严重打击投资者对上市公司的信心。你想想这样的逻辑：公司通过财务造假等非正常手段包装上市，上市后，企业业绩不断下滑，终于等到解禁的日子了，赶紧套现，一辈子就够用了。这样的市场，投资者敢投资吗？不敢，只能投机，也就是"博傻"，看谁更傻。一有风吹草动，投资者即全部跑得无影无踪，留下的是"傻子"。

监管机构在 IPO 开闸时，要"滴灌"，不能"漫灌"：好不容易逮到一个牛市，公司抢着上市，那还不抓紧机会好好捞一把，"过了这个村就没有这个店了"。所以，熊长牛短，也与监管机构的上市节奏有关。有点类似于缺水的沙漠地区，好不容易到了雨季，只能有一点雨水，所有的植物都必须在这个短暂的雨季繁殖后代。雨季来时，沙漠里的生命现象昌盛；等雨季过去了时，一切回归死寂。

建议：将那些资金需求大户以其他方式解决，比如四大国有银行在香港市场解决再融资问题，尽量把 A 股资金留给创新类中小企业，好钢用在刀刃上。2008 年 1 月 22 日，平安保险千亿再融资计划，股市接着开始雪崩。

如果不将资金用在代表国内产业发展方向的企业身上，这样的股市资源配置将是破坏性的，而不是建设性的。道理很简单，连植物在生长时，都是不断地将水和营养成分运往芽苞等生长快的地方。

④主流媒体、监管机构与市场。监管机构干预市场成了常态，股市成了政策市，最终会害了政策，也害了市场。美国投资者自负盈亏，风险自担，由市场教育投资者。这种股票市场是成熟的市场。

在我国市场经济发展过程中，计划经济的思维方式夹杂着平均主义的思维方式，在股市成立初期，各省都获得上市指标。经济落后的省没有合格企业，则将不合格的企业通过包装等方式推到市场，给市场留下了诸多后遗症。

政策的随意性不但扭曲市场，而且，掩盖矛盾，头痛医头，脚痛医脚，不能根本解决问题。我国股市已经有二十多年的历史，在依法治市、退市制度、暴涨暴跌等方面，建树不多。

政府如果不着眼于建立一个公正、公平、公开运作的市场，而是着眼于不停地微观上干预市场，体现权力与威望的话，后果主要有：其一，这些政策由于干预市场运作，影响了市场原有的利益关系和运作机制，谁获得了这些内幕交易信息，谁就会获胜。其二，这些干预只会不断地强化投机型股市的内在运行机制，只是在鼓励投机，即消息投机，结果就是小道消息满天飞。其二，害了大众投资者。散户投资者中有高手，但更多的是新手，是股市中的"肉食对象"。其四，政府通过政策日常性地干预股市，而不是着眼于建立完善的不需要政府干预的市场制度，给市场带来不公平，带来政策性风险。资本市场是"战场"。市场充满风险，最安全的方法是只相信你自己！

⑤利用股市为社会主义经济服务，还有很多事情要做。当前，股市在我国地位空前地高涨。我国的产业结构调整需要实干，需要创新与创业。创新，类似于"3D"打印等技术可以颠覆传统制造业。美国的风投产生了一些颠覆性的概念与技术，一旦成功将重写整个世界。这种创新的动能需要股票市场，以构成风投的退出机制。所以，中国目前必须有健全的股票市场来支持这种创新。

股票市场与产业结构调整、中等收入陷阱、就业等问题紧密地联系起来，成了破解我国当代难题的重要手段。但是，股票市场规模巨大，甚至超过GDP，风险巨大。股市与银行的特性根本不同，牵涉投资者和上市公司数以万计，非常复杂。如果我们仍然以行政干预为主，而不是以法治作为股市治理的主要手段，股市最终会坑害投资者，并可能带来整个经济体系的崩溃。

股市治理，尊重市场规律，发挥其资源有效配置的根本作用。股市治理是门伟大的学问，日本、德国的股市都没有美国股市有活力，对于经济的引领发展也比不上美国股市。

股市如何治理？这个问题会有许多不同的答案。但是，保护投资者利益，而不是保护上市公司损害投资者利益的违法行为，是确定无疑的。

（4）中国股市治理的一些想法

①践行法治、从严监管。建立完善的证券法律法规体系和严格的证券市场监管体制，完善信息披露机制，对违法违规行为严惩不贷。

光喊口号没有用，相关的制度要做实，还有许多细节性的问题需要处理。因为这样的机制要起日常性的作用，牵涉的因素与主体众多。

对上市公司的惩戒主体如果是证监会的话，证监会则有些时候显得力不从心。如何提高办案的效率？办案人员数量有限，如何做到案件的全覆盖？办案付出的成本，监管部门有这个积极性去支付吗？实际上，证监会查处的条件毕竟只是少数，远远起不到足够的震慑作用。办案人员如果不办案，有很多好处，至少不会受到人身威胁，能求个平安。办案人员如果办案，求情的，威胁的，行贿的……如何激励？对于精明的办案人员，可以秘密地权钱交易，如何考核？如何知道办案人员尽力了？其三，办案人员会遇到强大阻力，他如何克服这种阻力？向组织汇报，寻求组织支持，是常见的方法。但是，来源于组织内部的说情等压力又如何消解？其四，即使做出了处罚决定，最后也不了了之。上市公司老板跑路的，跳楼的，都无法落实处罚决定。

股市法治比通常的法治更加困难，因为这里面有巨大的经济利益可以交换。上市公司牵涉的利益动辄百亿元，还有依据庞大的金钱帝国纺织起来的复杂的关系网，都使得股市法治治理有着明显的特殊性。美国华尔街是美国政治运行的幕后老板，没有美国华尔街的首肯，你竞选总统不可能当选。华尔街，罪恶与财富并存。所以，股市法治必须尽快推进。

我国法院系统几十年来不断改革，终于与公安、检察等部门形成了权力制约机制。股市执法，需要考虑的问题很多。

②发展机构投资者。传播价值投资理念，培养投资者长期投资行为，让机构投资者真正起到股市稳定器的作用。

在我国发展机构投资者的过程中，公募基金、私募基金、封闭式基金、开放式基金等，都是抱着美好的愿望诞生的。诞生后，性格就变了，像换了一个人。公募基金高价接盘庄家股票、老鼠仓等问题不断见诸报端。每一次股灾，都是公募基金垫底。

古语云："橘生淮南则为橘，生于淮北则为枳。"这说明，我国股票市场的发展环境存在问题，到了彻底改变的时候，而且，必须改变。没有一个健康的股票市场，我国的市场经济改革等于功亏一篑，终将以失败而告终。我国的市场经济建设只进行了一半，金融市场建设刚刚拉开大幕。你不可能待在原地不动！你必须攻克金融市场改革关。

所以，发展机构投资者只是我国股市治理的一个次要矛盾与问题，主要矛盾在于解决上市公司的质量以及股市"圈钱"问题。上市公司质量问题，以增量带动存量，从增量中寻求解决方案，新问题新办法，老问题老办法。

③推动注册制改革，发挥市场自身供求调节。建立完善的市场进入和退

出机制，尽快推动完全的注册制。

注册制适合上海证券交易所的战略新兴产业板块和北京的新三板的企业，因为技术新，规模小，数量多，上市条件较为宽松。上市公司提供及时充分的信息，投资者自己去分析这些信息，自担风险。对于主板的公司 IPO 来说，由于金额大，数量也不多，审核仍有必要。否则，如果上市公司的质量把握不住的话，股市中的"一粒老鼠屎，坏了一锅粥"。

这种策略，也是抓大放小的策略，关键目的在于保证上市公司的质量。对于新三板与战略新兴产业等高科技企业来说，未来的成长可期，高风险可以带来高收益。而且，由于这些高科技企业的价值不能使用传统的估价方法估算，上市审核的科学性根本没有保证。注册制改革能够让优秀的高科技公司在国内快速上市，从而通过增量来调整我国股市存量落后的产业结构。这时候，注册制是必需的，审核制是行不通的。注册制，可以改变我国证券交易所这么多年来缺少吸纳高科技企业能力的现状。高科技企业价值的判断，交给投资者。

所以，对于传统产业，特别是大中型企业，仍然需要审核制，我国现有的上市审核制度适合这类企业。对于高科技企业，我们采用注册制。

④主流媒体和监管层不得为股市做背书，让市场教育投资者。政府和监管层必须放手，让市场的力量发挥主导作用，让市场来教育投资者。

我国政府喜欢抓住权力不放，即使中央压着部委简化行政审批，部委也能找到对策。比如某个审批事项，本来由部委审批，现在部委迫于中央政府的压力，不审批，但是，下放到了省里。这样一来，本来在部委能够一次解决的审批问题，要一个省一个省地去跑，对于申请者来说，审批的工作量更大了。

政治改革本质上，一是放权，二是新科技革命背景下的职能整合，从而为经济发展创造更加自由同时又有秩序的环境。政府将更多的权力交给市场，同时，通过媒体与法制来监督这些权力。政府集中过多的权力，这种社会权力配置机制已经不适合新的经济发展的需要。随着 IT 技术的发展和民众教育水平的提高，非政府组织承担一定的政府职能，有利于更多的人才从政府部门融入到具有生产功能的企业中去，同时，对于创新、创业的刁难也少了。

过多的政府工作人员和过细的政府职能分工，冗余的人员创造了烦琐的办事程序，什么你要证明你未婚，要证明你妈是你妈，等等。我们很多人到政府办事，被支使得团团转，一件小事，跑一趟不行，要跑好几趟，北京这么大，要浪费多少时间。多么宝贵的时间，就被这些小办事员无情地给浪费了，这是巨大的人力资源的浪费。

在政府与市场的关系中，边界在哪里？西方研究企业与市场的边界，在我国需要更多研究政府与市场的边界。政府对股票市场的过多干预，造成了投机市场的政策市这种典型特点。政策干预给市场带来政策风险。政府当然需要在建设健全的股票市场中发挥应有的作用，但是，如果政府的精力不是放在完善股市治理上，而是无节制任意地政策干预股市，显然对政府与市场二者都会有害处。

主流媒体也可以承担部分监管职责，主要工具是符合事实真相的报道。媒体是政府、上市公司、金融中介的监督力量。不实报道需要承担法律责任。

市场自己教育自己。这样才能在我国本土培育一流的金融投资人才，才能走出国门，最终扬威海外。

笔者认为，这些优秀的金融投资人才主要存在于海归、私募，以及部分国有金融机构。由于政府对金融行业的长期管制，改革滞后，舒服的垄断利润必然养成机构的惰性，不容易出优秀人才。

⑤尊重市场。政府必须放弃让市场充当实现自己某种目标的工具的短视行为，资本市场支持实体经济发展和推动转型创新是其发展繁荣后的自然结果。

笔者认为市场比政府聪明。政府有政策，市场有对策。所以，政策的作用恐怕不如预期的作用大。政府如何调动改革者的积极性？政府如何调整经济结构？通过股票市场，尊重股票市场。

股票市场可以调动亿万人民的积极性。劳动者、管理者、投资者都围绕着股票市场追求自身合理的利润。以法治为股市治理的基本规则，股票市场成了一架精密的机器，成为一条切实改变中国未来"大而不强"现状的道路。

以资本为纽带，以股票市场为平台，调动国内外资源到高科技创新创业中去，让市场去抓住科技革命的浪潮！这种以资本为纽带的方式，要比行政方式有效得多。这就是建设有中国特色的社会主义道路的后半场，后半场的改革要围绕股市展开。

政府围绕股市创新管理和服务机制，搭好平台，该放的权力放给相关市场主体，管好只有政府能管好的事情。政府抓得少，但要抓得精，抓得好。政府的出发点不是为了部门利益，而是为了国家的长远和全局利益。这样一种政府与股票市场的职责配置是最佳的。

二、股市监管的混业化

金融混业高效是 IT 提供的潜力，也是一种全球的金融经营现状。不能简单地将次贷危机归因为金融混业，这种看法很肤浅，会因噎废食，为相关团体维护现有利益寻找借口，阻碍金融改革。金融混业不是金融混乱，监管不好才可能导致金融混乱。金融混业对金融监管的人才、机制与知识提出了更高的要求。

（一）金融混业是由需求端和供给端自发推动的

随着 IT 革命的深入，IT 为金融生产力的提高提供了无限可能。以前，银行是银行，证券是证券，保险是保险，你需要到不同的金融机构从事不同的业务。现在，随着客户财富的迅速提高，客户的时间变得更加值钱了。以前，客户也许能在银行存一点钱也就不错了，现在还要在股票市场增值，还要进行人生规划以确定理财计划。客户的时间是有限的，特别是在大都市，白天要上班，周末还要休息，还要照顾孩子和老人。如果能够给他们提供一揽子金融服务，类似金融超市，显然改善了社会福利，使社会更加美好。客户有这个需求：金融服务提供者以尽可能高的效率，即尽可能短的时间提供尽可能周全的服务。

另外，随着 IT 的发展，互联网金融产品的提供商，它们带来新的理念，没有守成者的条条框框，因而最能够创新。IT 的发展水平已经超越流程再造等早期阶段，一个金融产品可能同时具有保险、储蓄、投资等功能，具体工作由计算机完成，员工只需要利用计算机界面，按照计算机设定的业务流程就可以完成。由于 IT 革命，即使很复杂的业务，业务员也可能完成，这种金融服务供给效率的提高潜力很大。现在银行的总行已经将后台业务，比如说复核、票据报销统一到几个复核中心，大大提高了效率和后台业务质量，也规避基层银行的违规风险，加强了总行的权力。还可以减少后台业务员人数，让这些解放出来的员工去从事直销式银行。通过对银行的调研，我们发现互联网金融推动了银行创新。例如，许多银行都在摸索直销式银行如何搞好，什么业务内容，怎么考核，等等。现在的银行前台功能强大，能够进行几百种业务。如果混业的话，前台员工经过培训之后，能够经营更多的业务品种。

是什么推动着金融业的发展？不断增加的财富，不断提升的技术，以及瞬息万变的环境。

分业经营的产品成本高，收益潜力也不如混业。混业经营能够发现、创造和实现客户的有效需求，从而提高整个社会的总效用。混业经营的成本小于分业之和，所以，混业是一种必然的趋势。混业使银行、证券等的竞争更加激烈，迫使金融机构进行跨界竞争，从而将人的想象力调动起来，推动实质性的创新。这样一来，大家都在创新，新的规则没有建立起来，就需要监管部门具有强大的实质性监管能力，而不是形式性监管，以防范可能出现的风险。政府部门可能不愿意承担这个监管风险，就会阻碍这种创新。所以，在发展中国家，由于政府承担了市场监管的较多责任，就会回避监管风险。我国金融改革滞后，就有这个原因。所以，我们提出政府能力治理。政府如果将合适的人才安排到了合适的岗位上，就能减少政府与市场互相适应期的冲突风险，从而使改革一帆风顺。

为什么混业的大潮不可阻挡？有一句成语叫做"削足适履"，其意思类似于马克思主义哲学上所说的，生产关系要适应生产力的发展。

混业的结果，可以预见：（1）竞争更加激烈，而且各行业的起点不一样。银行受到 P2P、第三方支付、虚拟信用卡等的全方位的围攻，在利差缩小和高管工资下调的情况下，不少国有银行高管跳槽到民营金融机构。证券行业在证券理财方面理论上能够提供更多服务，但是，受到人才的限制，特别是国有证券公司能否提供一流的服务质量是有疑问的。（2）竞争迫使金融机构提高自身的服务能力。无论银行、保险，还是证券公司，能力都不全面，需要学习的东西很多。我们期待改革能推动行业水平的迅速提高，中华民族是聪明的民族，无论是个人，还是民族，在智力上应对外界的挑战是没有问题的。最担心的利益纠葛，是上层建筑消极应对，将底层个人的创造力予以扼杀。越王勾践，卧薪尝胆，尚能反败为胜。中国必须打开国门，如果改革一直停滞，畏缩不前，世界提供给中华民族的宝贵机会之窗就会关闭。（3）改革最大的阻力来源于利益藩篱，来源于现有制度的惯性约束。改革最终的目的是解放金融生产力，让金融为我国成长最快的新兴和高科技行业服务。这需要各部门联动，逢山开路，逢水架桥，以国家利益长远利益而不是部门短期利益最大化为出发点。（4）我们的长期风险来自于不改革，或者消极改革，改革必然遇到层出不穷的新问题，改革必然有阻力和风险，但我们必须全力以赴，集中全部智慧和力量，控制短期风险，取得改革的成功。改革不是儿戏，必须全力以赴！日本的明治维新能够成功，因为他们锐意进取，充满只争朝夕的奋斗激情。中国的戊戌变法失败，因为改革触动了当权者的利益。所以，成功的改革走的都是以积极的增量稀释或激活消极的存量，以帕累托福利改进的方式，推进改革。这种方法符合马克思主义哲学的量变到质变、辩证的否定等思想。违反这种路径，就会失败，包括王安石变法、俄罗斯休克疗法等。改革一定会削弱当权者的利益，但是，这种削弱是隐性的、逐渐地实现的。如果改革直接显著削弱当权者的利益，改革的风险就非常大。我国国企改革的抓大放小，采用的是买断工龄的方法，实质是拿钱买制度，购买工人对改革的认可，本质上是对工人的利益损失予以补偿。目前的金融改革，一定会触动现有金融机构的利益，特别是互联网金融。互联网金融的最大意义，在于对现有金融制度的重构。即便是革命者也难以革自己的命，所以，引入新的玩家，才可能逐渐建立起对新的既得利益者不利的游戏规则。

（二）混业监管的不同层次与阶段

混业是金融业的本来形态，由于 1929 年世界金融危机，罗斯福总统颁布法律规定了分业的格局。当时的股市泡沫因为银行资金入市而吹得很大，也因为泡沫的破裂而导致银行破产。银行的破产不但导致信贷紧缩，而且导致货币消失和财富消失。整个经济与货币循环被破坏了，在建立新的资本循环的过程中，经济付出了巨大代价。

从混业经营到分业经营，再到混业经营，是事物发展过程中的自我否定，符合事物辩证否定的运动规律。

1. 从 1929 年那个时代，分业经营是必要的

大量的银行资金通过股票质押等方式，进入股市，严重影响股市行情，吹大了股市泡沫。这里有两个隐含条件，一是股市能够在未来提供可观的投资回报，且股市规模发展到一定水平，这刺激投资者不断增加投资，二是银行已经发展到一个新阶段，有多余的资金能够进入股市。早期的银行主要购买战争债券、国债等，随着资本主义大生产的推进，闲置的资本越来越多。这标志着银行已经发展到一个新的阶段。

20 世纪 30 年代至 90 年代的分业经营为金融发展提供了稳定的环境，但是，代价是牺牲了金融业混业经营的效率。当 IT 技术在银行等金融机构得到广泛应用时，混业经营成了不可阻挡的趋势。美国的诸多金融机构也是先做后说，先斩后奏，最后美国政府通过法令的形式予以确认。

2. 20 世纪 90 年代至 21 世纪初，国外金融机构从分业经营向混业经营转变

1999 年 11 月，美国通过了《金融服务现代法案》，允许商业银行、证券公司和保险公司互相从事对方的业务。

美国的金融业 GDP 在美国 GDP 中的占比越来越高，金融业成为美国的支柱产业，提供了大量就业，并为美国的国家战略服务。1992 年的英镑固定汇率体系崩溃与 1997 年的东南亚金融危机都是索罗斯干的，对美国的国家利益有利。

2008 年，美国次贷危机爆发。从银行风险管理的角度来说，部分金融机构利用监管套利，将从事较高风险的投资业务划归到低风险的业务进行资本充足率的计算，实际上低估了风险，高估了该银行的资本充足率。从而，使西方一直很自豪的巴塞尔协议，即银行风险管理能力的国际标准，在人的贪婪和欺诈面前，没有阻挡住银行危机的蔓延。

次贷危机发生的关键点之一在于 CDS（信用违约掉期，Credit Default Swap），美国国际集团（AIG）提供违约保险，一是定价过低，二是数量太大。如果没有 AIG 购买超量的 CDS，美国的次级债及衍生品市场的规模就做不大。

次贷危机发生的关键点之二在于评级机构给予结构化票据最高评级等级 AAA，从而使保险公司等机构在不违法的情况下大量买入次级债，最终这些机构被暗藏的风险引爆。

次贷危机发生的关键点之三在于美联储持续的低利率政策刺激了房贷泡沫，结果又不断加息，刺破了房地产价格泡沫，这显示了美国所标榜的货币政策、财政政策等宏观调控政策的局限性。其表现在：平均资本利润是影响扩大再生产的关键变量，如果利息大大低于这个变量，就会促进产业资本的成长，如果利率高于这个变量，就会抑制产业资本的成长。利率的频繁调节，对经济会产生干扰。超低利率，诱发资产泡沫，使经济结构向地产等资金密集型行业转移；超高利率，特别是以短期超高利率来人为调高汇率时，效果仿若毒药一般。以利率手段来调节汇率，没有哪个国家成功过。英国、泰国、俄罗斯、中国香港，都失败了。所以，西方教书上的利率调节汇率手段，往往是美丽的谎言，浪漫的教条。

次贷危机发生的关键点之四是银行与投资银行因为贪婪，自营业务购买了大量次级债及衍生品，雷曼因此破产倒闭。从长远的角度看，这些破产对

市场是有利的。

3. 混业经营不是次贷危机爆发的根本原因

混业经营不是混乱经营。

正是混业经营，美国金融业将自己的产品向全球销售，从而使美国的金融危机被全世界分担了。欧洲损失几万亿美元，中国也损失上万亿元人民币。日本的地产泡沫与股市泡沫破灭后，失去了二十年，没有人为它承担损失。相反，高盛等美国投行还乘机捞了日本一大笔。在次贷危机中，房子作为实物资产就在美国，你也不能带走。这些房子为美国人提供了居住，毕竟其他人可以以便宜的价格买下来，这是美国人的精明之处。美国人，无论是战争，还是援助别人，都像算好了一样，一定要有便宜占。

作为欧债危机的前奏，次贷危机对欧元和欧盟有着深刻的影响。

当次贷危机爆发后，我国国内的改革停滞了。许多人是这样的逻辑：我们学习的榜样，美国，爆发了危机，说明了美国制度存在问题，不值得我们学习。那么，我们为什么要学习它呢？还有一些过热的观点，我们乘机上位吧，将美国干下去。

我们要对美国制度辩证地看待。首先，它的股市历来对新兴产业的培育起着重要作用，包括对 IT，这是我们要学习的地方。美国的纳斯达克孕育了微软、Intel、谷歌等世界一流的高科技"玩家"。而我国的腾讯、阿里等只能到国外上市，因为现有的保荐制依然存在根本弊端，无法让这些公司在国内上市，国内也缺少对这些高科技企业的定价能力。美国股市出了巴菲特那样的大师，索罗斯那样的大鳄可以在国际金融市场上打败一个国家甚至打败一群国家。其次，主权债务不会导致危机的神话需要破除，政府不可承担过多医疗、养老等责任，欧美等福利国家都是被这些沉重的福利压垮的。1997 年，一位中国留学生初到美国，接触到"国债是欠自己的债，没有信用风险"这个观点，十分激动，给当时的朱总理写了一封信，说，我们要发国债，自己欠自己的钱没有关系，你看美国，国债少了还不行！但是，我们认为，事关国债一定要慎重，要提高使用效益和效率，不可浪费。我国的国债是"唐僧肉"，存在着浪费现象。最后，美国的学术自由、学术制度和优厚的待遇吸引了世界一流的科学家到此开展科学研究。美国的学术圈子对学术的评价较为公正，对青年人有一套发现人才和奖励人才的良好机制。美国科研的原创性较强，我国科研大多数情况下，还属于模仿和追赶阶段，在研究范式等方面需要借鉴和学习美国。

混业经营只是美国次贷危机的背景之一，监管套利只是部分原因，不能因为美国的次贷危机就否定混业经营的必要性。同时，混业监管在我国的研究也仿佛是忌讳的话题。混业经营是时代的潮流，这个潮流不能不理。混业监管对我国的监管机构来说是巨大的挑战，因为"一行三会"都是部级单位，如何协调是个难题。现有的国务院牵头的协调会模式只是过渡形式，属于监管机构之间的外部合作，与给混业经营提供充分的监管与服务这个要求还差得远。混业监管要破题，不能无限期地搁置下去。还是那句老话，改革等不起，耗不起。

4. 国外的混业经营在继续，缺点被克服，优点被发扬

美国的混业经营还在持续，在美国看来，次贷危机不能否定混业经营的必要性。高盛在次贷危机中因为保持了对次级债的空头头寸，获利不菲。高盛2006年盈利95亿美元，2007年薪酬支出201亿美元，2009年盈利134亿美元。人们总是以为，美国四大投行全军覆没了，因为2008年9月，高盛转化为银行控股公司。错！逻辑是这样的：高盛销售有毒产品，知道次级债要出问题，进而大举做空获利。在面对销售有毒产品的指控中，高盛赔偿了5.50亿美元，达成了和解。值得一提的是，高盛在参与政府救助AIG中获利129亿美元。

混业经营的优点是效率和实力。高盛变成银行持股公司后，实力更强大了。对于中国金融业要走出国门来说，需要混业经营的人才，需要在国外开展混业经营业务，并通过盈利来扬我国威。

三、股市治理法治化

（一）一些问题的提出

股市治理法制化需要处理我国法治化中的许多问题。实际上，我国要成为法治国家，还有很多理论与实践问题需要回答。

有什么样的法可以依？执法严到什么程度？是否有一套搜集证据的经验和法庭辩论的经验？违法谁来追究？处罚或惩戒的弹性如何对待？

（1）公安、司法、检查、证监会、投资者五者在执法过程中如何互动？各自的职责和权力是什么？（2）行政执行的成本、效益如何？动力何在？机制如何？是否有监督？（3）当国有资本背景的上市公司与投资者利益冲突时，投资者如何维权？（4）地方政府干涉办案，地方上的证监局顶得住吗？

（二）法治是解决目前我国深层次问题的主要思路

只有彻底落实依法治国，才能真正使政府转变职能，才能确保改革全面深化。以法律的形式界定政府与市场的边界，并用法律程序、法律规则矫正政府随时可能出现的越位、缺位和错位，极为重要。

我国政府治理在取得不少实际成绩的同时，在制度上还存在不少缺陷。政府权力过大，对公民权、财产权、市场干预过度。这些微观上的干预，在市场经济条件下，容易形成权力腐败。所以，西方在只有市场失灵的时候，政府才进行干预。

法治与市场经济有着天然的联系。公平的市场需要市场的参与方是大抵势力相当的，否则，就难以保证竞争的公平性和公正性。为什么反对寡头垄断？寡头垄断破坏了市场的结构，市场竞争的威力难以发挥，寡头垄断可能阻碍生产效率的提高。公平竞争是促进效率的，而寡头垄断往往排斥效率。讲法治就是法律面前人人平等，是保护市场的这种均衡。在西方的制度设计中，均衡与分权差不多是一个意思。均衡的原则在外交中广泛应用，分权原则在内政中广泛应用。如英国在西欧的近现代史中一直采取平衡策略，谁是欧洲大陆的弱者，英国就与谁站在一起。在它们看来，没有平衡，就没有民主，没有国际安全。所以，欧洲对美国独大也是悲喜交加的。

我们的计划经济赋予政府极大的权力，因为计划经济假设政府能够吸纳最好的人才，政府能够代表最广大的人民利益，政府拥有最全面和真空的信息。但是，这个假设并不真实。政府由于牵涉复杂的政治协调，行动迟缓，惰性较大，受非经济因素影响较多，科学性难以保证。中国这个几千年来都是人治的国家，人情社会，和为贵，消极看待竞争和创新，不利于经济发展。我国经济列车从计划经济驶上市场经济，取得了举世瞩目的成绩，根本原因还是市场机制在起积极作用。

而要建立成熟的市场经济，必须讲法治。根据我党改革开放近四十年的经验，权力要受到制约，权力要在阳光下运行。权力如何制约？西方的"三权分立"是一种模式，有没有其他模式？我国不能搞"三权分立"，权力制约的模式就得探索，必须探索。权力的制约是重大的政治问题。

以"法"来制约权力是一种思路。某些政府工作人员尝到了权力的甜头，拼命抓住权力，创造权力。一些具体的办事员，当他们与民生打交道时，就要把这个小小的权力放到最大，所谓"县官不如现管"，置民怨于不顾。虽然政府治理通过创新，特别是通过"一站式"服务将相关手续集成在一起，降低老百姓的办事成本，但是，各种官僚主义和烦琐的手续却变本加厉。"证明我妈是我妈"、"搞检查的到企业来总要拿点什么，到书店来，没有钱也要拿些书走。"

我国政府还要继续进行治理改革。它包括增加工资，降低工作人员数量，政府部门职能重新调整，以适应"互联网＋"的时代。"互联网＋"是海量信息、传播快速、高效的时代。互联网必然会继续推动我国的政府治理改革。如果不改革，生产关系和上层建筑就会阻碍生产力的发展。不少地方，"开门招商，关门打狗。"性质十分恶劣。

有一些原则开始得到重视：政府公权行为法无授权即禁止，公民权利行为法不禁止即自由。表现在投资方面，就是负面清单。随着我国市场经济发展到新的水平，这种理念会被广泛接受。

我国进行的司法管理体制改革，推动省以下地方法院、检察院人财物统一管理，探索建立与行政区划适当分离的司法管辖制度，保证国家法律统一正确实施，确保公检法等权力机关依法独立公正行使审判权检察权。

要建设法治中国，必须杜绝选择性办案、法不责众等执行习惯。习近平主席的"大鱼小鱼"都要抓的治腐策略，从法制的角度来说，比"法不责众"等更高明。

（三）法治是影响股市质量的重要因素

1. 法治既不能过严，也不能过松

前者影响金融业的发展，最终影响到实体经济；后者可能诱发金融危机。格林斯潘在次贷危机之后反省，承认缺乏监管的金融市场存在缺陷。次贷危机之前，虽然 2003 年的安然事件导致萨班斯法案的诞生，对于混业经营，特别是对冲基金的监管则过于宽松。2010 年前后，当美国的欧洲盟友法国等强烈要求将对冲基金纳入监管范围时，奥巴马还是不愿意接受。对于监管过严的例子，如英国在南海泡沫破裂之后，轻率地出台了《泡沫法》。这部法律限制了英国股票市场的发展，却促进了大西洋彼岸的美国的证券市场的发展。直到一百多年后，英国反应过来时，已经有些晚了。对于监管过松的例子，如东南亚部分国家不成熟的"放松监管"，资本项目下自由兑换，在索罗斯的攻击之下，最终爆发了亚洲危机。

2. 法治对股市质量有着重要影响

20 世纪 90 年代末以来，公司治理和股市发展的差异及其背后的深层原因引起了经济和金融学家的关注，以哈佛大学 Shleifer 教授等（LLSV 四人组合）为代表的学者对法律系统与股市发展的关系开展了一系列理论和实证分析。他们的基本结论是，股市的发展（好的股市）离不开有效的公司治理，有效的公司治理取决于一国投资者法律保护程度，而一国投资者法律保护程度根源于法系的差异。具体而言，他们发现，普通法系国家的投资者法律保护程度最高，德国和斯堪的纳维亚法系国家的投资者法律保护程度次之，而法国大陆法系国家的投资者法律保护程度最低，由此引起了这些不同法系国家公司治理和股市发展程度的上下之分。

随着全球股市一体化的进展，股市相关法律越来越趋同，不同的法系互相借鉴。因为本国的公司会在国外上市，国外的公司也在本国上市。另外，不同国家股市竞争的结果，好的监管与法律会被大家共同采纳。

3. 我国股市法治的一些想法

对于美国而言，总诉讼成本高企，增加了美国经济运行的成本，这已经成了美国衰落的原因之一。美国打官司的成本很高，赢了官司，破了产。美国总统克林顿因官司欠债 1200 万美元，可见一斑。美国历次股灾之后，或者股市丑闻之后，司法部、证券交易委员会（SEC）都会联合其他权力部门对华尔街的责任人员进行调查，甚至华盛顿的美国国会和参议院也会要求责任人举行听证会，以便为准确量刑提供充分的依据。例如，1991 年巴菲特重仓的所罗门兄弟发生了丑闻。所罗门兄弟当时是美国最大的国债交易商，它采用了未经商量代客户竞标的策略，每次都能够获得最大的国债承额。但是，这样做是违法的，是丑闻。为此，美国财政部、证券交易委员会、司法部采取了相应处罚，并且在不断深挖，以便发现更大的丑闻。巴菲特被迫出面收拾烂摊子，开除了 CEO 古特弗罗因德和交易员保罗·莫舍，并到国会的听证会上作证。这是美国的司法机制。

在我国股市立法层面，受限于《证券法》的规定，证监会对于虚假陈述的行政罚款不能超过人民币 60 万元，这显然不足以震慑潜在的虚假陈述行为人；在投资者权益保护层面，最高人民法院尚未就内幕交易行为人、操纵市场行为人对投资者的民事赔偿责任做出具体司法解释，这导致相关司法实践长期停步不前，甚至违法违规者根本无须考虑民事赔偿问题。

对我国股市执法来说，股民的权益保护从一开始法院就不受理，后来答应受理，但是，附加了前置条件。在此次 7 月份和 8 月的股市动荡中，公安部介入股市案件。由于行政执法的局限性，公安部介入执法提高了威慑力，彰显法律的严肃性。今年股市执法力度空前，截至 9 月 2 日，已经有 60 多家上市公司受到了调查。公安与证监会携手侦查案件，之后交由法院审判。股市执法的这种新模式应该常态化，这种多方协作的股市执法机制适合中国国情，与美国明显不同。在侦查时，需要多部门配合以形成证据，公安部有这个权威。

在股市法治的司法实践中，我们要不断总结新的经验，既包括侦查经验，也包括司法执法和行政执法的经验，还包括立法经验，从而既建立一套适合我国的既有公正性和威慑力，又执行效率高的法治体系。

同时，我们要探索新的法治技术，以提高法治效率，降低成本。为什么不能够从交易系统等海量备份数据和存在各部门的大数据出发，开发新的数据处理模型，以提高股市执法效率。比如说，为什么不能开发出一套自动发现老鼠仓的系统呢？我们有证券交易所的交易数据，证券公司的客户数据，公安部的户籍等信息，以及通讯等数据，这些数据整合难道真的那么难吗？为什么不能够从股价异常入手发现信息披露方面的违法犯罪线索呢？目前我国监管机构在监管信息化方面离现实的需要还有很大距离，还不能够从监管对象的信息化系统中实时抽取数据，利用监管模型来执行监管。

如果这些重要数据在私营机构手里，就会开发出各种交易获利模型。中国人很聪明，市场有的是人才，关键是你要有科学发现、评估和激励人才的机制。至于培养人才，对于技术型人才，还是从市场上发现为上策。

沪深交易所以及中登公司的计算机数据是无价之宝，蕴藏着无尽的财富。监管部门如何利用这些数据？市场上是否可以获得这些数据？是否能够对数据进行除密处理，以便发挥协助监管的作用。对以上数据的处理和分析能力，是监管机构的重要能力。这方面，监管机构恐怕不达标。

如果没有这些计算机化的监管模型的帮助，监管效率难免不高，从而将宝贵的人力束缚在具体的行政事务上。我们的监管机构要强化这样的研发能力，从而提高监管水平，从而为我国金融改革开放的同时，依靠先进的监管技术，保证金融行业的健康发展，即时发现不良苗头。股市治理，要着眼于大制度建设，减少市场对政府行政的依赖，从而将自己的精力集中到最重要的事情上来，真正实现符合时代需求的先进的监管体系。证监会很忙：从证券发行到上市公司治理结构的监管，从券商的市场准入到风险处置，从新产品审批到投资者教育，股市低迷时绞尽脑汁救市，股价大涨时"泼冷水"防止过热，还要"维稳"。这种现实背景下，行政执法容易形成一阵风似的执法，执法的深度、广度、常态性难免不够，严肃性也容易打折扣。

四、股市综合治理

（一）建立相关政府机构的常态协调机制

影响股市的政府主体很多，包括中国人民银行、银监会、保监会、国家发展和改革委员会、财政部、工信部、税务局、国资委，其他部委、各省与自治区直辖市，以及上市公司、公司管理高层、金融中介等。这些主体之间能否良性及时有效地互动，对股市的健康发展有着重要的影响。

而且，随着我国股市地位的提高，政府部门需要协调一致，以提高股市监管的效率。比如货币政策、财政政策、税收政策是常见的影响股市的手段，这意味着中国人民银行、财政部、税务局需要加强协调。股市长期熊市，会影响新企业上市，产业结构的调整，以及消费。长期熊市意味着股市的收入不断地缩水，影响消费。长达几年甚至十几年的慢牛，由于投资者财富收入不断提高，能够增加消费；快牛慢熊由于财富的零和博弈，财富在股民之间的再分配发生了变化，消费总量可能下降。

公安、司法、检察院、人大、证监会需要在股市立法、执法等方面加强协调，甚至需要与地方政府协调。

"一行三会"需要加强监管协调，因为在 IT 广泛应用的背景下，分业经营的弊端越来越明显，越来越与形势发展不适应。这次股市动荡中，P2P、银行理财、信托、保险等等金融机构都会与股灾或者与救灾产生联系。比如不少 P2P 为投资杠杆融资，银行理财资金、信托资金、私募基金等流入股市，使泡沫做得过大。由于"一行三会"的协调力度不够，救市时不能集中力量下猛药，市场信心在股市价格暴跌的残酷现实面前崩溃，并引发了市场恐慌。

建立对内幕消息、老鼠仓、虚假消息等常规执法机制，全国设立少数几个专业受理法庭，通过人大、法院、学者等相关专业人士的探索，对这些违法犯罪的性质、常见手法、根治手段等进行深入的调查研究。由于这些违法犯罪的执法并无多少先例，法院缺少相应的知识与经验储备，所以，需要花很大的精力去把事情的来龙去脉搞清楚，以利于人们形成稳定的预期。在银广厦虚假信息事件中，先后拖了三年，投资者的损失最后以补偿股票的形式得到解决。在地方政府利益、难以预料的不利的法律条文的规定等等面前，一波三折，最后通过协商方式将这个极为典型的案件予以解决。

随着民间财富的不断壮大和智慧的不断提高，老百姓对于法律公正的要求越来越高，习近平主席顺势提出了依法治国的建设规划。面对腐败、环境污染、食品安全、贫富分化、社会道德水准不断下滑、大病医疗等等问题，老百姓既对国家的未来充满希望，也对现实也存在不满。很多问题通过推动改革开放，人们看到了希望，就愿意等待；反之，不满情绪在民间积累就可能引发政治风险。"维稳"之所以受到专家的广泛批评，是因为经济成本高昂，根本矛盾却得不到解决，"越维稳越不稳"。所以，股市执法的法治化既是政治方面的需要，也是当前经济形势的迫切需要。通过常态的协调机制，化解消极因素，聚积正能量。

（二）监管者实质性审查权力的监督与新机制设计

在市场经济条件下，市场运作的某个环节如果权力过大，必然出现问题，甚至可能引起系统崩溃，国内外皆然。比如次贷危机，次级债之所以能够被保险机构购买，就是因为评级机构将衍生的结构性证券评级过高，与风险的实际水平不符。这些评级机构在评级时，收取的是衍生证券发行者的钱。同时，即使评级犯了错误，也难以受到市场足够大的惩罚。美国政府不批准中国的评级机构在美国开展业务，以保持美国评级机构的垄断地位。美国评级机构，主要是标准普尔与穆迪，其评级结果对欧洲也有同等的约束力，处于明显的寡头垄断地位。同样地，证监会的上市评审委员会也对公司上市有实质性决定权，权力过大，相关权力缺乏制约。

股票发行的监管者实质性审查权力与现代金融市场的法治要求存在着一种内在的紧张和矛盾。公权力对金融活动的深度介入形成了一个巨大的无法通过司法的语言和逻辑来解析的"灰色区域"。这种实质性审查权难以受到制约，完全依靠权力实施者的自觉。首先，参加评审会的专家与上市公司的独立董事一样，在我国的权力文化的背景下，并不能起到实质性的制约作用。

如何对这种实质性审查权力进行监督？目前，证监会开出的方案是注册制。但我个人认为，对于轻资产类公司上市采用注册制，对于重资产类，大多是传统行业，或者用现代制造技术改造的传统产业，建议继续采用核准制。

对于几十万亿元的证券市场来说，公司 IPO 的规模动辄上万亿元，这个隐性权力太大了，需要制约。可以公开评审过程，评审材料，并引入行政复议等机制，以便使得审核结果更加公平和可靠。将评审作为全民关注的大事，因为我国现在全民炒股。但是，大多数股民对于如何进行以价值投资理念为导向的投资并没有经验。笔者个人认为，将散户排除在股市之外的想法难以实现，也不是最佳的方法。另外，电视节目上的股评水平较低，专业性不强，电视台的主要精力不应该放在预测股价走势上，而应该放在教散户如何发现信息和有效利用信息方面。关于股市的节目，融合专业性与娱乐性，让真正的投资大家，如巴菲特、罗杰斯、索罗斯等的理论来影响大家，而不是那些冒牌的股评家。之所以提出这些建议，是因为中国的股市无法抛弃散户。

目前，新三板的上市企业就是按照注册制来运行的。但是，新三板的发展还有不少问题需要解决。首先，上交所和证交所的资金通道还没有打通，因而 A 股投资者目前还不能直接投资新三板。其次，公司挂牌的费用大约 170 万元，每年的维护费用约 50 万元，对于企业来说，负担并不轻，挂牌可以由地方政府补贴，但挂牌之后呢？最后，边远地方的挂牌企业难以融到资金。还有其他问题需要解决。

（三）处理好 IPO 发行价格

到底该如何处理好一级市场的股票价格与二级市场的股票价格的关系？这里有两种极端情况，会对机构投资者或者散户的利益构成伤害。这两种情况在我国都不同程度地存在着。一级市场价格比二级市场低太多，则不公平，比如说，中石油股份原始股的成本是 1.33 元/股，社会公众股的发行价是 16.7 元/股，导致社会公众股东的投资回报是原始股东的 1/13。中石油，是中国股民永远的痛。一级市场比二级市场格高也不行，破发，机构投资者的利益受到损害。所以，一级市场的价格比二级市场适当低一些，是比较健康的情况。这本质上是发行人、机构投资者、散户的利益统筹兼顾原则问题，牺牲了任何一方的利益谋求自身利益，这个市场就没有办法再玩下去了。

（四）严厉打击财务造假等行为，鼓励上市公司分红

对于虚假信息历来处分较轻，我国首例虚假信息案件银广厦，历时三年，克服重重阻力，最后以协商的形式将损失换成了股票。在国外，这些案件的处分可以达到退市的程度，而且要追究相关人员的刑事责任，终身禁入等。中国的处分太轻，不但没有威慑力，而且产生负面示范效应，甚至劣币驱逐

良币。那些兴风作浪的人，以钱铺路，因为社会关系的保障，获得了巨大的收益。这些人必然会继续变相地赚取利益，扰乱正常的秩序和制度，导致整体诚信文化信仰的丧失。

由于股市规模巨大，如果市场"玩家"与上市公司串通起来，操纵股价，非法获取的利益可以轻松地过亿。而一个亿的非法收入，在行贿受贿等违法犯罪形式中，可以判处死刑；在股市中，在行政权力干预而不是司法干预的条件下，就存在着强烈的刑责套利行为。市场的反应要比政府快，市场很快就会发现这种获利形式，从而导致市场秩序的混乱。

说我国的股市是投机性股市，一个重要的含义就是法律秩序的弱化，人们在这里犯法而可以受到较小的惩罚，使这里的违法交易盛行。实际上，世界上所有的股市主流都是投机性的，坚守价值投资理念的往往是少数。在我国历次牛市与熊市中，所谓"基金黑幕"，庄家与证券公司、上市公司的价格合谋，等等，人们见怪不怪。也许是基于"水至清则无鱼"的信念，在漫长熊市的时期，证监会对这些违法犯罪睁只眼闭只眼，怕整治行动进一步打压市场行情。

在 2008 年之后，证监会开始重视上市公司的分红，以提升上市公司的股票投资价值。如果人们从股市获得的股息比银行存款利息高，人们就愿意将钱存在股市获得股息，还能获得股价上涨带来的资本利得。当然，分红靠市场自愿。成长型公司需要利润留存，以便降低公司发展过程中的融资成本；公司效益不好的，包括利润周期性波动的公司，也不可能发放红利。

为了保护投资利益，促进现金分红的政策还可以细化，如：把现金分红与上市公司高管收入增加结合起来，与股权激励结合起来，与企业上市结合起来，与上市公司再融资结合起来，把现金分红回报率作为发行人上市的标准之一，等等。

（五）处理好融资与公司发展的关系，完善上市公司治理

上市公司通过自身努力，现金流不断改善，给股东带来丰厚的回报。按照巴菲特的投资理论，尊重股东利益是上市公司的基本义务。对于大股东来说，如果挖空心思掏空上市公司，则损害了中小股东的利益。

公司上市融资之后如果不能创造价值，反而不断从股市"输血"，这样的上市公司应该淘汰。股市如果要健康发展，首先必须有大量优质企业。上市企业的质量不够优良，是我国股市投机性强的原因之一。

上市公司"圈钱"动机强烈。不少公司上市之后，大小非解禁时，疯狂套现，影响市场人气。疯狂套现意味着大股东可能不看好公司未来的发展，意味着创业者对公司的估值要比市场价格低。目前，我国股市的资金供给还难以容纳金融机构、巨型公司的此起彼伏的再融资需求，即使是定增，新股东也获得了比流通股股东多得多的利益。公司定增也"圈钱"，定增股份在解禁时可以卖出。中小板和创业板的上市公司大部分是民营企业，这些上市公司及其控制人是名副其实的"资木家"。相对国有股东而言，民营上市公司的实际控制人对于上市公司及其投资人的损害，可能会更加极端。他们更愿意在股价高企的时候兑现。特别是在股票全流通的背景下，在实业经营环境恶化，金融泡沫膨胀的时候，抛售股票。

"圈钱"还有其他形式，融资担保，利润转移等。由于上市公司是将某些公司的优质资产组成的，母公司可能通过上市公司买入劣质资产的形式将上市公司的潜在利润转移到母公司，弥补母公司的亏损；母公司让上市公司为自己或其他公司担保。

"圈钱"要分成两类。一类是能够创造有吸引力价值的融资，如银行由于巴塞尔协议的需要，在存款规模不断壮大时，需要补充资本，另一类是不能创造有吸引力价值的融资，如通过资产重组激活 ST 企业，通过虚假财务创造账面利润，从市场融资，同时将上市公司的股票向银行质押。

上市公司经营不稳定，公司业绩大起大落、分配方式和分红水平变化无常，并且许多上市公司存在着业绩造假、信息披露不规范的问题，部分大股东存在着控制上市公司和损害上市公司利益的问题，一些公司高管存在着内幕信息披露和违规买卖本公司股票以及操纵市场、利益输送的问题等。这些都是公司治理问题。

完善上市公司治理。上市公司的大股东侵害中小股东权益，或者公司经理人的行为损害中小股东的利益，这种现象通过完善公司内部的股东大会、董事会、监事会等来完成。国外的独立董事制度在我国的应用是一种尝试，一定程度上有利于公司的科学决策。对上市公司的信息披露等还需要加强。

（六）信用是市场经济的基石

信用是市场经济的基石。但是，我国信用领域一直存在乱象。2003 年左右，学者发现某些政府部门不讲信用、某些国有企业不讲信用等现象比较常见，影响了我国商业信用领域的信用文化："要钱没有，要命一条"。今天，随着法治的推进，商业领域以合同等基础的信用得到强化，人们的守法意识加强。

地方政府滥用权力违法剥夺、干涉市场现象一定程度上受到《行政诉讼法》的制约。地方政府不讲信用的可能原因有：新官不理旧账，推倒重来，商人利益无故受损；政府出于地方利益甚至个人利益，侵犯百姓权益，"天高皇帝远"，权力受不到有效制约；由于经济周期等原因，地方政府财政紧张，被迫选择不讲信用；公报私仇，不讲信用；由于行政链条很长，"天高皇帝远"，有些基层被部分人控制。

我国法治已经取得了不小的成绩，特别是公司法等方面，牢牢地树立了信用守法等商业文化。

但是，道德文化的提升落后于法治。碰瓷，假装被车撞了，通过耽误对方时间、威胁对方等手段，捞取不菲的私了费用；老人自动卧倒，谎称是好心扶她的人撞倒的，不但要对方承担到医院的检查费用，还索要一系列费用；陌生网友见面，抢劫强奸案件不断；中学生殴打同学令人发指。

反腐的重大作用之一，就是党风的好转带动民风的好转。如果政府技术骨干的总收入显著低于市场价格，将导致技术人才的大量流失，严重的将影响政府执政能力。建议让"一行三会"实行高于公务员的收入，因为金融监管部门的低收入，会使金融行业的监管风险增加！要建设清正廉洁的政府，有两种选择，一是简政放权，建设低工资的服务型政府，二是裁减人员，高薪养廉。第二种选择更加艰难。

对于建设阳光政府来说，有许多理论问题需要解决。只有在阳光政府的基础之上，才可以建立具有感召力的全球有竞争力的文化。这方面目前有困难，因为社会主义初级阶段的核心思想并没有体现到人们的行为当中来，体现在口头上和理论上的较多。

笔者以为，文化思想建设、阳光政府、中等收入陷阱、经济结构调整、人民币自由兑换、世界新秩序等等问题是紧密联系的问题。今天的困难，在于经济、政治、文化思想紧密相连，而国际上的激烈竞争中，我国也还处于守势。在这样的关键节点，我们争取尽可能有利的国际环境，保持强大的战略定力，在继续改革中解决深层次问题。这是黎明前的黑暗。

（七）切实地有规模地执行退市机制

纽约证券交易所每年有 6% 的公司退市，纳斯达克市场则有 8% 的公司退市，美股近年来甚至出现新上市企业数少于退市企业数的现象。退市有必要性，吐故纳新，淘汰差的，留下好的，股市才能根本上搞好。

被特别处理的 A 股上市公司资产质量好坏与盈利能力高低对其能否争取到保留上市资格无显著影响，需要改变这种现实，要使退市企业达到一定的比率，不能过于宽松。当退市的企业是地方国有企业的话，退市就不近人情，而且不断有人说情。那些被撤销特别处理的公司在成功"摘帽"后，业绩多出现迅速下滑。收到交易所退市警告的美国上市公司，大多会在整改期结束后"成功"退市，少数通过交易所持续审查的公司继续挂牌交易，其经营业绩、资本状况、流动性水平与合法合规性在经过"警告"后也得到明显改观。

我国那些僵死的壳还有价值，所以，这些企业又会"死而复生"，被其他企业兼并重组，从而导致股价多个涨停。这样处理的结果是助长了市场的投机行为。市场是很聪明的，这种错误的行为迅速误导投资者建立错误的投资理念，市场投机氛围会进一步加重，证券市场资源配置效率也将因此降低。

退市的现实威胁，逼着企业切实搞好经营和管理。始终搞不好的，退市，吐故纳新。要建立一套退市的善后办法，如果公司管理人员与股东存在违法犯罪行为，要追究相关人员的法律责任。对于"掏空"上市公司的恶劣行径，一定要摆脱地方政府的"保护"，依法处理。要妥善保护投资者的利益，适当予以照顾，以减少退市的阻力。

五、监管的文化环境

（一）与现代市场经济冲突的传统文化

我国有些传统文化与现代市场经济存在着矛盾。

1. 人情文化、酒文化、礼文化

中国重亲情，同学之情，战友之情，这些感情都可以用来攻关，用来谋取利益。在市场经济条件下，"有权不用过期作废"，是人情进攻中有诱惑力的说辞。

酒是生意谈判重要的润滑剂，生意都要在饭局上签订。在酒精、人情、金钱、权力、美色等的混合作用下，多少曾有廉洁决心的官员的堡垒被攻破。

不只是饭局，在过年过节、朋友聚会等场合，似乎有酒才可畅所欲言。"从酒品看人品"，也是逼迫不擅长喝酒的人喝酒的常见辞令。一定程度上的禁酒，可以保护那些有廉政意识的政府官员。

民间的礼文化很盛。结婚要彩礼，办婚宴，过年登门要送礼，相互走动要有"礼"。这些礼数渐渐地就成了办事送好处的重要形式。因为有礼的掩护，送礼的人觉得不是在行贿，受礼的人也觉得不是受贿。时间长了，混熟了，还真可以办事。此外，以公款送礼也是潜规则。下级送上级，一级送一级。"礼"很隐蔽，不少是公务性或者人情往来。但是，送礼的人的着眼点在于办事。不少事情，不送礼办不成，送了礼，事情就办了。

如果说要建立的市场经济是规则透明，公平竞争的市场经济，则酒文化、礼文化、人情世故则被用来破坏规则。破坏规则可以获利，且付出的代价很小，导致规则逐渐碎块化、隐性化。这些文化既可能增加交易成本，也可能减少交易成本。对于个体来说，交易成本增加了，获利也可能增加。但对于整个系统来说，系统的内耗增加，系统总的纯收益下降了。

中央要求公务员中午不喝酒，力度空前，效果很好，因为这顺应了历史的潮流。大多数干部喝酒并不是出于情愿，只是"人在江湖，身不由己"。

2. 讲排场，好面子

面子工程是中国人讲面子的集中体现。只管形式，不管实质。因为讲面子，如果上级说情，下级多多少少要给点面子。否则，"后面的小鞋有得穿，在官场上就不好混了"。

讲排场在商场与官场上都会有体现。奢华是排场的表现形式之一，一顿饭几十万元，吃饭的人心生感激之情，很多事情就好办了。排场也符合人的心理，它树立了排场组织者的权威，给参与的人心理上产生震撼的感觉。显然，适当的时候与场合，公务中偶尔讲讲排场，有它合理的一面。但是，老是讲排场，付出的代价太高，浪费太大。

3. 盛行潜规则

在中国办事，很多事是否能办成，不取决于显规则，而是取决于潜规则，也就是取决于谁去办，怎么办？各行各业都有潜规则。

潜规则的盛行，说明我国的社会主义仍然处于初级阶段。我国的社会形态还处于过渡阶段，还不成熟，不少新制度要建立起来，不少旧文化要消失。

随着我国各项改革措施的推进，传统文化的副作用被控制在可以接受的范围内。如街道为民办事窗口集成了，房地产买卖的政府办事窗口也集成了，投资手续等窗口也集成了。这些制度创新对我国经济发展的辉煌成就起了重要作用。但是，整个社会的文化还没有改变，"标"改变了，"本"没变。打个比方，人的显意识要做好事，理性要求这么做，可是潜意识里却想去干坏事，人的本能发挥作用。潜意识与显意识的矛盾，导致人的痛苦，并使未来的行为难以预测。他可能既干好事，同时也干坏事。举这个例子是想说明，只有组织制度等的改变还不够，还得有相应的文化思想的改变。也就是说，政治、思想文化与经济内在地协调一致的社会，才是成熟的社会。举个反面的例子，元朝与清朝统治中国很多年，最后被中华文化同化了。这是文化的威力。日本用武力妄图征服中国，从1895年的甲午海战征服中国乃至征服亚洲的野心就逐渐暴露，辛苦经营五十年，最终还是被代表了先进文化的中国共产党给顶住了，日本在持久战争的消耗中最终走向灭亡。这些都是先进文化的作用。

我国经济改革取得了举世瞩目的成就，但是，在文化的先进性方面并没有主导权。典型的表现就是社会道德没有底线。道德低水准是对我国现有物质文明的威胁，也是中国和平崛起这盘大棋需要考虑的，需要系统性地逐步推进，但又急不得的。

我们说"党是先进文化的代表"，但是，"先进文化"被停留在了口头上、文件上、形式上。现实中，"先进文化"，这颗高贵的种子，却无法找到自己的土壤，没有信徒。系统性地反腐，有利于"先进文化"落地生根。

（二）监管过度与监管不足

监管过度与监管不足都会导致金融危机。监管不足，如监管知识、技术、能力、经验等不足，在金融自由化中，让金融成为脱缰的野马，骑马的人必然从马上摔下来。监管过度，众多的市场主体被束住了手脚，整个金融系统消极、被动地面对全球化，最终可能带来整个系统的彻底崩溃，后果更加严重。监管过度，改革滞后，导致整个金融系统逐渐丧失创新能力。

但是，"金融自由化"，和以"放松监管"为标志的监管制度变革，给金融业带来的并不仅仅是福音，还有混乱。1974年，西德的赫斯塔特银行倒闭；1991年，在卢森堡注册的国际商业信贷银行倒闭；1995年，英国巴林银行倒闭；1997年，东南亚金融危机；1997年10月至1998年8月，俄罗斯接连多次发生金融危机；2008年，美国次贷危机。这些危机促使人们反思那种单纯以"金融自由化"为导向的监管法制变革。

在一些金融监管政策放宽的同时，也就是分业监管放宽的同时，要在监管的实质和监管机构的混业监管能力方面予以增强，形成一套混业监管的方法和理论，并对金融监管法规进行调整。格林斯潘在反思美联储的过失时，其中一条是，"美联储放松了金融监管，以为华尔街作为全球最发达的市场，应该具有完善的风险管理能力"。

我国推进混业监管，需要加强混业监管的能力建设，并建立一套与新的监管思想相适应的方法和理论，而不是放任不管。混业监管是监管的高级形式，它比分业监管更强调功能性监管。

我国在 2005 年之后，在利率改革、混业监管改革、混业经营、互联网金融以及含信用评级等的金融基础设施建设方面停滞不前。但在汇率、第三方支付等方面做出了一些成绩。对于证券市场建设来说，证监会推出了一些改革措施，值得肯定。但是，股市治理仅靠证监会一家，难以治本。股市治理需要跨证监会系统予以推进，需要制度创新。

金融监管需要在过度监管与监管不足之间寻找平衡。但是，随着经济全球化的推进，全球金融的发展趋势是监管放松的。在金融监管不足之后，金融监管再严一点，但并不是重新拾取监管过度的老办法。金融监管放松，包括对市场准入、价格、资本流动和分业经营的监管放松。我们在这些方面可以做很多工作，对于改革的具体顺序，具体方案，金融监管机构要有事先的研究。形成多套方案，甚至可以是互相矛盾的方案，以备科学决策。成功偏爱于提前做好准备的人。

金融改革以及金融监管改革，由于技术性较强，各种表象错综复杂，需要具有辩证唯物主义思想的专业人才统领改革，系统推进。混业监管，刻不容缓。

（三）注册制与集团诉讼

不能泛泛地说注册制一定好，这也是教条主义的思维方法。任何一个真理都是具体的，有条件的，乱套公式只能带来意想不到的后果。不断完善以新股发行法律责任体系及诚信监管制度为代表的法律基础制度，才能推动改革朝着以信息披露为中心的市场化方向迈进。

注册制以美国《1993 年证券法》为代表，强调信息的完全公开原则，以强制性的信息披露为基础和核心。在这种制度下，主管机构只对发行人申报信息资料进行形式审查，从形式和程序上保证信息的公开和全面，从而维护良好的市场选择环境。注册制比起核准制更倚重于事后法律责任追究和惩戒机制来保障信息披露的真实、准确，又由于民事责任所具有的补偿功能，能够恢复投资者的财产损失，维护其对证券市场的信心。

那么，如何维护众多的股票散户投资者的利益，又能降低司法成本呢？国外的制度也是不断演进的。我国的相关法规规定，投资者只能采取单独或者共同诉讼的方式，排除了对集团诉讼、团体诉讼等其他诉讼方式，因而无法克服我国中小投资者因人数众多、力量分散而进行集体行动时遭遇的困境，削弱了我国虚假陈述民事赔偿诉讼制度的补偿和惩罚的功能。

集团诉讼是指一个或者数个代表人，为了集团全体成员共同的利益，经法院许可，代表所有成员进行的诉讼。美国市场上的证券集团诉讼通过"声明退出"和风险代理收费规则，有效地捍卫了广大中小投资者的合法权益。

《联邦民事诉讼规则》23（a）规定了集团诉讼的4个先决条件：（1）人数众多，以至于全体成员的合并是不可能的；（2）集团成员间存在共同的法律或事实问题；（3）集团代表的请求或抗辩在集团成员中具有代表性；（4）集团代表能够公平和充分的维护集团成员的利益。在法院许可集团案件的诉讼请求后，应向集团成员发布通知，在"声明退出"的规则下，集团诉讼所涉及成员在规定时间内明确表示不参加该诉讼的，不受诉讼裁判的拘束；而没有明示退出的当事人则自动成为集团成员，可以通过律师要求参加庭审，诉讼结果对其发生效力。23（h）还许可法院在经当事人申请后判决支付合理的律师费。

美国的集团诉讼也有弊端。律师有时发起无谓的官司，死缠烂打，想方设法捞取自身的好处。诉讼中所实行风险代理收费，即胜诉酬金制虽唤起了律师积极性，为当事人提供了"末端保障"，也滋生了集团诉讼律师与被告公司管理层通过和解敛财，侵害当事人及滥诉不断的弊端。

对此，美国1995年《私人证券诉讼改革法》和1998年的《证券诉讼统一标准法》对集团诉讼制度进行了一系列的限制性改革。《私人证券诉讼改革法》对集团诉讼规则进行了较为实质的修改，显著增加了原告和集团律师的诉讼成本及风险：（1）修改了首席原告的产生规则，由先到先占到最大利益关系，规定其只能获得与其持股比例对应份额的赔偿，且任何人（机构投资者除外）3年内担任首席原告的次数不得超过5次；（2）赋予法院在首席律师选任上的决定权，对律师收费的比率作出了限定，加强了对律师发起滥诉的处罚；（3）提高了原告的起诉证明义务；（4）通过取消惩罚性赔偿规则的适用，为预测性、前瞻性的信息披露提供"安全港原则"等手段降低了被告的诉讼成本；（5）强化审计师的外部监督。《证券诉讼统一标准法》的出台扩大了《私人证券诉讼改革法》的适用范围，旨在避免原告律师通过转向州法院起诉或者申请仲裁等手段来规避该法的规定。

我国的股市治理需要中央政府牵头，需要中央政府花费一定的精力去构建适合我国国情的股市制度。中国的股市发展到今天，已经到了这个关键节点，不能再拖。否则，整个经济系统的进化都会受到严重的影响。

六、结论

对于 2015 年 7 月和 8 月的股市动荡，网上和微信朋友圈内散布着不同的观点，譬如：裸卖空是股灾开始的推手；股指期货需要关闭；政府在半山腰救市，骑虎难下；3500 是政策底；政府失信于股民，因为相信政府救市，被深套；改革是重振牛市的正确方法，降息、财政刺激都只能短期有效；担心政府官员的西方教条主义者，在国外待了一段时间，被洗脑，在中国运用时不能调查研究，不接地气，犯"王明"那样的错误。

本研究集中笔墨，就价值投资理论以及中国股市治理的一些问题展开深入研究。由于这方面的期刊文献并不多，没有见到特别能打动人的观点与论述。本文主要基于自己多年的股市与期市投资经验，以及理论方面的不断探索，出于对"中国梦"的信心，写作此书。

中国股市的健康发展依赖于继续深化改革，不只是股市治理，也包括全面推进改革开放。我们都抱着中华民族崛起的伟大梦想，股市治理是我国从经济大国向经济强国迈进时，必须跨过去的门槛。我们担心，在当前股灾的情况下，我们的传统文化由于避险偏好，可能使改革停滞不前。改革是一场革命，危机是危中有机，几十年来积累的深层次的问题必须在改革中，通过制度创新和技术创新来释放被扭曲和束缚的生产力。这次牛市憧憬主要是改革牛，没有改革就没有牛市。

1. 建立跨部委股市治理高级协作机制，把股市治理当做深化改革的重头戏来抓

有人在股灾时，献计说回归实体经济，放弃股市。这种开改革倒车的提法是错误的，短视的。股市是中国经济主要盈利企业的集中交易场所，它与各个部委、地方政府都有深刻的联系。如果只是由证监会来管交易，实力不

够，影响有限。对于金融行业来说，"一行三会"的混业监管是必要的，要推动混业监管改革。这次股市动荡中，政府的反应慢，没有危机应对预案，应对存在失误，专业水平有限。似乎政府根本没有想过会发生股灾。政府在为股市价格上涨时，推波助澜，竟然没有想到过有发生股灾的可能性。我们推进股市治理的改革，第一重要的是人才。人才是无价之宝。

2. 坚持股市法治治理，从严监管

如果要实行注册制的话，在上市公司虚假陈述等的民事赔偿中，散户投资者在现有法律体系下，处于非常不利的地位。如果不修改法律，注册制可能带来意想不到的消极后果。在推动改革时，借鉴国外先进经验时，不但要知其然，还要知其所以然。治学不严谨，半瓶子醋，为改革而改革，后果将不堪设想。

既然沪深交易所和中登公司拥有全部交易数据和客户数据，证监会要开发一些监管模型，结合公安部等部委的权威信息，打击潜伏在股市里的各种违法犯罪活动。降低执法成本，扩大执法覆盖面，提供充实证据，提高执法效率。这些数据是无价之宝，要充分挖掘其价值。所谓大数据，需要对拥有的数据进行处理，把分散的无规则的信息转变成有规则的有商业价值的信息。对于沪深交易所和中登公司的数据，除密处理后，可以供相关人员进行研究。让信息公开，使这座金矿能生产出更多的金子。

推动上市公司科学治理，打击损害中小股东的大股东自利行为。要从重处罚自然人，不但行政处罚，还要进行刑事处罚。要有监管软件，能够事先发现恶意"圈钱"的大股东，这些股东可能会玩失踪，需要提前预警。

从严退市，妥善处理退市新政带来的挑战，为退市处理提供一些保护中小投资者的方案。通过淘汰差的企业，引进新的优秀的企业，从而提高资金配置效率。如果我们退市100家，再上市100家，中小股东的利益得到了适当保护，则约100家新企业IPO，给市场带来的资金压力就几乎不存在，因为市场没有扩容。

3. 发展具有价值投资能力的机构投资者，建立和完善价值投资协会与相关配套设施

如果机构投资者价值投资素养达不到，最多就是个大散户。共同基金那帮人水平如何，在历次熊市中的表现都有记载。不能迷信机构投资者，机构投资者的能力有限！民间有不少散户股市投资做得好，还比较低调。那些高调的，说从来不赔钱的，有100倍投资回报的，百分之百是骗子。

4. 调整股市结构，让股市成为优秀企业的蓄水池

一是调整国有资本配置过于集中于传统产业的布局，如煤炭、有色、钢铁、水泥等，不少都是夕阳产业，高污染高能耗，要向高科技企业倾斜。二是将战略新兴产业板块、新三板等继续做实做好，探索基于价值投资的投资机制。三是严格退市标准，把退市当做股市治理的重要内容，适当保护投资者的利益。四是对于高科技企业，推行注册制，发挥市场自身供求调节。五是完善股市生态，培养行业智库，提高机构创新能力。推动证券媒体之间、投资机构之间的竞争与协作。

5. 不拘一格地使用人才

翻开历史，干大事第一紧要的是用人。商鞅变法成功，秦孝公用人得当；秦始皇统一全国，善于用人；王安石变法失败，用人不当；康熙十三岁时除鳌拜，用人得当。

这次股灾既有内因，也有外因。内因是泡沫过大，经济下行压力大，股市治理存在问题，做空成本低；外因是全球金融危机的阴影仍然存在，部分机构利用我国股市的弱点拼命做空，狂杀股市；而配资清理是股市暴跌的导火索。

第九章 2015 股市动荡与救市概述

6月26日至7月8日的第一轮股灾在民间引起广泛讨论，阴谋论、救国论、制度缺陷论、政府不干预论，等等。做空的主力估计是内资，说外资直接做空中国，需要提供证据，不能仅凭臆测。外资通过 RQFII、沪港通和地下钱庄等狭窄渠道来有做空 70 万亿元市值的 A 股，是有难度的。但是，在我国股市大跌前，美国一些投资大佬隔空喊话，说中国出现了史上难遇的做空机会。这些语言对我国股市必然产生一定的影响。

一、股市形态百年难遇

（一）波浪形态第一波下跌：6月15日—7月9日

细细数来，下跌过程中有五波震荡小浪。从6月15日开始下跌，7月9日创出3537的阶段低点。18个交易日，从最高5362，降到最低3612，跌幅1750，约33%。

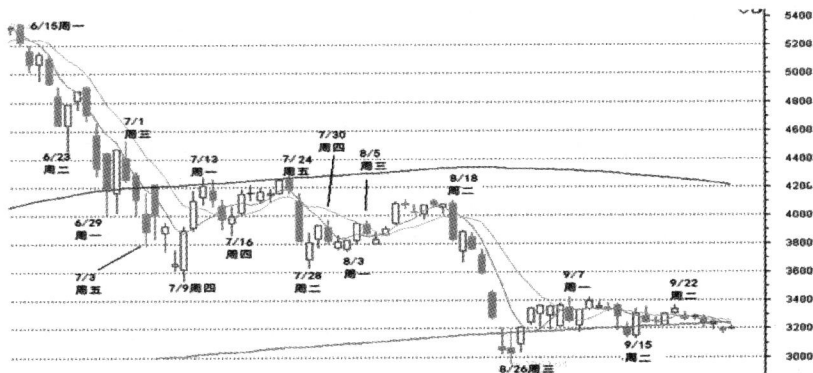

图 9 - 1 沪深 300 指数下跌 K 线图（6月15日—9月30日）

第一次波下跌 6 月 15 日—6 月 17 日，第一次波反弹 6 月 17 日—6 月 18 日（周四）。

第二次波下跌 6 月 18 日—6 月 22 日（周一），第二次波反弹 6 月 23 日—6 月 25 日（周四）。

第三次波下跌 6 月 25 日—6 月 29 日（周一），第三次波反弹 6 月 29 日—7 月 1 日（周三）。

第四次波下跌 7 月 1 日—7 月 3 日（周五），第四次波反弹 7 月 3 日—7 月 6 日（周一）。

第五次波下跌 7 月 6 日—7 月 9 日（周四），第五次波反弹 7 月 9 日—7 月 13 日。

这段下跌与反弹主要有以下特点：（1）跌三天涨二天，或者跌四天涨三天。（2）分簇。6 月 15 日，最高 5362，最低 5207；6 月 16 日—6 月 18 日，最高 5204，最低 4926；6 月 19 日与 6 月 23 日—6 月 25 日，最高 4920，最低 4455；6 月 28 日—6 月 30 日—7 月 2 日，最高 4650，最低 4000。

（二）7 月 6 日至 7 月 10 日，涨停、跌停、停牌三种形态的股票

星期一（7 月 6 日）政府大规模救市，开盘千股涨停，收盘千股跌停。
星期二开盘，千股跌停，晚间千股停牌。
星期三开盘，市场只有两种股票：停牌和跌停。
星期四收盘，市场只有两种股票：停牌和涨停。
星期五开盘，市场只有两种股票：停牌和涨停。

这种形态是本书写作的重要动因。它突出了该事件在中国历史上的地位，对该事件进行客观的整理分析，提出有价值的建议，是本书的目的。

（三）第一波震荡

波峰与波谷都不规则，从图 9-1 上看，大致波动区间是 4300 到 3600 之间。

反弹第一上升次浪：7 月 9 日—7 月 13 日，最高 4278，最低 3537，振幅 741，约 21%。

反弹第一下跌次浪：7 月 13 日—7 月 16 日，最高 4278，最低 3856，振幅 422，约 10%。

反弹第二上升次浪：7 月 16 日—7 月 24 日，最低 3856，最高 4299，振幅

443，约 11%。

反弹第二下跌次浪：7 月 24 日—7 月 28 日，最高 4299，最低 3627，振幅 672，约 16%。

反弹第三上升次浪：7 月 28 日—8 月 18 日。这里又含四个小波峰和四个小波谷，最高 4113，最低 3627，振幅 11%。

7 月 24 日的波峰比 7 月 13 日的波峰略高 21 点，都位于半年均线上。冲出新高的力度不够，最终暴跌，寻找支撑。7 月 9 日与 7 月 28 日作为支撑线，分别为 3537 与 3627。

（四）第二波下跌

8 月 18 日（周二）—8 月 26 日（周三），共 7 个交易日，从最高点 4103 下降到 2950 点，下跌 1153 点，约 28%。这波下跌更加凶猛，多个跌停，多个跳空，多方毫无还手之力，完全是空方表演。

（五）第二波震荡

有四个波谷和四个波峰。波峰波谷在年线、五日均线、十日均线之间震荡，最终三条线逐渐黏合在一起，振幅越来越窄。

反弹第一上升浪：8 月 26 日—9 月 7 日，从 2952 到 3422，振幅 470，约上升 16%。从 8 月 28 日—9 月 8 日，在年线上方整齐排列，欲上攻。9 月 7 日上冲，但收阴线。

反弹第一下跌浪：9 月 7 日—9 月 8 日，从 3422 到 3170，振幅 252。

反弹第二上升浪：9 月 8 日—9 月 9 日。9 月 8 日继续上冲，收阳线于五日均线。从 3170 至 3426，振幅 256，约 8%。

反弹第二下跌浪：9 月 9 日—9 月 15 日。从 3416 下降到 3131，跌 85 点。

反弹第三上升浪：9 月 15 日—9 月 16 日。9 月 16 日，这根大阳线创出了这期间的最低价和最高价，类似于孕线。最低 3131，最高 3345，振幅 214，约 7%。

反弹第三下跌浪：9 月 16 日—9 月 21 日。

反弹第四上升浪：9 月 21 日—9 月 22 日。

反弹第四下跌浪：9 月 22 日—9 月 30 日。

（六）总结

1. 半年线是压制线。7 月 13 日、7 月 15 日、7 月 24 日、7 月 23 日都在此处受到压制，虽勉力支撑，最终还是下跌。

2. 年线是支撑线。先突破年线，后又回到年线之上，多次在此处反弹收阳线。

3. 4000、3600 都是支撑线。6 月 29 日、6 月 30 日、7 月 2 日、7 月 17 日等在 4000 支撑，7 月 9 日、7 月 28 日、8 月 21 日在此支撑。

二、股市动荡的发生机制

（一）股市动荡的发生机制

1. 股市需要调整、整固。股市从 2014 年 7 月 20 日的 2000 点左右涨到约 5200 点，一直没有真正地调整过。进而，这种市场自发的越来越强大的做空力量，被人为操纵和放大了，演变成了股灾。

2. 有一股强大的势力，利用股市调整的下跌势能，从股指期货获取暴利，并用盈利资金打压股市，使股指期货与股指一泻千里。

3. 股市、债市在面临系统性的抛压时，是脆弱的，其脆弱性与银行挤兑时银行的脆弱性是一样的。即使美国，在股市发展过程中，也是股灾不断。

4. 国际宏观经济形势不明朗。原油、铜等大宗商品的价格不断下降，欧债危机，巴西、俄罗斯经济疲软，东海、南海领土争端，都增加了经济发展的不确定性。在此背景下，股市在一年的时间内涨到了 260%，风险较大。

5. 融资加杠杆。证监会估计有 5000 亿元，但其实可能有 3 万亿元。这些配资在股市下跌到一定幅度时，股票需要强平。当股市全线跌停时，无法卖出股票，流动性瘫痪。

以 A 股的股指期货"中证 500 指数"为例。中证 500 指数是专门针对创业板和中小板设立的期货指数。（1）股指期货做空，T+0 交易，上午开空单，下午就可以结清赚钱，一元钱就变成了两元钱。（2）空头每天在股票现货市场，把上证 300 和中证 500 等标的股票不计成本地往跌停上砸。（3）标的股票的融资盘（包括配资盘）踩踏卖出。（4）临近收盘用做空期指赚的钱，在股票现货市场跌停板买入大量筹码。（5）第二天开盘，继续做空中证500 期指赚钱。（6）用前一天跌停板上买入的筹码，继续砸盘，往跌停上砸，逼迫更多融资盘平仓出来。（7）周而复始运作。

（二）杠杆与股灾

大盘下跌 20%，个股普遍跌幅 30%，假设部分杠杆资金没有满仓，或者之前已经有部分盈利，20% 的亏损也足以让 1∶4 的配资亏损，强平清零。1∶4，即 100 配 400，共 500，跌 20% 刚好亏完。1∶3 的配资也到了平仓线。100 配 300，共 400，跌 20%，亏 80，剩下 320，低于 91 折的平仓线，第二天将要被强平。1∶2 的配资，100 配 200，跌 20%，亏 60，剩下 240，已经到了预警线。这部分资金到了第三天要追加保证金，否则，第四天就会被强平。这些情形强化了配资的严重性：（1）配资账户的利率很高，所以往往选择满仓；（2）配资公司会强平客户账户，否则，它们的账户就会被信托公司强平；（3）客户不可能找到保证金，一天时间哪儿去找；（4）在大盘下跌的时候，也很少有人买入，特别是股市泡沫较严重的时候。随着股市的继续下跌，那些较早进入并有盈利的配资者也将陆续出局。实际上，很多中小企业的跌幅超过70%，凡在高位配资的，由于流动性危机，基本都被强平了。

场外配资形成的杠杆资金规模庞大，且异常敏感，助涨助跌明显。两融杠杆一般为 1∶1，而场外配资目前行情下一般为 1∶3，正常情况一般都是 1∶5，5 月份行情疯狂时甚至很多高达 1∶10，而且配资客户的门槛非常低，10 万元甚至几万元就可以参与配资了。你手里有 10 万元的资金，找到一家配资网站，1 个多小时就能完成从开户到交易的整个流程，然后参与股市的资金量就可以轻松达到 50 万元（按 1∶4 杠杆），股票一个涨停板获得的收益就将近 5 万元。复利式配资的结果就成了（10＋5）×15＝75 万元。一个投资者从 70 万元开始 1∶5 配资炒股，没两个月，本金就从 70 万元到 1000 万元了。暴跌前，他的股票市值经配资后，都是 5000 万元了。结果，两个暴跌，他的本金包括最初的 70 万元，就全部打水漂。也就是说，在 10% 的下跌幅度下，个股面临的不仅仅是 5 万元市值蒸发，而是由此引发的 50 多万元资金快速抽离的可能性，而且股票跌得越凶，诱发的平仓盘就越多，抽离的资金规模就越发庞大，进一步助推个股的下跌，这是一个恶性循环。

三、股灾的逃生机会分析

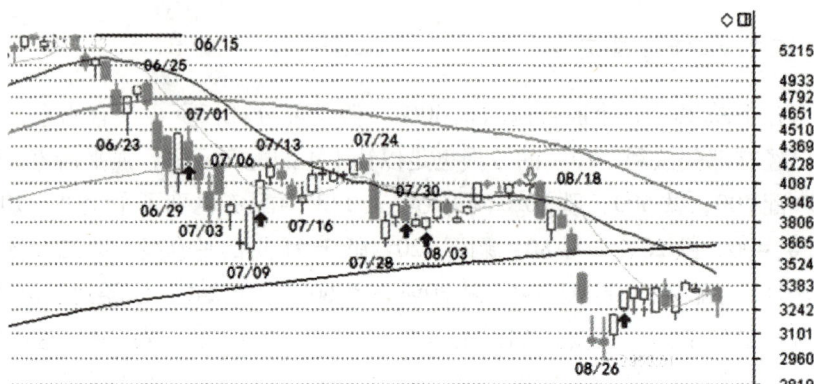

图 9 - 2　股市暴跌逃跑机会分析图

　　股市的凶险在这次股灾中表现得淋漓尽致。在大跌之前，逃跑的机会是十分有限的。每一次反弹都是你逃跑的机会，反弹一到二天，接着大跌三天，一直就这样走低。在这个过程中，多少人的梦碎了。第一次大跌时，以为是深度调整，耐心持有，并期待着它尽快地反弹，尽快超过前期最高点。如图 9 - 2，在从 6 月 15 日到 7 月 9 日的下跌过程中，有几次反弹。6 月 23 日是第二个低点，在 60 日均线之处获得支撑；6 月 25 日是第二个逃跑机会。之后，暴跌至 6 月 29 日，7 月 1 日是第三个逃跑机会。7 月 3 日是第四次新低，7 月 6 日是第四次逃跑机会。7 月 9 日是第五次新低，7 月 13 日是逃跑的机会。7 月 16 日不是新低，但是，由于并非是市场力量作用的结果，并不能判断持续一个多月（7 月 19 日到 8 月 18 日）的震荡就意味着市场的低点。若这一个多月的 K 线形态是市场力量自发作用的结果，则基本就可以判断市场低部已经出现了。7 月 13 日反弹至 120 日均线，第六次逃跑机会；7 月 16 日，在 10 日均线处有所支撑，又反弹至 120 均线，7 月 24 日是第七次逃跑机会；7 月 28 日是局部低点，7 月 30 日是第八次逃跑机会。8 月 3 日之后，经过小三浪，在 8 月 18 日是第九次逃跑机会。K 线在政府和市场多头的作用下，始终无法超越 20 日均线远一点。在一个月的反弹中，表面上看像筑底，但是，由于其幅度 4299 - 3537 = 762，始终未超越总体下跌幅度 5362 - 3537 = 1825 的二分之一，底部并未探明。在 8

月 26 日之后的反弹中，K 线形态相对简单，但反弹的力度也不够大。底部仍在探明的过程中。在底部被探明之前，新的大规模资金是不太敢大举进入的。

四、第一轮救市对策回顾

1. 6 月 27 日，降准 + 降息。

2. 6 月 30 日，央行 500 亿元逆回购。

当李克强总理在法国访问（6 月 30 日至 7 月 2 日）的时候，国内金融监管机构救市无法形成有威慑力的合力，在与空方对阵中，节节败退，空方越发疯狂和得意，确定了更加疯狂的做空目标。

3. 7 月 1 日，下调交易手续费、过户费，放宽融资担保比例，允许两融展期。

4. 7 月 2 日，放松两融保证金比例。

5. 7 月 6 日，央行给予证金公司无限流动性支持；证监会暂缓 IPO；汇金确认入市；21 家证券公司投资 1200 亿元购买蓝筹股 ETF。

7. 7 月 7 日，中金所限制 IC 日内单向开仓 1200 手。

8. 7 月 8 日，中金所：提高中证 500 期指卖空保证金比例至 30%；保监会：提高保险资金投资蓝筹股票监管比例至 40%；国资委：要求央企不减持；证金公司：向 21 家券商提供 2600 亿元信用额度，申购 5 家公募基金主动型基金共 2000 亿元；证监会：6 个月内高管不得通过二级市场减持。

9. 7 月 9 日，证监会：近六个月减持的股东应主动增持，减持 5 亿元以下的增持不低于减持金额的 10%；减持超过 5 亿元的增持不低于减持金额的 20%。公安部：公安部会同证监会排查近期恶意卖空股票与股指线索；保监会：保险资管可与券商商定两融债券还款期限；国资委：要求每天报送国企二级市场增持情况。

10. 7 月 10 日，证监会：要求上市公司"五选一"（大股东增持、回购股票、董监高增持、股权激励、员工持股计划）。

这些手段使股市于 7 月 9 日与 10 日出现千股涨停。

这次股市动荡是一次危机。有几个问题一直存在争议：（1）"政策市"对不对？"国家牛"是否行得通？（2）股市能否像房地产那样成为财富创造机器，成为财富蓄水池？（3）股市如何治理？对这些问题的分析散布在本书的不同章节。

　　针对股市如何治理这个问题，我们用综合镜子般的历史史实与价值投资等理论，为我国的股市治理和投资提供建议。

第十章　2015 股市动荡沪深 300 期货主力分时图与 K 线分析

一、9 月 30 日前的沪深 300 指数 K 线图全貌

图 10 - 1　沪深 300 期货主力 K 线图（9 月 30 日，周三）

从散户抢底被套的阶段看，6 月 15 日后，下跌分为：第一次下跌从 5400 下跌到 4500，有一批人进货被套；第二次下跌从 4500 下跌到 4000，国家开始发声救市；第三以下跌从 4000 下跌到 3500 左右；第四次下跌从 4000 下跌到 3000 左右。

二、5 月 28 日—6 月 15 日的顶部形态分析

结合图 10 - 2 与图 10 - 3，数字 5400 点下方的绿线柱日期是 5 月 28 日，其下跌幅度达到 8%。这是 K 线下破 5 日均线直接到 10 均线，向市场发出了清晰的做空信号。5 月 29 日的小绿线体在 30 日均线处获得支撑，见图 10 - 2。

图 10 – 2　沪深 300 指数期货主力 K 线图

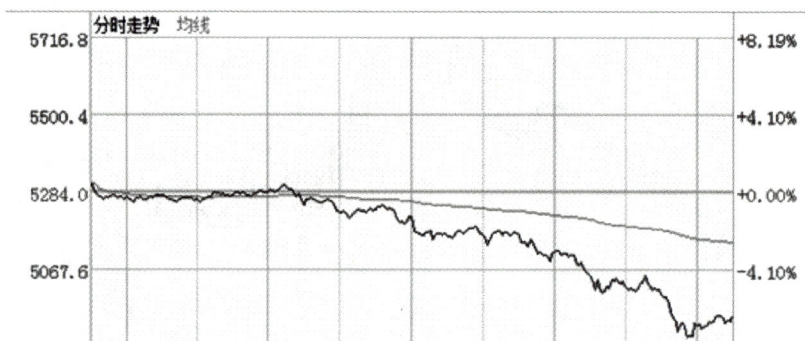

图 10 – 3　沪深 300 指数期货主力分时图（5 月 28 日）

6 月 1 日一根大红线将指数从 10 日均线下直接拉回到 5 日均线上方，说明多头护盘决心坚决。6 月 4 日的长下影线再次预示前景不妙，它下影线极长，幅度达到 12％，创新低，并刺破 30 日均线，空头坚决大胆，多头护盘决心也很坚决。如果这个时期，没有重大利空，在市场震荡的过程中，出台有分量的利多，指数有能高位震荡下行，而不是后来的一泻千里。

　　这里面的问题：期货的空头与多头的公开数据已经显示，市场空方势力强大，这种背景下，为什么证监会还出台重大利空消息？从证监会发出信息，以及打着证监会的旗号发出的信息，很乱，有意扰乱市场，以牟取利益。既然如此，证监会需要每天专门开新闻发布会，以正规渠道发布重要信息，规避谣言，同时，也能从记者的提问中，获得市场反馈信息。

　　从 5 月 19 日到 5 月 28 日，大约一周时间，股市呈现有规则的上涨，从沪

深 300 主力 4543 点上涨到 5370 点，上涨 18%，不可谓不疯狂。从图 10 - 1
可以看出这种有规则的上涨。原因是什么呢？一是自动配资，当股市上涨时，
配资金额不断翻倍。二是市场已经到了最后的一浪，疯狂浪。这二者都不是
好消息。

图 10 - 3 中，指数快速下降，幅度达到 8%。这一跌，跌到了五日无线。

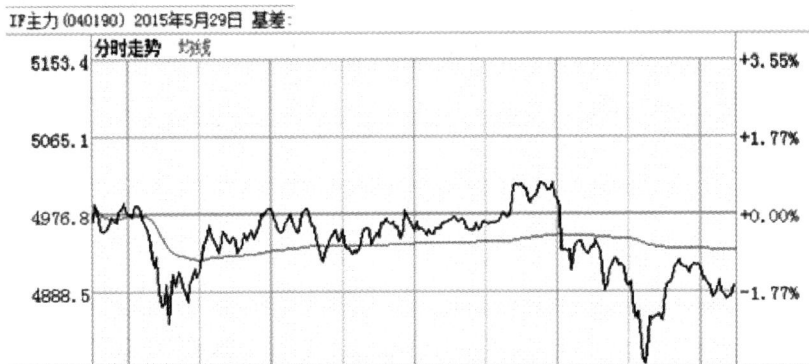

图 10 - 4 沪深 300 指数期货主力分时图（5 月 29 日）

5 月 29 日股指跌 100 点，空头有一定优势，直接杀过 4900 点。反弹后，
市场较为谨慎，围绕均线窄幅波动，小心翼翼，一度上冲 5000 点。下午 2 点
之后，新一轮做空，直接杀到 10 日均线，后反弹接近当日均线。在货币政策
这方面，李克强总理强调稳健的货币政策，市场传言央行正回购 1000 亿元。

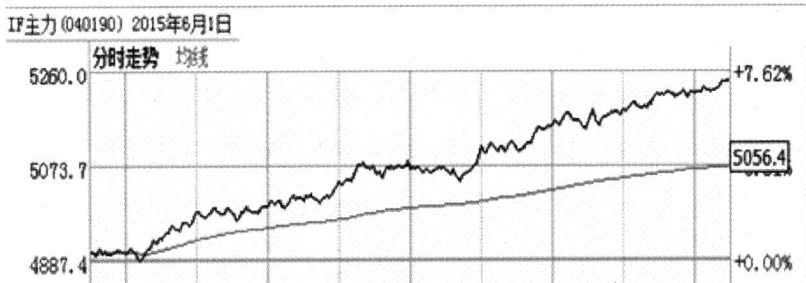

图 10 - 5 沪深 300 指数期货主力分时图（6 月 1 日）

如果 5 月 28 日与 5 月 29 日都是月末行情整理的话，6 月 1 日的高开反映
了市场行情仍然看"多"。证监会希望股市下跌，可以理解。下文，我们指出
证监会的思维方式应该与普通投资者不一样，需要提前看几步，就像下棋，

思维要有超前量。也就是说，证监会最好采取逆周期调节的方式。

6 月 1 日行情非常强势，上涨的阻力很小，连一次像样的下跌都没有。这些信息都使人们坚信牛市稳固，市场大多数分析人士认为行情会持续向上。

但是，6 月 4 日，股指再一次严重下跌，13:05 瞬时跌停，但又被巨量资金拉起，可参见 K 线图，一根长下影线直接下穿 30 日均线。13:05 之后的反弹，态势良好，基本上是窄幅震荡直线上行（见图 10 - 6）。图 10 - 6 使人们再次坚信牛市的资金基础牢固，实际上起到了麻痹散户的效果。

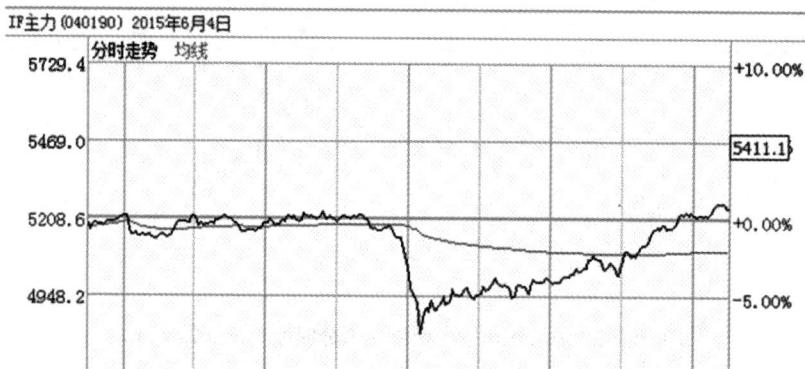

图 10 - 6　沪深 300 指数期货主力分时图（6 月 4 日）

5 月 28 日与 6 月 4 日的日间巨幅震荡，又有多头日间洗筹特点，保证在股指大势不变的情况下，洗去浮筹，以使后市健康发展。还有一种可能，空头麻痹散户，以便自己顺利出逃。孙子兵法"瞒天过海"即此计。

对于有经验的投资者，图 10 - 6 可以引起足够的警觉，减仓乃至空仓。尽管还有上升空间，不确定性也加大了，风险加大了。在 6 月 1 日，周一，也是这个月的第一天，行情无悬念地大涨；6 月 4 日，周四，11:15，行情突变，谣言颇多，13:05，20 分钟时间，股指瞬时跌停，又被稳稳地拉起。谣言有：某证券公司要求客户减仓，印花税谣言。相对于这些谣言，券商降杠杆才真正动摇市场信心。6 月 8 日，周一，行情创新高，但是，与 5 月 28 日的最高点相差无几。整个行情虽然充满信心地向上迈近，但困难越来越大。这时的行情在等待什么呢？在等待消息，确认行情下一步走势，如果是重大利好，仍然会向上冲高；如果是利空，行情就会变向，向下调整。这时的行情处于混沌状态，既可能向上，也可能向下，完全取决于当天的消息利多还是利空。

5 月 28 日与 6 月 4 日，虽有资金抄底，但冲高动能不足。大家都在观望，期望别人拉新高；但先知先觉的已经准备撤退了。

一直到 6 月 15 日，行情在 10 均线上方平稳运行。但是，如图 10－2，CCI 指标已经钝化，而 MACD 指标死叉，5 日均线也死叉 10 日均线，市场发出卖的信号。

券商去杠杆的要求，利空股市，而金融机构早就已经做好了做空牟利的准备了。6 月 15 日，股指期货持仓表明，证券公司空单是多单的 13 倍，基金公司空单是多单的 5 倍，QFII 空单是多单的 80 倍，保险机构空单是多单的 252 倍，信托公司空单是多单的 9 倍。这个数据已经说明了一切，那就是，几乎所有的金融机构，看空的占据了主导地位。同时，证监会并没有先知先觉，它们的唱空从监管的角度来说未必是对的，而且，从数据来看，颇有与金融机构合谋的嫌疑，一场"屠杀"配资散户的大戏。

三、6 月 15 日—6 月 23 日的第一波下跌及 6 月 23 日—6 月 25 日的反弹分析

1. 6 月 15 日（周一）的分时图分析

6 月 15 日是周一，高开，但是整天的行情较弱，在 5300 处的支撑较弱，跌到 5200 处获得较强支撑，反弹至 5300 处受到压制。在向当日均线靠拢并些许提振后，又下跌约 120 点，跌破 5200，收于 5170 附近。至此，5 日均线开始下穿 10 日均线，盘面开始变坏。而且，周一的下跌，寓意是本周行情不好。今天的行情线路很鲜明：跌—涨—跌。

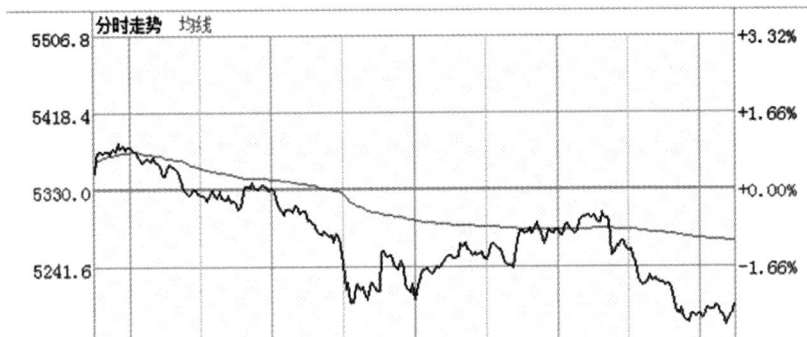

图 10－7　沪深 300 指数期货主力分时图（6 月 15 日）

2. 6 月 16 日（周二）分时图分析

由图 10 – 2 可知，股指下跌，6 月 16 日下跌到 30 日均线，6 月 17 日反弹，6 月 18 日下跌，特别是 6 月 19 日（周五）下跌幅度较大，下跌到 120 日均线。凡是周五下跌的，都在逼政策利好。如果没有新的利好政策出台，则周一与周二会继续暴跌。类似的有：7 月 24 日（周五）暴跌，周末无利多政策，7 月 27 日（周一）暴跌，周三反弹，周四与周五行情不佳；9 月 11 日（周五）下跌，9 月 14 日（周一），股市暴跌，周二窄幅震荡，周三上涨，周四与周五是小幅震荡。

如图 10 – 8，行情呈斜 "vW" 形。5200 是个压制点，不是支撑点。10:21，下冲到 5050，并于 11:26 反弹至 5190，约 140 点；14:40，回落至 5000 点，下跌幅度约 190 点；5000 点获支撑，反弹至 5070 左右。多空斗争激烈，在不同的支撑点与压制点展开争夺。收盘时，多头被压制在 5069。总之，周二指数跌至 30 日均线，获得较强支撑，但反弹力度不够。

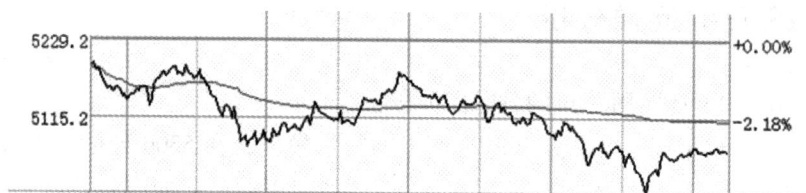

图 10 – 8　沪深 300 指数期货主力分时图（6 月 16 日）

3. 6 月 17 日（周三）分时图分析

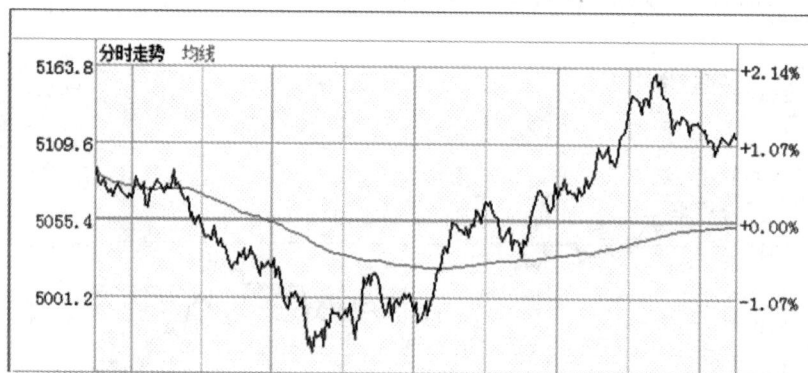

图 10 – 9　沪深 300 指数期货主力分时图（6 月 17 日）

6 月 17 日（周三）高开，但 5100 是个压制点，多头反复争抢无法突破。9:49，空头发力，多头不断寻找支撑；10:37，跌至 5000 点，支撑不住，10:47被突破至 4950；多头发力，以波浪形态一直冲高，14:41，涨到 5160，振幅 210 点，涨 4%；收盘时，下跌至 5100 点附近。跌—大涨—小跌，收长下影线的小实体阳线。

6 月 17 日，在 5000 点的大幅反弹是一个陷阱，不少人被套。5 月 28 日—6 月 1 日的大幅杀跌与反弹，6 月 4 日的口间大幅杀跌与大幅反弹，麻痹了很多人的神经。但对于老道的投资者，还是会坚决地卖出。至于上冲 6000 点，甚至 10000 点，每一次股市大跌之前，都会有这种疯狂的鼓噪。问题是，这次的杠杆配资可能让不少人血本无归，几十年的积蓄一扫而空。创业板等的泡沫是很严重，但是，监管者挤泡沫行动却把泡沫挤破了，酿成了股灾。

股市需要调整，但是，调整的幅度是多少？对于监管人员，即使预计要调整到 3000 点甚至 2600 点都不是本事，不让它调整到 3000 点才是本事。

对于证金公司诞生于这次股灾，其实有很多弊端。政府赋予它什么职能？它的运行机制是什么？它运行的原则是什么？等等。证金公司如果为了私利，可以所向无敌，民利将被之刮地皮。如果是为了公利，巨额的资金占用是有成本的，政府真的有必要承担这些亏损吗？承担了这些亏损真的达到了目标了吗？证金公司的道德困境：是运动员，还是裁判员？让我们看看这样一段历史，1998 年，粮食收购体制改革，并因此责成农业发展银行负责收购资金供应，资金封闭运行。后来呢，亏损极为严重，差点与银行坏账一起引爆我国的财政危机。幸亏中国加入了 WTO，发展终于稀释了危机。现在，各地储备粮还有不少"粮耗子"，存在诸多问题。

4. 6 月 18 日分时图分析

如图 10 - 10，6 月 18 日，周四，行情围绕当日均线窄幅震荡。13:00 之后，单向下跌。本次股灾，行情常常在 13:00、14:00 或 14:30 之后逆转。半

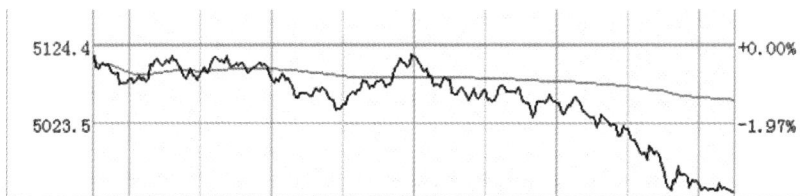

图 10 - 10 沪深 300 指数期货主力分时图（6 月 18 日）

天的震荡，多空双方的实力已经发挥，意愿已经展示，尽管政府巨额资金直接入市，空头在与多头的缠斗中，逐步掌握斗争技巧，最后摊牌。孙子兵法完全可以运用于股市分析，战争消灭的是人，股市消灭的是对方的资金。

5. 6 月 19 日（周五）分时图分析

如图 10 - 11，6 月 19 日，行情主要在当日均线下方进行逐渐发散的震荡，在 14:00 之后，70 分钟内，下跌幅度达到 5%。市场一开始，多头仍然拥有信心，因为这种下跌，还是多头可以接受的下跌。所以，下跌始终被拉到均线上方。尾盘，下降幅度达 5%，收盘 4598 点，也就是说，在 4600 点有所支撑。

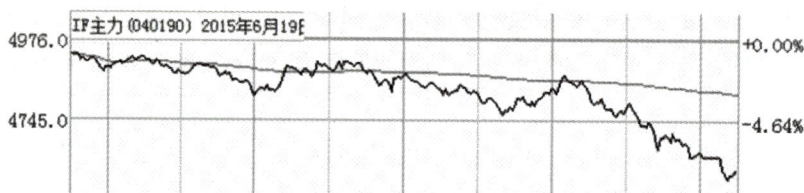

图 10 - 11　沪深 300 指数期货主力分时图（6 月 19 日）

6. 6 月 23 日（周二）的分时图分析

6 月 22 日，周一，端午节，休市。

如图 10 - 12，6 月 23 日周二，低开反弹至 4700，也是五日均线点位。空方发力，指数一度下跌 4%，至 4469 点。接着，多方发力，直线进军当日均线，并以三浪的形态往上冲，最高 4877，振幅 408 点，达 9%。今天的利空在于国外环境，希腊谈判破裂，全球风险在发酵。持续发酵的结果，8 月份，黄金期货价格上涨 10%。

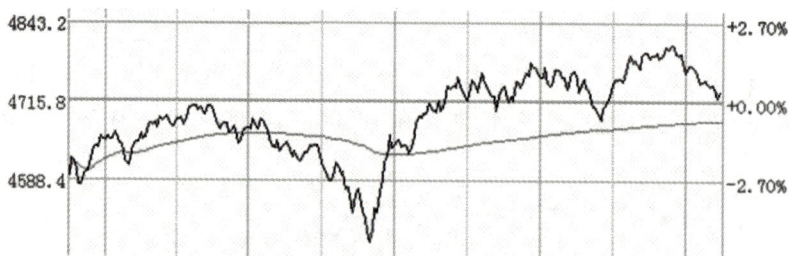

图 10 - 12　沪深 300 指数期货主力分时图（6 月 23 日）

利多消息面有：（1）港股、欧美股市等昨日集体大涨。（2）金融股强势反弹。（3）打新资金解冻回流。（4）沪港通资金抄底。

7. 6 月 24 日（周三）分时图分析

如图 10 - 13，形态是小涨—中跌—大涨，振幅不大。开盘继续昨日气势，指数均线上方运动，经过三浪后，10：40 达到局部最高点，之后迅速向下，13：30，4709，该价位是支撑价位，大幅反弹向上，在 4870 处创日内最高，振幅 170 点，多头反攻达到 5 日均线，可看图 10 - 2。那么，6 月 25 日的任务就是反攻 10 日均线，多空的争夺激烈。

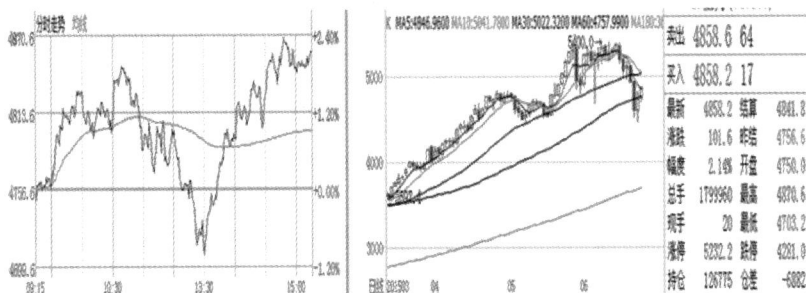

图 10 - 13　沪深 300 指数期货主力分时图和 K 线图（6 月 24 日）

8. 6 月 25 日（周四）分时图分析

6 月 25 日是上一波反弹的终点，又是下一波下跌的起点。

上一波下跌从 5400 到 4460，下降 1040 点，下降幅度 19%。事后看来，20% 是救市的最佳切入点，20% 的调整你还可以说是牛市的深度调整，浮筹在这波行情中被清洗。超过这个下限，市场的性质将发生根本改变，市场将恐慌。由于此次牛市与配资有很大的关系，配资清理是此次牛市最大的利空。证监会对配资的态度变化，直接导致泡沫的生成和破灭。监管者先是允许配资，鼓励配资，政府鼓励资金入市。后来，监管机构又清理配资。这是典型的政策性风险。

这个政策风险的责任一方面股民要承担一部分，而另一方面，监管机构要承担一部分，还有一部分就是那些配资的信托公司和私募基金。然而，股市泡沫破灭最终的损失却完全落到散户身上，信托公司被证金公司救了，证监会也大可以把责任推给别人，而利益受损的散户，则无处申诉。

在 6 月 25 日，是救市的最佳时机。如果股市当天不大跌，通过利多的政策组合，稳住多头军心，使股市宽幅震荡，很有可能不会出现后来的"股灾"。股灾打击了中国老百姓的自信，掏空了不少人的钱包。

6 月 25 日—6 月 29 日第二波下跌及 6 月 29 日—7 月 6 日第二波反弹分析

1. 6 月 25 日（周四）分时图分析

6 月 25 日是第一波反弹的终点和第二波下跌的起点。120 日均线（半年线）是这波行情的争夺要点，行情在 6 月 25 日离开 30 日均线，冲向下一站，即 120 日均线。

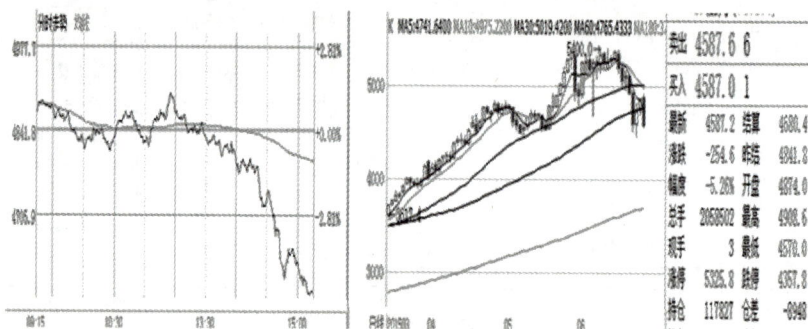

图 10 – 14　沪深 300 指数期货主力分时图和 K 线图（6 月 25 日）

6 月 25 日，股指在反弹第三日，冲高力度不足，受 4900 压制。11:27，最高 4908。之后，直线下跌到 4570 左右，幅度高达 338 点，7%。多头力量微弱，受存贷比红线解绑消息影响，银行板块涨幅喜人。但是，市场将这看做逃跑的好机会，坚决卖出，因此，接下来还会大跌。6 月 25 日又跌破 10 日均线，由于 K 线下降迅速，恐慌心理逐渐再占上风，需清理的配资多达几万亿元，冲击可想而知。开盘的局部利多禁不住空头的进攻，银行股当天大跌，带动大盘大跌。

市场认为，取消存贷比红线利多的力度太小，而且，远水不解近渴。

2. 6 月 26 日（周五）分时图分析

周末下跌似乎在逼监管层出利好政策。股灾期间，多次如此。如果出利好政策，周一反弹，但继续下跌；如果没有利好，周一就暴跌。

如图 10 – 15，6 月 26 日，开盘 4578，平开，最高 4614 点，最低 4204 点，振幅 410 点，约 9%。多头的力量微弱，只能将开盘价格推高 40 点。4600 是压制线，10:21，掉头向下，11:27，4400，11:30 上冲至 4500，至当日均线。

13:00 继续向下，13:49 至 4300，支撑反弹至 4380，14:11 掉头至 4240，稍有反弹，14:33，跌停，4204。多头已经溃败，跌停给对多头心理造成摧毁性的影响。股市进入单边下跌阶段，没有买方，只有卖方。

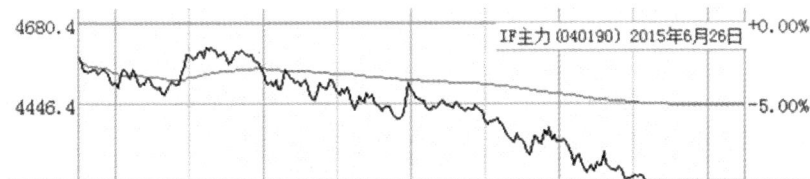

图 10 - 15　沪深 300 指数期货主力分时图（6 月 26 日）

3. 6 月 29 日（周一）分时图分析

周末：央行降息 0.25 个百分点，同时定向降准。但在恐慌情绪之下，力度依然不够。所以，这成了一次逃跑的机会。

如图 10 - 16，6 月 29 日，周一，在"双降"利好刺激下，开盘 4305，比 4204 高开 100 点，约 2%，收盘 3990，最高 4398，压制于 4400，最低 3821，振幅 577 点，约 13%。对于多头来说，力度也不小，开盘高开 100 点，又在此基础上冲高 100 点，共 200 点，约 5%。现在的问题是空头力量过于强大。从 10 点 07 分的 4398 下降到 13:21 的 3821，下降 13%。

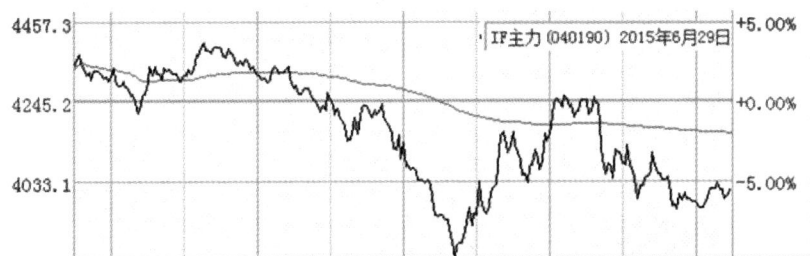

图 10 - 16　沪深 300 指数期货主力分时图（6 月 29 日）

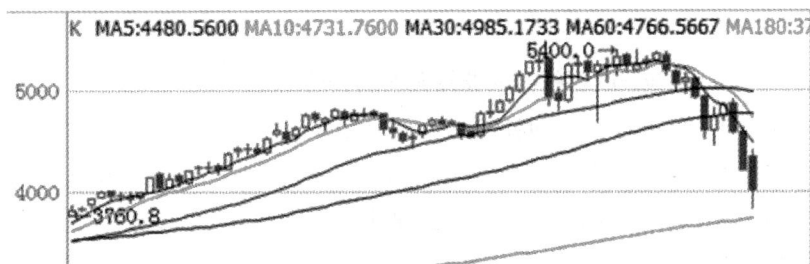

图 10 - 17　沪深 300 指数期货主力 K 线图（6 月 29 日）

　　13:20，瞬时跌停，但很快被打开。反弹至 14:04，升 10%，至 0 线，14:19，还在该 0 线徘徊，收盘下跌约 6%。沪深两市逾 1500 股跌停，全天基本呈现"大跌—中涨—小跌"，收大阴线。这是周一，这样的惨烈，意味着这一周的行情将血拼下行。

　　6 月 25 日、26 日、29 日的三天大绿线，从 4908 跌到 3821，三天里跌幅 22%。这种惨跌，超过了所有人的预期。从 5400 下跌到 3821，总跌幅 29.2%。如果要从 3821 重新涨到 5400，需要上涨 41%。

　　6 月 29 日是第二波下跌的终点，也是第二波反弹的起点。第二波反弹比第一波反弹多了一次震荡。6 月 29 日至 7 月 1 日是第二波反弹的第一次上涨，7 月 1 日至 7 月 3 日是第二波反弹的第一次下跌，7 月 3 日是承上启下的浪尖，一方面是反弹次浪的谷底，也是下跌次浪的谷底。接着，7 月 2 日与 7 月 3 日皆下跌。这是典型的五天行情，周一与周二涨，周三变盘冲高下跌，周四周五下跌。

　　4. 6 月 30 日（周二）分时图分析

　　如图 10 - 18，6 月 30 日周二。开盘 4050，比昨日收盘线 3990 高开，收盘于 4376 点，最高 4434 点，最低 3970 点。10 点之前，指数在 4200 一线受阻，接着震荡下滑，在 10:24、10:44 达到当日最低价 3980 之后，在支撑点 4000 的作用下，一路向上，11:30 之前，曲线上行非常坚决。13:00 之后，在 4300 以上震荡，二次冲击涨停，但被解开。这次行情诱使很多人进入，最终被套。

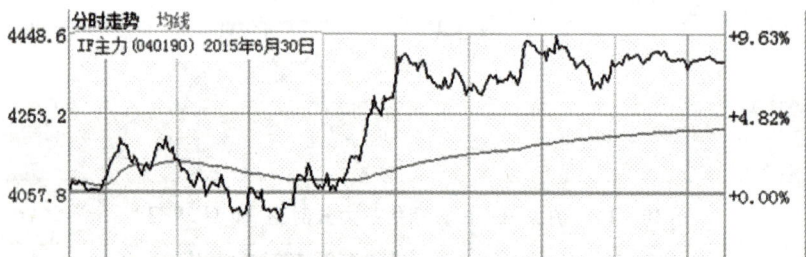

图 10 - 18　沪深 300 指数期货主力分时图（6 月 30 日）

　　5. 7 月 1 日（周三）分时图分析

　　图 10 - 19，7 月 1 日，开盘 4388，收盘 4059，最高 4483，最低 4012，振幅 471，约 10%。在 14:00 之前，沪深 300 指数期货主力皆处于多头的控制之下。但是，曲线在当日均线上下窄幅震荡，显示后续拉高能力与意愿不足。14:00 后，尾盘跳水，下跌幅度达到 10%。

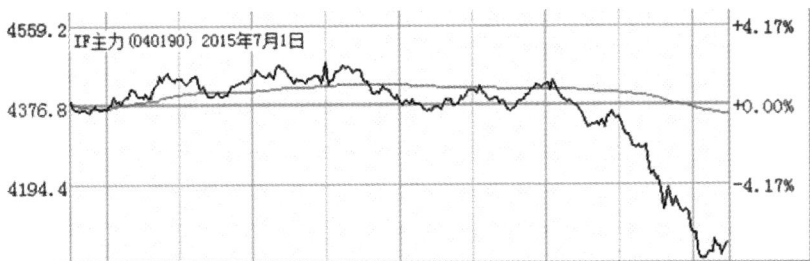

图 10－19　沪深 300 指数期货主力分时图（7 月 1 日）

7 月 1 日大跌，不是好兆头。1300 多只个股跌停，很多股票创出本轮调整以来的收盘新低。7 月 1 日，沪深交易所调降交易结算费用三成，但是，从 8 月 1 日开始执行。股民说：这是啥利好啊，还要等到 8 月 1 日，这是救市吗？

6. 7 月 2 日（周四）分时图分析

如图 10－20，7 月 2 日，股指振幅 7%，但行情偏弱，主要在 0 线之下震荡。开盘 4170，比昨日收盘 4059 高开约 3%，收盘 4130，最高 4316，最低3933，振幅 383，约 9%。

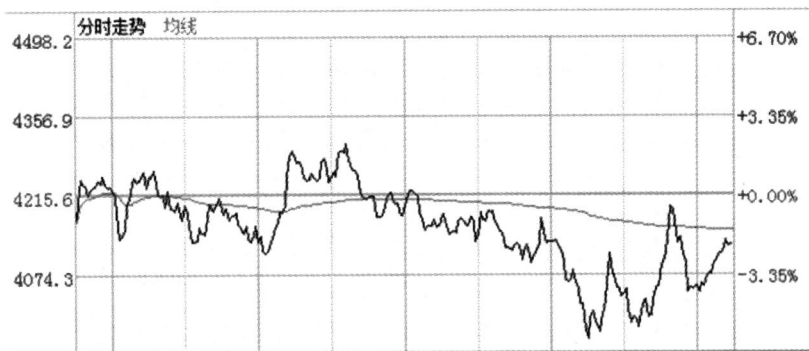

图 10－20　沪深 300 指数期货主力分时图（7 月 2 日）

7 月 2 日，国际油价大跌，江苏银行 IPO 获通过。7 月份，国际油价一直下跌，美原油期货从 67 美元下滑到 8 月 25 日的 37 美元，下降幅度 44%，严重影响了俄罗斯国家经济，加上卢布贬值，中国对俄罗斯的出口贸易受到影响。"金砖四国"的俄罗斯与巴西的经济形势不妙，都增加了中国周边经济形势的不确定性。国际大宗商品价格也不断下跌，而我国上市公司的产业布局特点决定了沪深股市要受到负面影响。

截至 7 月 2 日，A 股这波下跌，跌幅超过 50% 的股票 450 只，除去停牌的股票，占比 19.23%；跌幅超过 40% 的股票 1511 只，占比 64.6%；跌幅超过 30% 的股票 1932 只，占比 82.6%。午后股指连续下挫失守 3800 点，随后在"石化双雄"等权重股拉升的带动下，沪指最终报 3912.77 点，跌幅 3.48%，沪深两市 1000 余只个股跌停。

7 月 2 日，证监会对涉嫌市场操纵行为进行专项核查。

7. 7 月 3 日（周五）分时图分析

7 月 3 日，投指仍然呈规则的倒"N"形，即跌—涨—跌。

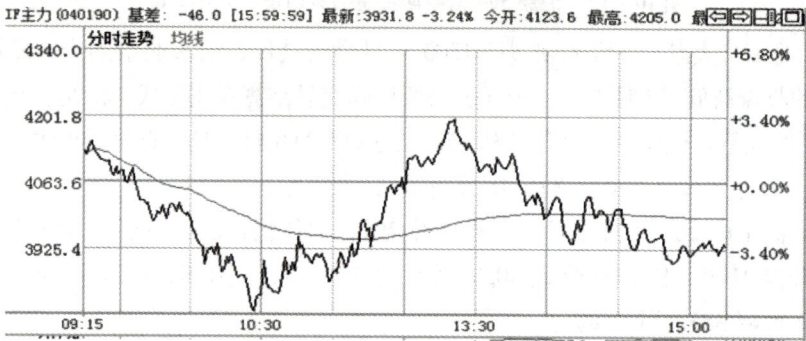

图 10 - 21   沪深 300 指数期货主力分时图（7 月 3 日）

如图 10 - 21，开盘 4123，收盘 3931，最高 4205，最低 3787，振幅 418，约 10%，分为三个时间段，一是 10∶30 之前的下跌，创日内最低点，见图 10 - 22，3787.2 已经是半年线。10∶30 至 13∶20 之间的上涨，13∶20 之后的下跌。

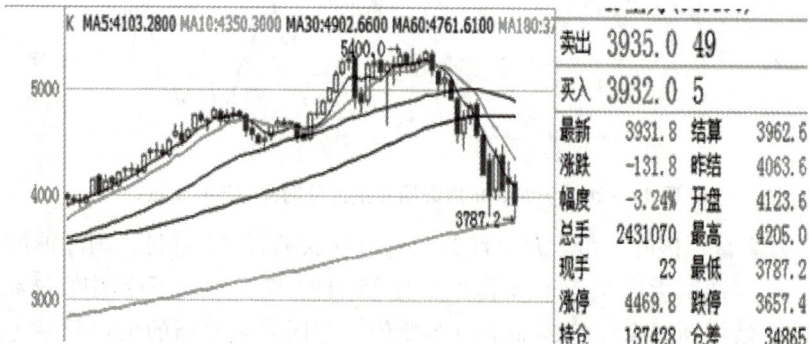

图 10 - 22   沪深 300 指数期货主力 K 线图（7 月 3 日）

从 6 月 25 日的 4874 下跌到 7 月 3 日的 3787，三天跌幅 22%。自 6 月 15 日以来，短短 14 个交易日，上证指数暴跌达 28.64%，深证成指与创业板指更是同期暴跌达 32.34% 与 33.19% 。

场外配资基本全部爆仓，伞形信托也有大部分爆仓，正常融资融券业务已经有爆仓强平发生，而且数量不小，快到平仓线的数量已经急剧增加。

政府采取的对策：（1）四大蓝筹 ETF 四天遭净申购 395 亿元，汇金出手护盘。（2）上交所和深交所共 28 家即将上市的企业同时发布暂缓 IPO，其中已经进行了投资者申购的 10 家企业，网上申购资金 7 月 6 日解冻，网下申购资金 7 月 6 日退回。证监会表示，将相应减少 IPO 发行家数和筹资金额。（3）证金公司将大幅增资扩股，维护资本市场稳定。（4）QFII 额度将从 800 亿美元增加到 1500 亿美元。（5）严打造谣传谣行为，已集中部署三起案件。（6）中金所研究决定，按委托量差异化收取交易费用，严打蓄意做空。（7）中金所对交易股指期货合约特别是中证 500 股指期货合约的部分账户采取了限制开仓等监管措施，对恶意做空、利用股指期货进行跨期现市场操纵等违法行为，一经查实，将依法予以严惩。（8）央行与商业银行给予证券公司、证金公司等流动性支持达万亿元。

股指期货引领股市下跌。针对中金公司的对策，建议：（1）通过建立股票现货与股指的关联，由软件自动核准保值交易的规模。（2）对于投机交易，根据多头与空头的性质，手续费差别对待。投机多头开仓及平仓手续费不变，而投机空头的开仓手续费提高 10 倍。（3）限制投机交易规模，用软件实现。

笔者认为中金所的对策有以下不足：（1）无论是开仓数、手续费等都没有实现硬性要求，完全取决于自觉和事后的核查。（2）手续费虽然差异化了，但力度太小，对股指期货交易影响不大。

7 月 4 日，总理回国，21 家券商老总赴京共商救市策略，带上了券商融资融券平仓线、股票质押平仓线等机密数据。券商会议做出以下决定：（1）投资 1200 亿元于蓝筹股 ETF，7 月 6 日 11 点前到位。（2）4500 以下不减持自营股票。（3）择机回购本公司股票。

8.7 月 6 日（周一）分时图分析

7 月 6 日是波峰。

图 10-23，开盘 4299，收盘 4040，最高 4347，最低 3811，振幅 536，约 12%，呈收大阴线的"V"形，大跌一中涨。

证金公司大举入市直接参与二级市场的股票交易与股指期货交易了。在当前社会道德水准条件下，证金公司直接入市道德风险巨大。此外，本书还论述了多条理由。总之，证金公司直接作为交易对手入市弊大于利，是下策。

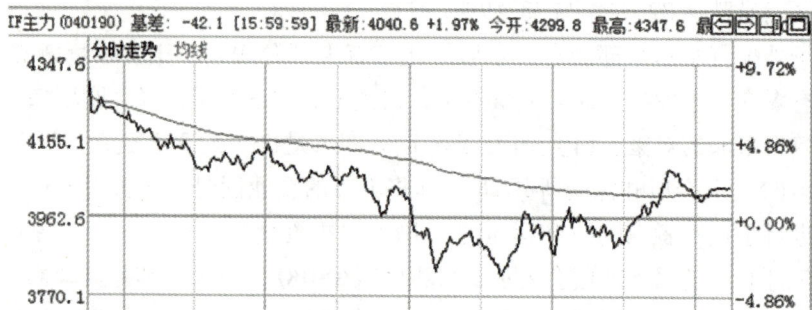

图 10 - 23　沪深 300 指数期货主力分时图（7 月 6 日）

它给人们传递了这样的信息：国家到底怎么了？这本身就是重大利空。所谓的利多，完全是用财政的真金白银去购买，"送钱使者"，且无法真正帮助到那些散户，他们的不少资产已经被消灭了。救市，只是救了本该以风险管理为生存基本技能的金融机构，包括信托与开展融资业务的证券公司。

四、7 月 6 日—7 月 9 日第三波下跌及 7 月 9 日—8 月 18 日第三波反弹震荡分析

反弹震荡可分为很多次浪。①7 月 9 日（周四）、7 月 10 日（周五）、7 月 13 日（周一）构成上升次浪。②7 月 13 日、7 月 14 日、7 月 15 日（周三）构成下跌次浪。③7 月 16 日、7 月 17 日（周五）构成上升次浪。④7 月 20 日、7 月 21 日、7 月 22 日构成下跌次浪。⑤7 月 22 日、7 月 23 日构成上升次浪。⑥7 月 24 日（周五）、7 月 27 日（周一）、7 月 28 日（周二）构成下跌次浪。⑦7 月 28 日、7 月 29 日构成上升次浪。⑧7 月 30 日、7 月 31 日、8 月 3 日（周一）构成下跌次浪。⑨8 月 3 日—8 月 7 日、8 月 10 日（周一）构成上升次浪。⑩8 月 10 日—8 月 14 日，8 月 17 日—8 月 18 日构成下跌次浪。其中，⑨⑩次浪可以继续细分。

1. 7 月 6 日（周一）—7 月 9 日（周五）第三波下跌分时图与 K 线分析

（1）7 月 6 日（周一）分时图与 K 线分析

从图 10 - 23，结合其他信息，笔者认为此次救市可能失败。此判断基于逆向思维。①金融战贵在信息不对称，如果对方不知道自己在行动，对方才可能犯错误。香港平准基金的成功，就在于此。索罗斯不知道港府会入市交

易。而本次救市，一切都是公开的政府没有信息优势。实际上政府是被动的，政府分析信息的能力不如市场。这是此次救市一大不利因素。②不要想象信心会马上恢复，短线居多。投资者拿自己的真金白银去冒险，必然很慎重，即使入市，短线居多，今天买，明天就卖，落袋为安。股灾入市，高风险高收益，从千股跌停到千股涨停，就是 20% 的利润。很多人会观望，而投资经验丰富的短线客会入市交易。如何抑制短线买入者的卖出，策略是低开！通过低开，降低吸筹的成本。现在，证金公司已经是 A 股最大的庄家，那么，就应该按照坐庄的方法来运作资金。高开会促使短线抛出，股指下跌，再在低点买入，短线投机者第二天会继续在开盘高点卖出。结果，证金公司吃亏，做多意愿降低，也就打压了市场上多头的必胜信念。如果行情低开，且场上局面被稳稳地控制住，多头有可能有组织起地向空头进攻。低开，收阳线，显示多头的智慧和控制力。高开低走，或者高开高走，都不如低开收阳线。后者让投资者感觉到证金公司的实力更高，策略也高。而高开低走是所有做多策略中最差的一种。③9% 的高开使多头的能量受到损耗，难以持久。多头也没有实力持久维持高位，使市场信心受影响，增加了观望的人数。盘面显示大庄家的水平不够，使有经验的投资者不看好政府救市，策略上就会采取短线，以政府为交易对手，赚政府的钱，因为这个最大的庄是"傻庄"，不懂市场，这样，这些有经验有资金的投资者就与空头为伍了。这种高开，不能置空头于死地，因为股指期货交割期还远，涨跌停规则也保护了空头，你不可能接连几天都保持涨停。这种毫无胜算的打法，一定是增加了空头的自信，增加了空头策略的灵活性。空头也可以与政府一起暂时做多，到高点时再大力做空，收入会更加丰厚。因为从交易能力上看，政府不是这些空头的对手。

这些仓促的护盘，因为仓促，水平难以恭维。

图 10-24 沪深 300 指数期货主力 K 线图（7 月 6 日）

图 10 - 24 形态十分难看：它只能得出一个结论，后市将继续下跌。实际上，2 万亿元资金，草率护盘，没有一个周密的策略，只是以最"傻"的方式去买，操作方法很乱，可惜了人民的血汗钱。

当时，笔者的直觉是，可能有人在故意出卖国家利益，没有丝毫的责任心，有人在渎职！

7 月 6 日的行情应该这样规划：①低开高走，斜上方"／"字形窄幅波动，缓慢上升，要显示场面控制力。通过设置条件单、限制价等保证曲线在轨道中运动。②不要升高太多，在下午 14：00 左右，可以有 1.5% 的上升量，不要从跌停到涨停，使空方获得。③第二天仍然要大幅低开，使多头只能持仓，减少多头的抛压止盈盘，在下午两点左右翻红，减少证金公司的做多成本。④不断地变换手法，使行情震荡缓慢向上，不给市场上的多头与空头利用的机会，以长时间的震荡来稳定市场的情绪，阳多阴少，市场人气就会聚集。⑤要守住空头进攻的关键价位，使行情有序演变。大涨大跌有利于空头。⑥允许证金公司卖出股票，换取现金以便做多。否则，资金越做越少，关键价位失守，股价又会出现雪崩式下滑。

制订正确的救市目标：信心之战。花血本大幅度地拉升指数，只会让多头失望。国家队救不了散户，也不能给散户发"红包"，国家队解决流动性风险，并据此稳定市场信心。

笔者始终认为：救市是长痛，不救市是短痛。救市带来的损失不一定少于不救市带来的损失，只不过损失表现的形式不一样。不救市，股票财富真消失了，坏账是显性的；救市，浮亏了，还有可能赢回本，坏账是隐性的。

7 月 6 日行情战报：沪指开盘上涨 7.82% 报 3975.21 点，深成指开盘上涨 7.30% 报 13140.14 点，中小板指高开 7.34%，创业板指高开 7.31%。集合竞价阶段两市超过 1500 只个股涨停。收盘，上千只股票从开盘涨停到收盘跌停，指数上涨 88.99 点，报收 3775.91 点，涨幅 2.41%。

（2）7 月 7 日（周二）分时图与 K 线分析

7 月 7 日，周二。开盘千只以上股票跌停，收盘沪指报 3727.12 点，跌 48.79 点，跌幅 1.29%，深成指报 11375.60 点，跌 700.17 点，跌幅 5.80%，创业板报 2352.01 点，跌 141.82 点，跌幅 5.69%（因为停牌家数过多，所以这个跌幅基本就是全部跌停）。两市共有 84 家个股上涨（石油银行基本全部涨停），1931 家下跌，涨跌比为 1:20。非 ST 类涨停个股 27 家，跌停个股超 1700 家。券商融资盘很多已经被强平，20% 的大股东贷款的股权质押又到了平仓线。

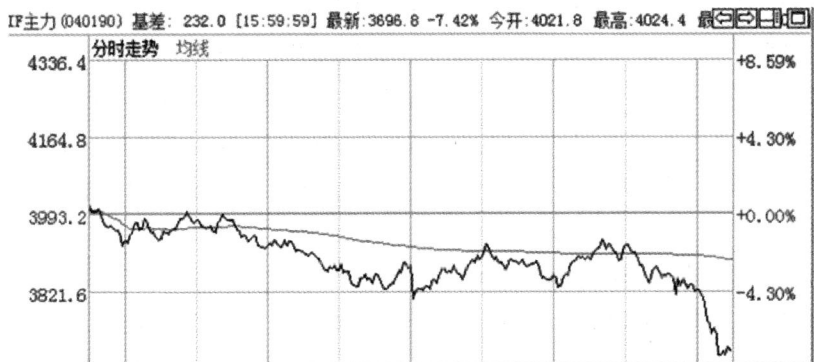

图 10 - 25 沪深 300 指数期货主力分时图（7 月 7 日）

从沪深 300 指数期货上看尾盘 14:30 后跳水，幅度达到 7%。其中，15:00 后，股指 15 分钟降幅达 4%。如图 10 - 26，K 线形态跌破 180 均线，下降空间被打开。

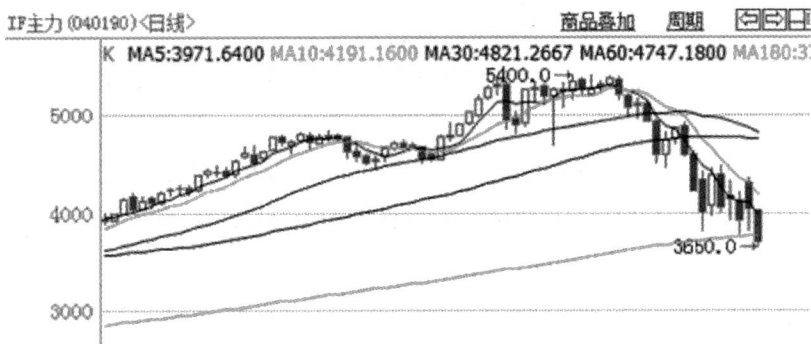

图 10 - 26 沪深 300 指数期货主力 K 线图（7 月 7 日）

（3）7 月 8 日（周三）分时图分析

如图 10 - 27，7 月 8 日，周三，开盘 3589，收盘 3463，最高 3750，最低 3463，日间振幅 287 点，约 8%。14:15 左右，跌停，整整一个小时。这是政

图 10 - 27 沪深 300 指数期货主力分时图（7 月 8 日）

府高调救市，而且，证金公司直接入市干预后的行情。

据网上信息：6月15日至7月8日，21.2973万个持有市值50万~500万元的个人账户"消失"，500万元以上账户也"消失了"近3万个。这些信息是不是机密？是谁发布的？信息从哪儿来的？发布这个消息的目的是什么？特别地，"消失"是怎么定义的？这些统计没有说出统计口径，意义不是很大。

政府应对股灾能力有限。①保监会放宽了保险资金投资蓝筹股票监管比例，比例上限由5%调整为10%；投资权益类资产达到30%比例上限的，可进一步增持蓝筹股票。②中金所大幅提高中证500股指期货交易保证金。7月8日起，中证500股指期货各合约的卖出持仓交易保证金，由目前合约价值的10%提高到20%（套期保值持仓除外）。7月9日起，中证500股指期货各合约的卖出持仓交易保证金进一步提高到合约价值的30%（套期保值持仓除外）。

（4）7月9日（周四）分时图分析

7月6日至7月8日，沪深300指数期货主力从4347降到3463，三天再下跌20%。在这期间，一些配资盘被强平，市场做空动能得到释放。7月9日，从谷底拉涨停。

如图10-28，7月9日，周四，开盘3363，与昨日收盘3463相比，大幅低开约3%，收盘3810，最高3810，最低3363，振幅447点，振幅13%。

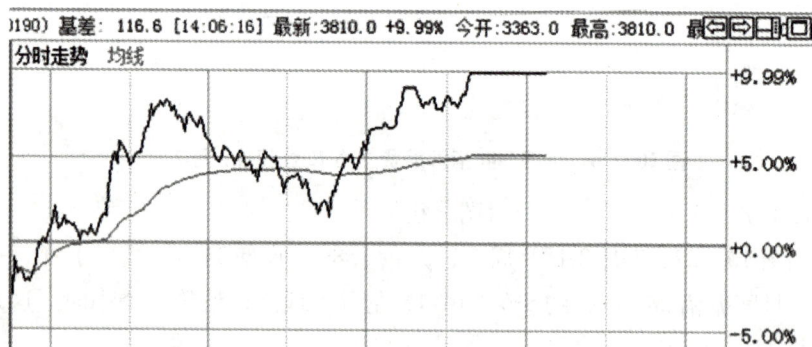

图10-28　沪深300指数期货主力分时图（7月9日）

正如前文论述，证金公司需要拥有卖出股票的权力。在高点抛出股票，获得现金，避免股市大起大落，从而稳定市场信心，也使多头有较好的买入时机，从而壮大多头的队伍。暴涨暴跌，市场的信心不易恢复，只会增加观望的人数。巨量强平盘被国家队吃掉后，上涨过猛，千股涨停！

如图 10 – 29，涨停表明护盘水平不高。在股市信心如此不稳的时候，以为市场信心会迅速恢复是一种奢望！今天的涨停必然大幅增加明天的抛售量，今天的多头变成明天的空头。如果护盘资金明天高价接盘，国家利益必然受损，且丧失宝贵的资金。所以，这种迅速拉高指数的救市策略是错误的，必定失败。

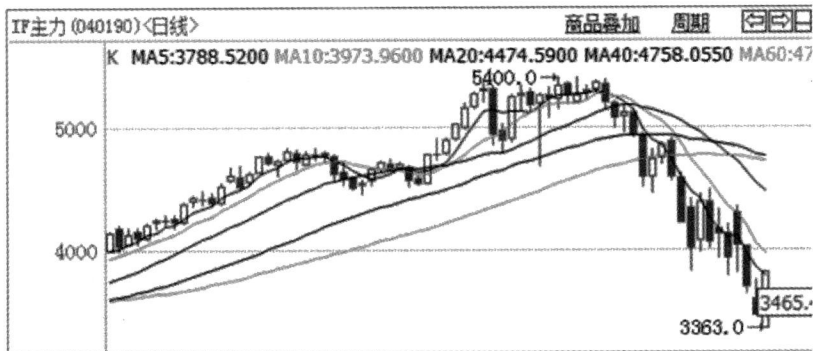

图 10 – 29　沪深 300 指数期货主力 K 线图（7 月 9 日）

2. 7 月 9 日（周四）—7 月 11 日（周一）反弹上升次浪分时图分析

（1）7 月 9 日（周四）分时图分析（同前，略）

（2）7 月 10 日（周五）分时图分析

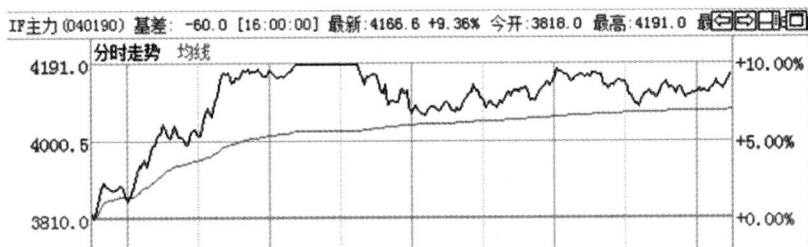

图 10 – 30　沪深 300 指数期货主力分时图（7 月 10 日）

7 月 8 日，强平盘已经出清，空头如果暂时主动转为多头，又能赚取多头利润。对于市场的领跑者，最佳的状态是空头赚钱，再多头赚钱，再空头赚钱，那就赚大了。因为护盘资金只能做多，多头操纵市场推高指数，指数越高获利越多；再在高处打压股市，打压越低，获利越多。在市场信心脆弱的情况下，观望者众多的情况下，大资金容易操纵市场。由于证金公司等护盘资金不能卖出，资金就会用尽。

2 天涨 20%，反弹太快了，涨得快跌得也快，后市仍然难以预料。

（3）7 月 13 日（周一）分时图分析

如图 10-31，7 月 13 日，周一，当日振幅 4% 多。但是，在 1:40 之后的一个半小时内，从当日最高走低向当日周低，基本呈 "A" 形。股灾的日子里，分时图呈 "N"、"M"、"A" 等几种形态的变化，也就是形态变化非常清晰，多头与空头过招你来我往的态势很明显。

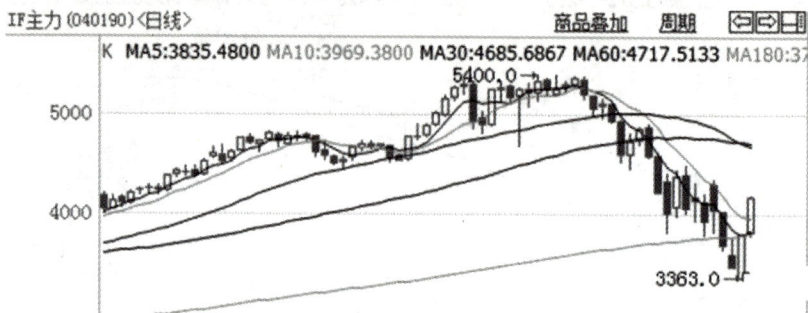

图 10-31　沪深 300 指数期货主力分时图（7 月 10 日）

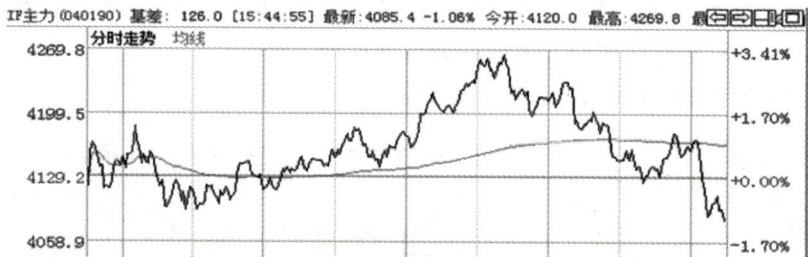

图 10-32　沪深 300 指数期货主力分时图（7 月 13 日）

换个角度，这几日的 K 线走势呈 "2+1+2" 队形，即二天涨，波峰，二天跌。由于多头的僵化，震荡幅度过大对空头有利。空头比多头狡猾得多。多头的实力被过分消耗，由空头牵着鼻子，狡猾的空头会在多头弹尽粮绝的时候发起攻击。空头也做多，消耗多头，并积累将来做空的卖出筹码。后面 8 月 18 日—8 月 26 日的暴跌，证实了笔者当时的猜想。这段暴跌，要么是空头过于狡猾，要么就是证金公司弹尽粮绝的信息被泄密。

再换角度：散户被强平，强平后即暴涨，为什么？能不能不暴涨，而是让这些配资户平安撤退？证金公司直接救市的目的到底是什么？无论如何，国家宣传机器给人的感觉是，政府军直接来救"中产阶级"了。这种主观的错觉与客观事实的偏离，无疑会引起亏损股民对政府的恨意。证金公司直接参与股票买卖，弄得不好，两头不讨好。如果不直接救市，真会发生系统性风险吗？多少银行呆坏账会引起系统性风险呢？

从盘面上看，杠杆资金被消灭后，市场一片"狂欢"。但市场都在抢反弹，而不是真正地在长线做多。这些心理通过沪深 300 的分时图和 K 线图表现出来。周一上冲 4270，1：40 之后，单方向宽幅下跌约 4%，收阴线。在市场情绪脆弱的情况下，收阴线会产生负面影响，收阳线则能鼓舞士气。毕竟，在大涨 20% 后，二天来获利的多头抛售股票止盈，是合情合理的行为。

3. 7 月 13 日（周一）—7 月 15 日（周三）反弹下跌次浪分时图分析

（1）7 月 13 日（周一）分时图分析（同上，略）

（2）7 月 14 日（周二）分时图与 K 线图分析

如图 10－33，7 月 14 日，周二，指数期货继续下跌，最低达到 5.2%，即 10 日均线，最高没有超过 0 线。这也是较弱的走势。如图 10－34，K 线在5 日均线处获得支撑。

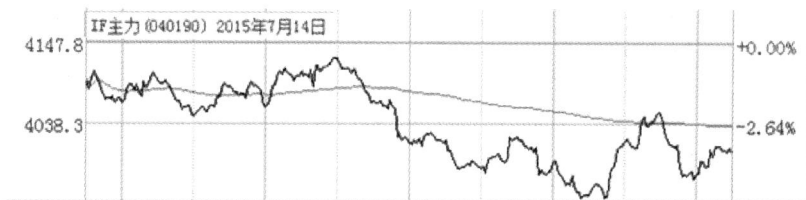

图 10－33　沪深 300 指数期货主力分时图（7 月 14 日）

图 10－34　沪深 300 指数期货主力 K 线图（7 月 14 日）

在这次政府直接购股救市中，政府发力点很明显，就是每当行情大跌时，期货跌幅大约8%，就会有一波大涨，估计是政府在拉抬股价。而这种大跌一开始都是谨慎地小跌，进行试探。在多头无力还手时，空头大举发力，打压市场预期，使趋势向着自己有利的方向走去。在前期空头获利丰厚的背景下，股指升抬只会增加空头的利润。空头很狡猾地在市场上周旋，并没有绝望地离场。由于政府军的踪迹可以追踪，处在明处，空头的风险就在可控之内。既然如此，空头就有见机行事的机会与能力。在港府救灾中，港府是隐蔽的；索罗斯过于贪婪，大量亏本卖出股票，没想到港府研究透了其交易结构，抓住其股指期货做空这个大头，在交割日的前一天开始行动，最终让索罗斯巨额亏损离场。由于港府的成功，散户相信我国政府一定比港府更加高明，实力也更强，因而理所当然地以为，这场行情保卫战，政府一定会成功。也正是这个原因，股指的一再下跌，使政府的威信下降。

（3）7月15日（周三）分时图分析

如图10-35，7月15日，周三，单边下跌行情，13:00至14:11下跌4%以上。为什么是单边下跌行情呢？获利盘在股市缓慢向下走时会恐慌，纷纷抛售手中股票止盈。这种情况下，政府军如要保盘，就成了所有人的对手，这注定是难以成功的。

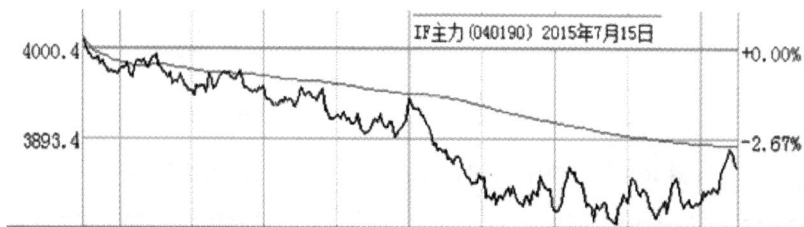

图10-35　沪深300指数期货主力分时图（7月15日）

7月9日与7月10日，把迅速拉抬股价作为操作目标是错误的。政府军要逼着多头在持有股票后持仓，这就需要两个条件：一是价格不能下跌太多，如超过5%，否则有经验的投资者就会止损；二是也不能涨价太多，上涨超过3%，短期卖出就有利可图。这样的话，策略上就应该每天低开走阳线。如果投机性的多头想获利，也只能下午卖出，且卖出的窗口也不长。操纵市场的策略需要不断变化，以免被知情方利用。知情方有两类，一是被别人告知的知情方，一是有经验的能正确推理的知情方。不管怎样，孤军奋战的血腥可想而知。

狡猾的庄家才能赚到钱。有的庄家为了赚钱，不仅狡猾，还违法犯罪。比如说操纵媒体，制造和传播谣言，有的与上市公司阴谋配合，有操纵股价目的地更改财务报表，手法很多。这些是常见的手法。还有些不为外人所知的手法，都是这场财富游戏的盛宴中，那些有"胆"的人想出来的。无论多牛的庄家，无论实力多么雄厚，如果与经济形势等所决定的大盘趋势相违背，必定会亏损。

证金公司救市，由于体量巨大，需要以庄家思维，才能来控制局势。从理论上说，这么大量的资金直接入市，如果被市场上的其他主体控制了趋势，或者庄家所欲控制的趋势被其他玩家看出，发生损失是必然的。在没有改革等重大实际成效的情况下，这场游戏就是零和博弈。政府很可能是输家！之所以这么想，是逆向思维的结果。因为常规思维认为，政府拥有最大的权力，这场战争，政府必胜。这就是大众思维，也是股民被套的原因。但是，当你做投资时，你要逆向思维，还要发散思维：你第一个需要思考的是政府可能会输，并客观地分析政府为什么会输。如果你的证据和分析支撑你的结论，你就要保持你的结论。尽管你的结论并不为大多数人所认可，但是，真理常常掌握在少数人的手上。真理总是一开始掌握在少数人的手上，经过宣传和动员，才为更多的人所了解和接受。世界历史就是这样展开的。

4. 7 月 16 日（周四）—7 月 17 日（周五）反弹上升次浪分时图分析

（1）7 月 16 日（周四）分时图分析

如图 10 - 36，开盘 3840，收盘 4008，最高 4068，最低 3782，振幅 286，约 7%。

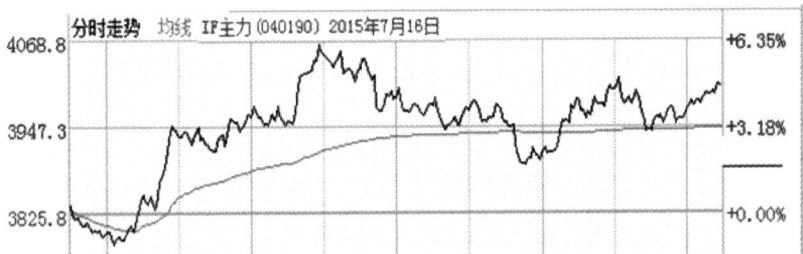

图 10 - 36 沪深 300 指数期货主力分时图（7 月 16 日）

主力采取波段操作，大力拉三天，再放手两到三天，让其下跌。这样做，对主力资金消耗过大，特别是当主力只能买不能卖时。政府的初衷是好的。

但是，这种战略的执行，如果没有很好的战术配合，战略也会失败。救市资金运用效果不好，漏洞较多。后来，政府不得不"废除"量化交易。同时，我们看到，如果政府试图将股市玩弄于股掌之间，代价将是高昂的。到底是政府更聪明，还是市场更聪明，答案是市场。除非你不想建设成熟的市场经济，而是让市场像小孩一样跟在"大人"的后面，说向东就向东，说向西就向西。这种想法要趁早抛弃。从媒体与监管层鼓吹牛市泡沫，到救市时的混乱，其思想都是反市场经济的，让人们对改革的市场化方向产生怀疑。要尊重市场！

（2）7 月 17 日（周五）K 线与分时图分析

如图 10 - 37，市场发出强烈的多头信号。这种信号，市场是怀疑的。也就是当市场强烈做多时，谨慎的多头会选择观望。市场强烈下跌时，谨慎的多头会入市抄底。在救市的情况下，"2 + 1 + 2"波段行情有弊端：①市场多头不会轻易认为，政府一入市，行情就反转。②当政府强烈做多时，市场多头会做空，在没有做空手段时，会观望，等待下跌时买入。③由于没有市场多头的配合，政府多头孤军奋战，容易弹尽粮绝。④当政府多头没有做多的资金时，市场更加恐慌。

图 10 - 37　沪深 300 指数期货主力 K 线图（7 月 17 日）

政府多头需要这种人才，他们能正确分析市场心理，在股市下跌动能较大的时候，能够像钓大鱼那样，有耐心地有智慧地将市场心理引向多头的轨道。政府将巨额资金的交易权委托给拥有自营业务的几家券商，全靠自觉，这种模式本身是错误的，风险难以估计。

如图 10 - 38，7 月 17 日，开盘 3890，比昨日收盘 4008 低开 18 点，收盘

4090，最高 4182，最低 3865，振幅 317，约 8%。期指继续大涨。大涨之后，将继续下跌。

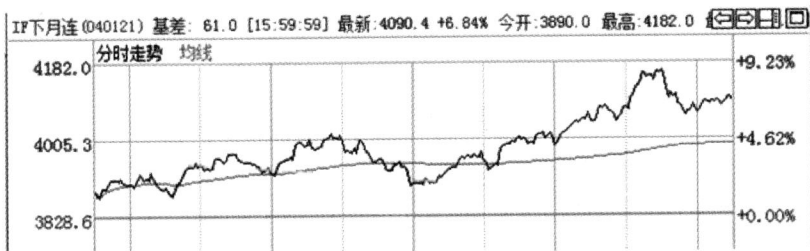

图 10 - 38　沪深 300 指数期货主力分时图（7 月 17 日）

5. 7 月 20 日（周一）—7 月 22 日（周三）反弹下跌次浪分时图分析

（1）7 月 20 日（周一）分时图分析

如图 10 - 39，开盘 4102，收盘 3950，最高 4116，最低 3865，，振幅 251，约 6%。10:30 之前，期指围绕 4100 窄幅波动。10:30，终于下跌到更低一级价格轨道 4000 左右，13:00 之后，又滑向 3850 左右。这说明，这种下跌是很稳固的。

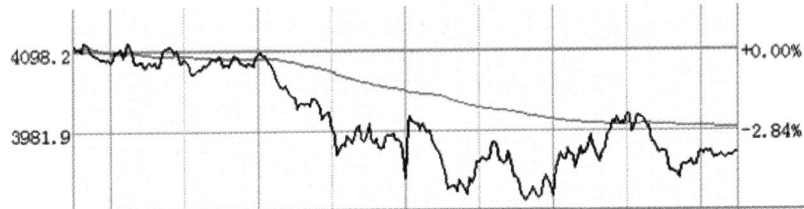

图 10 - 39　沪深 300 指数期货主力分时图（7 月 20 日）

从这些形态能够分析出操作层面的"国家队"很容易被利用。①首先，这些"国家队"是临时拼凑起来的，没有周密的事先布置，场面混乱，战斗力不强。就像淝水之战一样，没有精兵强将，打起仗来会失败。②部分狡猾的交易者可以临时做多，抬高价格，再转为做空，双向赚钱。③当"国家队"作为最大的交易者时，又不坐庄，即使坐庄，他的行迹也很容易被发现，并被利用。

也就是说，这次仓促救市，由于战术准备不足，结果可能是损失巨大，却收效甚微，达不到预期。最终的结果很可能是弊大于利。

（2）7 月 21 日（周二）分时图分析

如图 10 - 40，震荡幅度不大，给人一种印象，就是市场似乎已经企稳了。

上下影线长度一样，收出十字星。

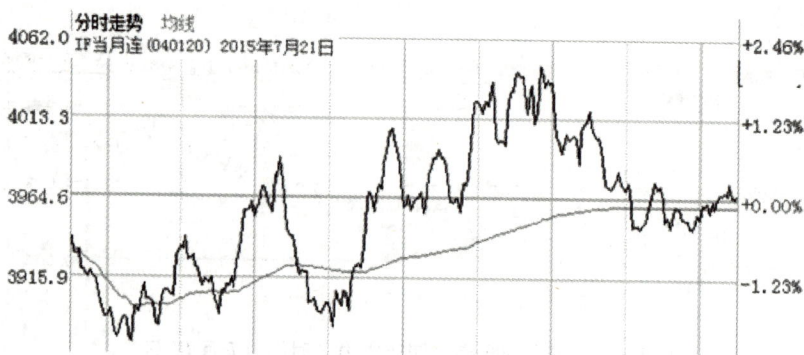

图 10 – 40　沪深 300 指数期货主力分时图（7 月 21 日）

（3）7 月 22 日（周三）分时图分析

如图 10 – 41，下跌的动能仍然存在，不过振幅不大。

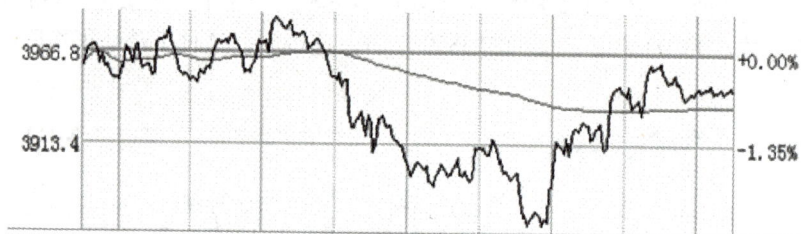

图 10 – 41　沪深 300 指数期货主力分时图（7 月 22 日）

6. 7 月 22 日（周三）—7 月 23 日（周四）反弹上升次浪分时图分析

（1）7 月 22 日（周三）分时图分析（同上，略）

（2）7 月 23 日（周四）分时图与 K 线图分析

如图 10 – 42，开盘 3942，收盘 4183，最高 4218，最低 3933，振幅 285，约 7%。

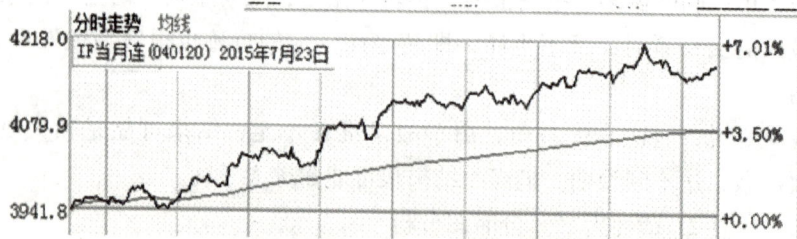

图 10 – 42　沪深 300 指数期货主力分时图（7 月 23 日）

多头势力强劲，9:20 之前，在 0 线处反弹上攻，一路走高。对于市场多头来说，他们想知道政府花了多少银子。如果政府花的银子不多，或者没有花银子，意味着行情好转。如果硬是政府砸出来的，那么这样的形态是脆弱的。

见图 10 - 43，5 日均线与 10 日均线是平坦的，绞在一起。上方的半年线是平坦的，30 日均线却是下跌的。7 月 24 日必须站在半年线，或者经过反复震荡，半年线与 5 日、10 日均线逐渐收拢，再站上半年线。

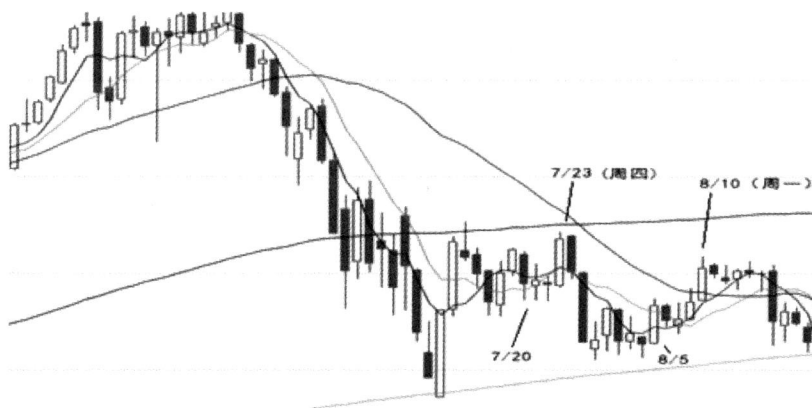

图 10 - 43　沪深 300 指数期货主力 K 线图（7 月 23 日）

7. 7 月 24 日（周五）—7 月 28 日（周二）反弹下跌次浪分时图分析

（1）7 月 24 日（周五）分时图分析

如图 10 - 44，7 月 24 日（周四），开盘 4195，收盘 4012，最高 4203，最低 3976。开盘在 4200 处纠缠了 20 分钟，10:37 至 1:59，4100 是支撑线。11:30，反弹至 0 线，13:00 至 13:19 又在此处纠缠了一会儿，13:39 跌到 4176

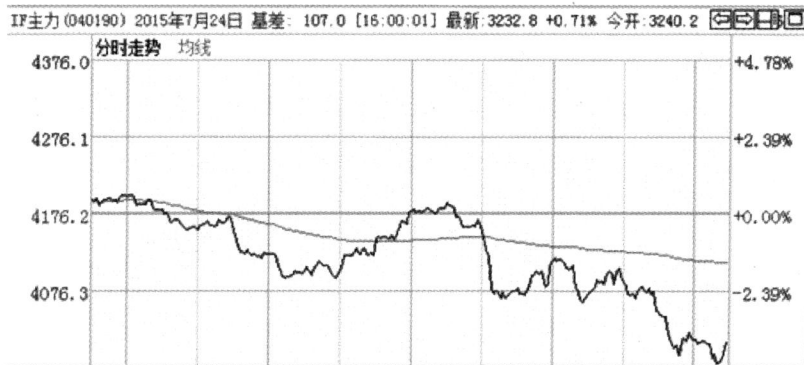

图 10 - 44　沪深 300 指数期货主力分时图（7 月 24 日）

线，反弹无法回到当日均线，又回到4076线，14:45终于离开此线下行，在4100线附近徘徊。

"孔雀东南飞，五里一徘徊"。孔雀在等着利好消息么？

从交易的角度来说，需要多头上冲半年线。大盘临近半年线，需要"马力"才能跑得动。多头却无所作为，原因可能有：一是庄家刻意调整前进的步伐，在遇到4200点的阻力时，回撤，采取守势。二是空头利用阻力位，发力试盘，以决定下步行动。三是多头隐瞒实力，诱空。第三种情况的可能性很小。前两种情况，都说明多头处于弱势。

7月24日，周末，又是在逼利多政策。

（2）7月27日（周一）分时图分析

如图10-45，7月27日，开盘4005，平开，收盘3647，最高4014，最低3647。

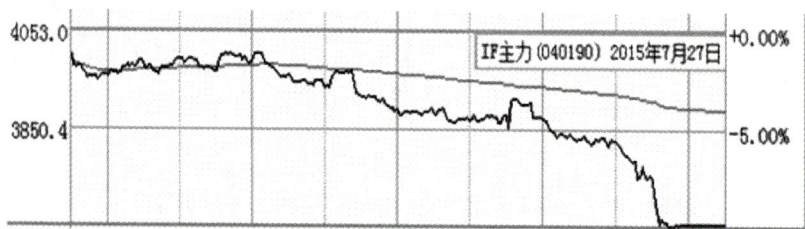

图 10-45　沪深 300 指数期货主力分时图（7 月 27 日）

周一，由于周末没有利好，行情一直处于弱势，14:00 至 14:48，48 分钟跌去 5%。14:48，跌停。跌停持续时间约半小时。周一暴跌乃至跌停成了股灾中的一个规律。当周一行情上涨时，人们说，这一周行情将不赖。但周二、周三又是跌跌不休，这是熊市的特点。

（3）7月28日（周二）分时图分析

如图10-46，7月28日，开盘3611，比7月27日收盘的3647点低开36

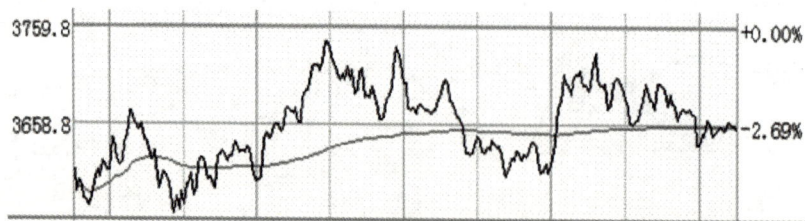

图 10-46　沪深 300 指数期货主力分时图（7 月 28 日）

点，收盘 3654，收小阳线，在 3749 与 3557 之间围绕当日均线震荡，振幅约 200 点，约 6%。0 线是压制线，3560 是支撑线。

8. 7 月 28 日（周二）—7 月 29 日（周三）反弹上升次浪分时图分析

（1）7 月 28 日（周二）分时图分析（同上，略）

（2）7 月 29 日（周三）分时图分析

如图 10-47，7 月 29 日，开盘 3683，高开 29 点，收盘 3821，收中阳线。最高 3828，最低 3802。9：36 前，三浪上升，达 3770。之后，震荡下行。10：28 至 1：35 在 3650 处支撑，后呈发散式反弹至当日均线。11：07 至 11：15 在当日均线纠缠。之后，13：34 滑到 3602。此处呈锯齿状反弹至 3828，100 分钟，振幅 226 点，约 6%。3600 是支撑线，多头将期指拉到 3800 一线。

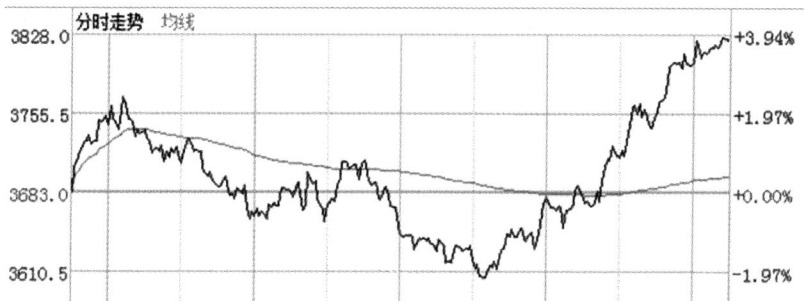

图 10-47　沪深 300 指数期货主力分时图（7 月 29 日）

9. 7 月 30 日（周四）—8 月 3 日（周一）反弹下跌次浪分时图分析

（1）7 月 30 日（周四）分时图分析

如图 10-48，7 月 30 日，收阴线，从 7 月 29 日又跌回原位，开盘 3819，平开，收盘 3653，最高 3822，最低 3580，振幅 242，约 6%。开盘不久即从 3800 一线降到并围绕 3750 一线震荡，上顶 3800，下底 3700，持续到 14：10。14：00 之后，从 3800 跳水，14：55，约 3610，一个时下降约 200 点，约 5%。

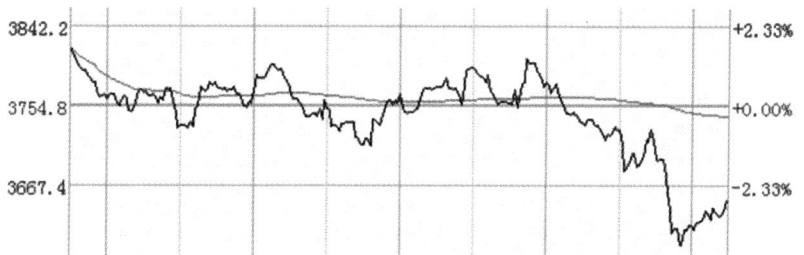

图 10-48　沪深 300 指数期货主力分时图（7 月 30 日）

其中，14:31 至 14:43 之间，在 3680 至 3720 之间震荡，即围绕 3700 线震荡。

笔者发现，盘面有时围绕 3700、3800、3900 等震荡，有时，又以 3700、3800、3900 等为支撑线或者压制线。

7 月 29 日尾盘的拉升效果在第二天弱化，国家队 7 月 29 日的努力又化为乌有了。

（2）7 月 31 日（周五）分时图分析

如图 10 - 49，7 月 31 日，开盘 3650，收盘 3693，最高 3782，最低 3611。行情总体在 3782 与 3611 间震荡。从图可见，大多数时间，行情在 3680 与 3620 间窄幅震荡，3700 是压制线，3600 是支持线。而且，为了防止空头进攻 3600 线，严防死守 3610 线。13:30 之后，冲上 2 格，14:00 后，又下跌 3 格，幅度 170 点，振幅约 4%。14:00 前后的行情怪怪的。

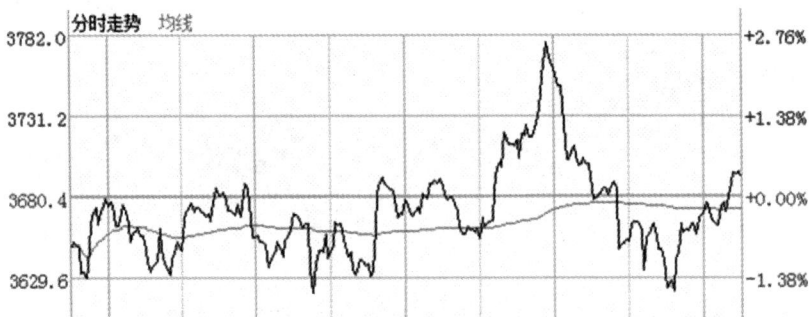

图 10 - 49 沪深 300 指数期货主力分时图 （7 月 31 日）

（3）8 月 3 日（周一）分时图分析

如图 10 - 50，开盘 3670，收盘 3636，收小阴线。最高 3674，最低 3548，振幅约 130，约 3%。3600 与 3550 是支撑线，而 0 线即 3660 线是压制线。反复的窄幅的 "VVV" 形震荡。

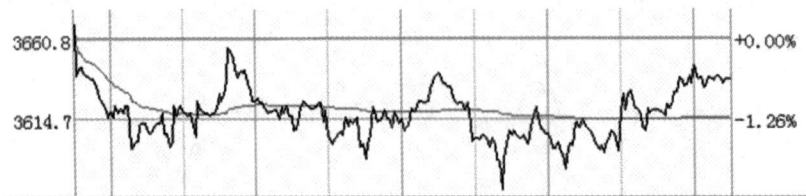

图 10 - 50 沪深 300 指数期货主力分时图 （8 月 3 日）

10. 8 月 3 日（周一）—8 月 10 日（周一）反弹上升次浪分时图分析

（1）8 月 3 日（周一）分时图分析（同上，略）

（2）8 月 4 日（周二）分时图分析

如图 10－51，8 月 4 日，市场上涨的幅度在 7% 左右。开盘 3640，收盘 3837，最高 3874，最低 3638，振幅 236，约 6.4%，最高升幅约 7%。盘面控盘度高，一个台阶一个台阶地往上走，3670，3720，3770，3810，3850。

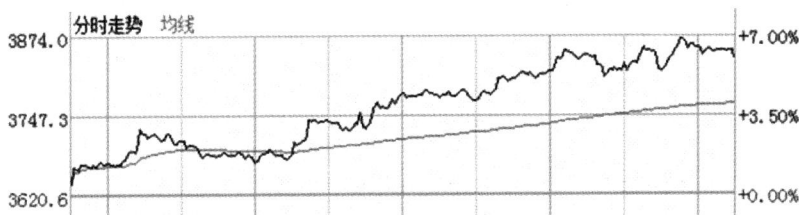

图 10－51　沪深 300 指数期货主力分时图（8 月 4 日）

如果没有国家队，这个信号是强势信号。在国家队的操作规律不可知的情况下，风险需要自己防范，保持谨慎乐观。这种控盘信号，由庄家发出，对庄家有利。

（3）8 月 5 日（周三）分时图分析

如图 10－52，开盘 3838，平开，收盘 3762，小阴线。最高 3846，最低 3727。最低点在五日均线上。当日振幅 120 点，约 3%。9:15 至 10:18，近一个小时的时间，价格围绕 0 线窄幅波动，没有方向。10:20 至 11:30 之间，价格跌幅达 3%。指数当日均线下方波动，弱势，但幅度窄。

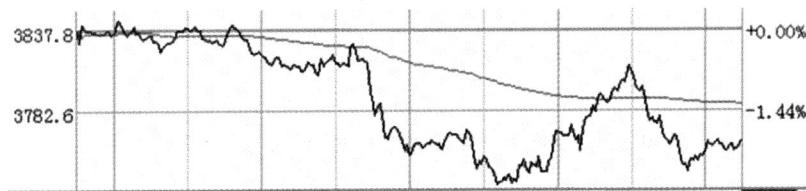

图 10－52　沪深 300 指数期货主力分时图（8 月 5 日）

（4）8 月 6 日（周四）分时图分析

如图 10－53，开盘 3731，收盘 3766，收小阳线。小阳线比小阴线好看，反映了多头的控制力稍强。最高 3849，最低 3693，振幅 150 点，约 4%。态势为"涨跌平"，大幅低开，但多头很稳健，一直到 11:30，下午开始下调，支撑线 3720，比最低点高。这样的走势能够聚集人气。

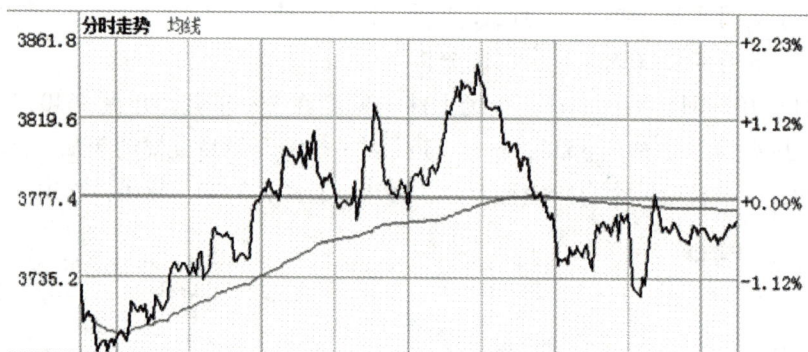

图 10 – 53　沪深 300 指数期货主力分时图（8 月 6 日）

最近窄幅震荡的结果，使 5 日均线与 10 日均线黏合起来。今天的支撑线是 3700，压制线是 3850。

（5）8 月 7 日（周五）分时图分析

如图 10 – 54，开盘 3754，低开，收盘 3865，涨幅 3%。最高 3928，最低 3765，振幅 160，约 4%。整个形态较好，围绕当日均线上下震荡，更多的是在线上震荡。压制线 3928、3900。支撑线是当日均线，上冲的次数达到 3 次，无奈只能下跌。

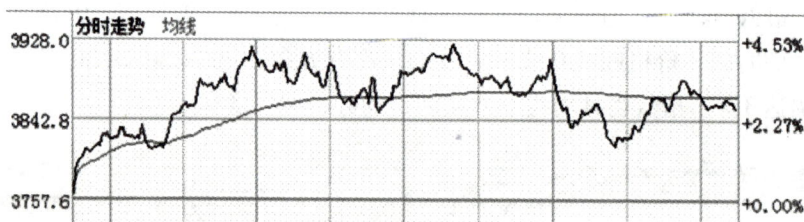

图 10 – 54　沪深 300 指数期货主力分时图（8 月 7 日）

（6）8 月 10 日（周一）分时图分析

如图 10 – 55，8 月 10 日，周一，开盘 3867，平开，收盘 4032，收中阳线，站稳了 30 日均线。最高 4089，最低 3866，振幅 223，约 6%。整个行情一路向上，近四天以来，底部不断被抬高。

11. 8 月 10 日（周一）—8 月 17 日（周一）反弹下跌次浪分时图分析

（1）8 月 10 日（周一）分时图分析

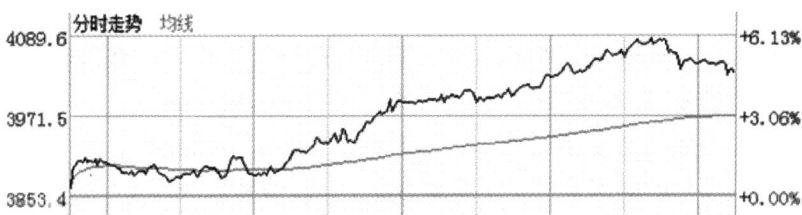

图 10 – 55　沪深 300 指数期货主力分时图（8 月 10 日）

（2）8 月 11 日（周二）分时图分析

如图 10 – 56，8 月 11 日，周二。开盘 4046，收盘 4001，收小阴线。最高 4056，最低 3983，振幅 73，约 2%，围绕当日均线窄幅震荡。弱偏空型市场整理，静候市场方向。

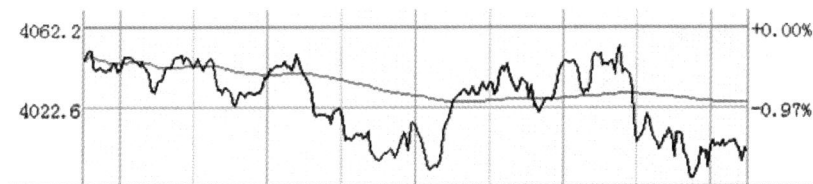

图 10 – 56　沪深 300 指数期货主力分时图（8 月 11 日）

（3）8 月 12 日（周三）分时图分析

如图 10 – 57，8 月 12 日，开盘 3982，收盘 3966，小倒锤形。最高 4049，最低 3952，振幅 97 点，约 2.5%。空头仍然谨慎，在观察市场。空头也许在等待多头的国家队满筹，弹尽粮绝，从而发起攻击。整体盘面感不好，非常突兀，压制线 4050，支撑线 3950，在 11:7 前后，有一脉冲上行，很快被拉下来，向市场发出了多头脆弱的信号。从该信号看，实际上是空头在主导行情，空头在控制行情的走势。目前的多头上涨，只是空头的一个策略，一种容忍，是消耗多头实力的一个策略。看来，是空头采取了放长线钓鱼的策略。

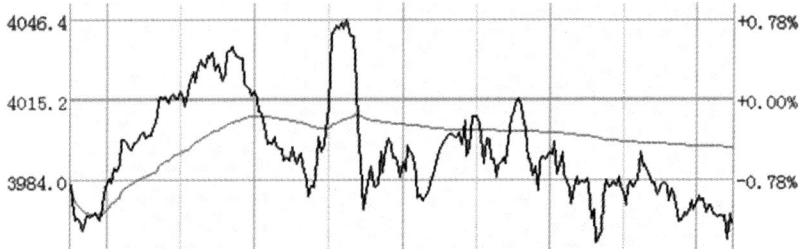

图 10 – 57　沪深 300 指数期货主力分时图（8 月 12 日）

在这场金融战中，政府是被动的，混乱的，没有事先的周密安排。而后来的再度暴跌，反映了政府救市的局限性。政府有钱其实也是相对的，政府有很多重要的事都需要花钱。政府被迫在股市上砸钱，被套牢，是迫不得已的选择：股市危机其实很严重，如果不救，可能爆发系统性金融风险。我们还是认为，如果能够不救市，就不要去救市，救市要慎重。

（4）8 月 13 日（周四）分时图分析

如图 10 - 57，开盘 3975，收盘 4015，最高 4028，最低 3920，波动幅度108，约 2.5%，形态近似向右倾斜的 "N"，即涨—跌—涨。在 11:20，达到当日最低点。救市行情，常在 1:30 或者 14:00 之后变换盘面方向，上午你唱戏，下午我唱戏，此起彼伏。今天上午创出最高价和最低价，下午反弹的价格没有超过这个最高价。

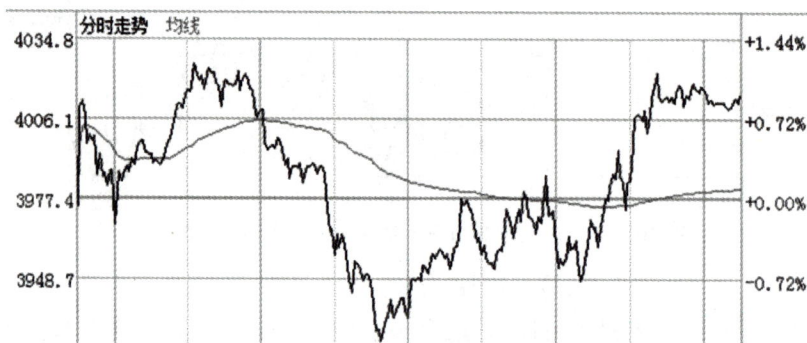

图 10 - 58　沪深 300 指数期货主力分时图（8 月 13 日）

（5）8 月 14 日（周五）分时图分析

如图 10 - 59，开盘 4021，收盘 4008，最高 4064，最低 3980，窄幅震荡84 点，约 2%。多头的力气比 8 月 13 日弱，下午无力反弹，4000 点支撑线被击破，收盘于 4000 点。这是空头试探性的行情，窄幅震荡中试探，成本较

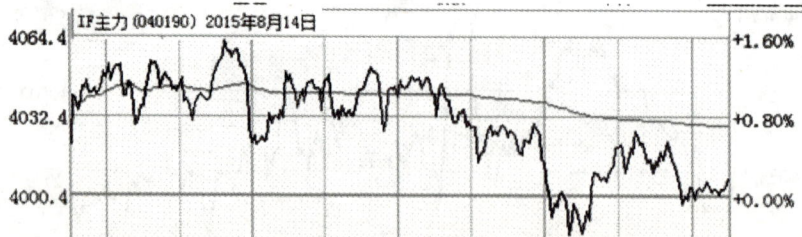

图 10 - 59　沪深 300 指数期货主力分时图（8 月 14 日）

低。在本轮股灾中，4000 点是个重要的支撑价位。但是，轻易地被击穿了。尽管 3980 离 4000 只有 20 个点。但是，隐含的意味却很多。上午多空双方围绕当日均线反复震荡，下午，空方占优。

（6）8 月 17 日（周一）分时图分析

如图 10－60，开盘 4002，收盘 4003。最高 4016，最低 3911。空头仍然在试探，开盘急跌，从 4000 点下挫到 3950，被多头拉起，9∶39 又下挫，在 3900 处支撑。10∶30 与 11∶10 在 3900 都获得了支撑，之后一直上升，在 4000 点压制，收于 4000。周一行情表明，4000 已经成了前期的底，后期的顶了。在这个重要节点，行情展开得很谨慎。

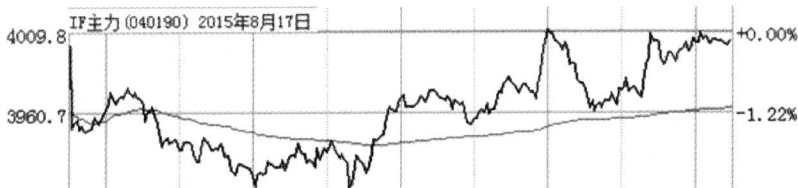

图 10－60　沪深 300 指数期货主力分时图（8 月 17 日）

这个关键节点被打开，后面下跌的空间也被打开。实际上，行情走势是多空双方真金白银的较量，与打仗差不多。一般来说，多头并不知道自己的队友是谁，只能从盘面上判断。对于个股来说，除非庄家之间互相通风报信，否则，并没有一个统一的指挥者。为了减少风险，大多数庄家都会选择与大盘共振，只是幅度不同。若没有大盘的多头烘托，逆势而为的庄家也容易亏损。为了共同坐庄，庄家会发出一些盘面信号，邀请其他多头与自己一起抬高价格；在价格高位，庄家会隐瞒信号，以便自己出货。有经验的研究型的投资者，可以识别这些信号。

五、8 月 18 日（周二）—8 月 26 日（周三）第四波下跌及 8 月 26 日—9 月 30 日第四波反弹震荡分析

反弹震荡由下列次浪组成：①8 月 26 日—8 月 28 日（周五）上升次浪。②8 月 28 日—9 月 1 日（周二）下跌次浪。③9 月 1 日—9 月 9 日（周三）上升次浪。④9 月 9 日—9 月 14 日（周一）下跌次浪。⑤9 月 15 日—9 月 16 日（周三）上升次浪。⑥9 月 16 日—9 月 30 日下跌次浪。其中，9 月 16 日—9

月 30 日的下跌次浪又可以分为更小的涨跌形态。

8 月 17 日—8 月 21 日这一周表明，周一的下跌为整个一周的下跌打开了基础。

8 月 18 日（周二）—8 月 26 日（周三）第四波下跌

（1）8 月 18 日（周二）分时图分析

如图 10 – 61，8 月 18 日，行情在前期谨慎试探的基础上，空方向下突破。开盘 4015，收盘 3755，最高 4048，最低 3633，振幅 410，约 10%。这么大的幅度，足以使谨慎的多头恐惧。空方先后破 4000、3900、3800、3700 四个价位，14:49 开始，行情从 3633 反弹至 3755。

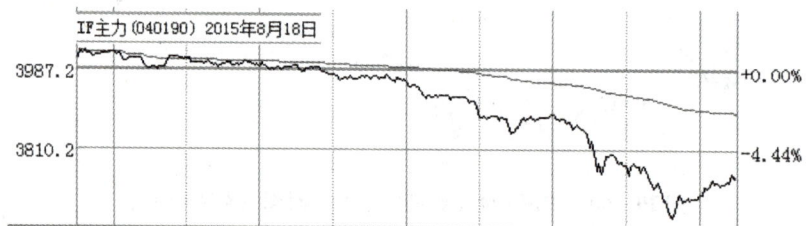

图 10 – 61　沪深 300 指数期货主力分时图（8 月 18 日）

（2）8 月 19 日（周三）分时图分析

如图 10 – 62，8 月 19 日，周三，开盘 3736，收盘 3808，最高 3850，最低 3653。上午在均线之上震荡，走势良好，步伐也齐。11:08 达到当日最低价，14:39 达到当日最高价，一个半小时内振幅 197，约 5%。上午在 3775 附近受到明显的压制，或者说这个价位多头不愿上冲，或者无法上冲，是短期压制线。从 10:36 的 3775 下跌到 11:08 的最低价 3653，半小时内下跌了 100 点。

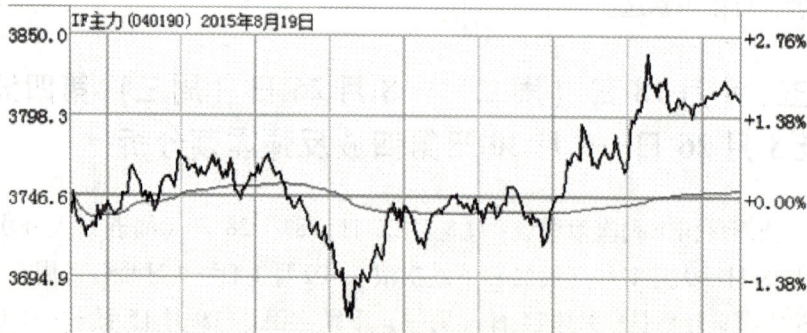

图 10 – 62　沪深 300 指数期货主力分时图（8 月 19 日）

接着反弹至当日均线，11：25 至 14：26 围绕当日均线震荡，14：38 达到最高
3850 点，2 个小时震荡 197 点，约 5%。当日收阳，涨幅约 2%。

（3）8 月 20 日（周四）分时图分析

如图 10 - 63，8 月 20 日，周四，开盘 3802，收盘 3748，最高 3829，最低
3736。3800、3830 是压制线，3760、3730 是支撑线，多空双方在狭窄的空间
里展开你推我搡的争夺，步伐很明显。10：21 至 11：26，多方发力，产生了当
日最高价，并将价格推至更高一级的区域；但是，十分钟之内，又跌入 3800
至 3760 的震荡区域；14：16 之后，一路下滑，并在新的 3760 至 3630 的区间
震荡。

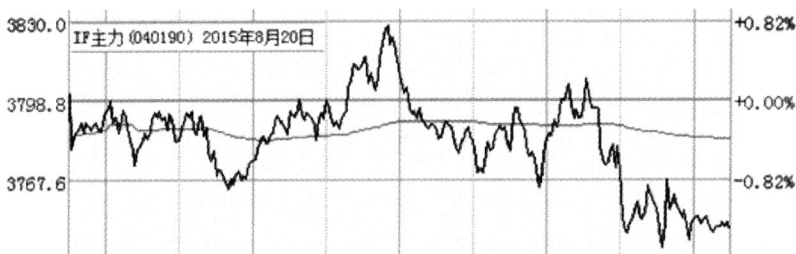

图 10 - 63　沪深 300 指数期货主力分时图（8 月 20 日）

（4）8 月 21 日（周五）分时图分析

如图 10 - 64，8 月 21 日，周五，开盘 3580，跳空，比 8 月 20 日收盘价
3748 低开 170 点，约 4%，收盘 3469，最高 3617，最低 3408。整个价格在
3600 至 3400 之间震荡，只有四天时间，但指数距 4000 点已经很遥远了。上
午行情小三浪上涨至 9：39，接着，四浪下跌，11：30 的指数 3440。这个过程
中，反弹的力度越来越弱，而指数下跌的幅度越来越大，越来越快。下午是
反弹行情，从 3440 反弹至 3570，力度不可谓不小，约 3%。但是，在空头坚
决凶狠的攻击前，支撑不住，14：16 开始下滑，完成上攻动作，下跌过程又创
下当日最低价 3408。

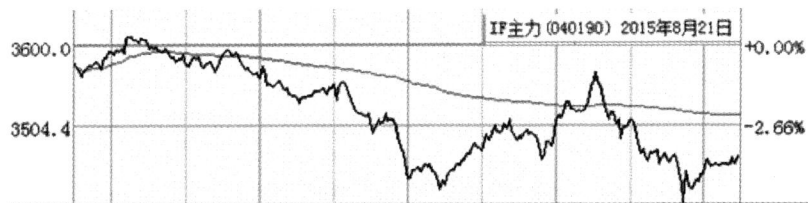

图 10 - 64　沪深 300 指数期货主力分时图（8 月 21 日）

虽然从分时图上显示的下降 2% 不到，但实际上，今日收盘指数 3469 比上一日收盘指数 3748 下降约 8%，且大幅跳空低开。

（5）8 月 24 日（周一）分时图分析

如图 10 - 65，开盘 3391，收盘 3132；最高 3398，最低 3132。行情一泻千里，开盘基本上即最高价，比昨日收盘价低开 2%。先后五次跌停，最终被锁定在跌停板上。10∶12 即冲击跌停，但很快被多头打开，反弹 2.5%。之后，11∶15，再被空头打趴在地上，又跳起，11∶30 再被打趴，13∶30 至 14∶10，跌停又被打开，至此，多头被锁定在跌停线，无法动弹。

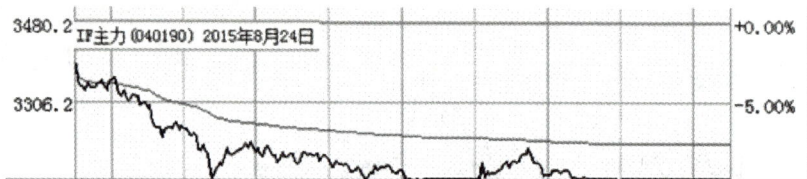

图 10 - 65　沪深 300 指数期货主力分时图（8 月 24 日）

投资机会。第一次跌停是极佳的投资机会，因为跌停时间太早，很容易被冲开。如果设定止盈 50 个点，轻松盈利。实际上冲约 90 个点。

（6）8 月 25 日（周二）分时图分析

如图 10 - 66，8 月 25 日，周二，开盘 3050，比昨日收盘 3132 低开 80 点，约 3%。收盘 2831，最高 3106，最低 2821。多头在当日均线上方一浪浪地上攻，终无法突破 3100 压制线。多头三次进攻，每次上升幅度 60 点，约 2%，皆被压制下去。多头无法突破空头设置的屏障，最终斗志渐无，放弃抵抗。13∶00 之后虽有十分钟的抵抗，但很快下滑，一个小时之内，14∶14 跌停。14∶24 之前，跌停两次被打开，但上升的幅度极其微弱，最终被打趴在地上，一直到 15∶15 收盘时为止。

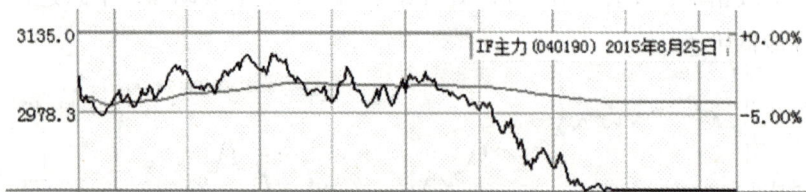

图 10 - 66　沪深 300 指数期货主力分时图（8 月 25 日）

投资机会。10∶36，当盘面第三次上冲 3100 失败的时候，是较好的做空机会。可设止损 20 点，止盈 100 点。从 10:36 至 14:14，实际跌幅 270 点。

（7）8 月 26 日（周三）分时图分析

如图 10 - 67，8 月 26 日，周三，开盘 2852，比昨日收盘 2831 高开 21 点，今日收盘 2749。最高 3024，最低 2686。这是继 8 月 21 日大跌以来的第四个交易日，万事不过三，估计在下跌的惯性消除之后，将有所反弹。当日振幅 340，约 11%，巨幅震荡。多头在 10:40 的 2775 拉升指数至 13:18，当日最高价 3024，升幅 250 点，约 8%。但出人意料的是，13:18 之后，行情一路下滑，且创下新低。两个小时之内，下降约 11%。

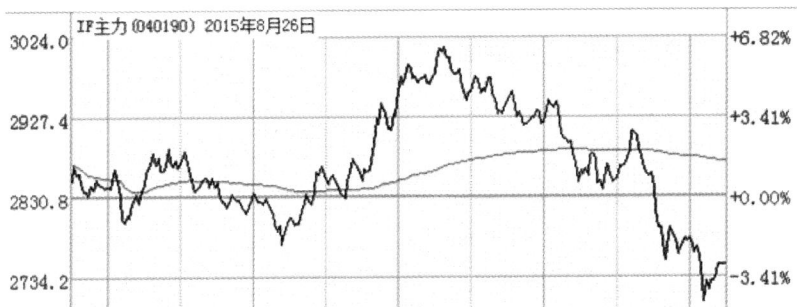

图 10 - 67　沪深 300 指数期货主力分时图（8 月 26 日）

投资机会。10:55 左右的指数 2830 是投资机会，因为当日均线平坦，大跌三日的反弹动能会起作用，可设止损 30 点，止盈 120 点。对于实力雄厚的投资者，可在尾盘 2686 附近做中线多单，因为持续大跌的概率要比反弹的概率小多了，震荡可能是难免的。

极端的行情总是伴随着投资机会，所谓危中有机。关键在于谨慎把握，准备充分，不贪婪，不恐惧。

图 10 - 68，从 8 月 18 日的最高点 4048 到 8 月 26 日的 2686，跌幅 1362 点，跌 33%。至此，巨大的投资机会之门打开了。别人恐惧的时候，就是你兴奋的时候，这是价值投资的心理学精髓。

2. 8 月 26 日（周三）—8 月 28 日（周五）上升次浪

（1）8 月 26 日（周三）分时图分析（同上，略）

8 月 26 日，在近期底部，多头发力拉出了长上影线图。多头面临的第一个任务就是将价格拉到 5 日均线。

（2）8 月 27 日（周四）分时图分析

如图 10 - 69，8 月 27 日，周四，开盘 2830，收盘 3030，最高 3050，最低

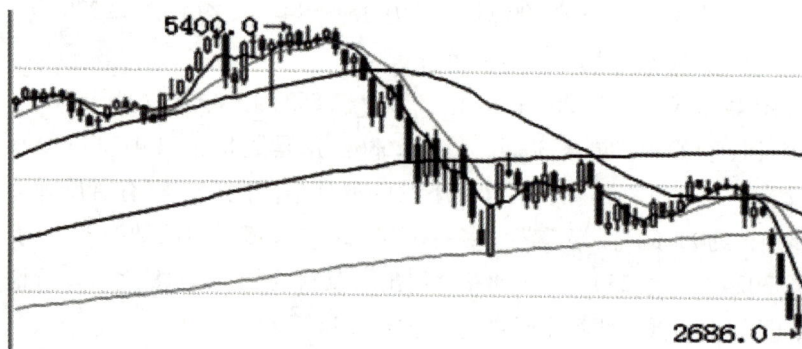

图 10 - 68　沪深 300 指数期货主力 K 线图（8 月 26 日）

2819，振幅 230。开盘 2830 比昨日收盘 2749 高开 2%。支撑线 2824，压制线 3000。上午 10：21 之前，谨慎地在当日均线之上震荡。10：21 至 11：30 在当日均线的下方震荡。13：00 至 14：24 又在当日均线上下方各震荡一次。10：30 至 11：30，空头发力，11：17 下拉指数约 4%，但被多头迅速拉上当日均线。13：21 至 14：12 之间，空头再次将多头下拉 5%。但是，多头从 14：12 至 14：43，多头直拉了 8%，约 230 点，从而一改尾盘往往由空头控制的局面。

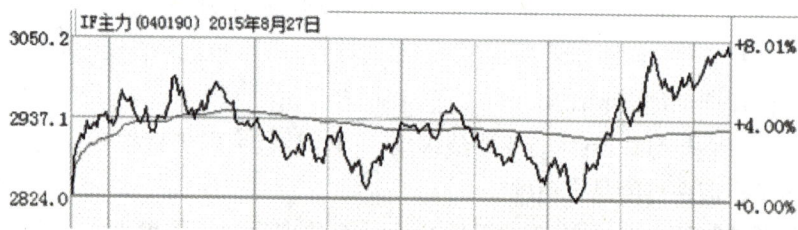

图 10 - 69　沪深 300 指数期货主力分时图（8 月 27 日）

　　投资机会。①10：15，当多头第三次上攻未创日内新高时，局部回落就成了必然，至少回落到当日均线，有 40 点的做空空间。一般会破均线，所以，还可以放大盈利空间一倍，设止损 20 点，止盈 80 点。②在 14：43 是投资机会，第二次触及昨日收盘价，显示多头在控制场面。以 2824 下限价多单，止损 25 点，止盈 86 点（均线 2910），如果激进一些，可设止盈 170 点。收盘 3050，比预期 3000 点高出 50 点，多头强硬。

　　（3）8 月 28 日（周五）分时图分析

　　8 月 28 日，周五，开盘 3085，收盘 3188，最高 3228，最低 3013，振幅

215，约 7%。开盘比昨日收盘价高开 50 点，之后沿均线微幅震荡，震荡幅度
不断扩大。11:10 震荡至上午最高价，受限于压制线 3100。13:15，最低沪深
300 期指 3013，之后行情一直上扬，在 15:10 左右创日内新高。尾盘 15 分钟
内的上扬，预示着第二天的行情将上涨。在 14:45 至 15:15 半小时内上升幅
度 4.4%。

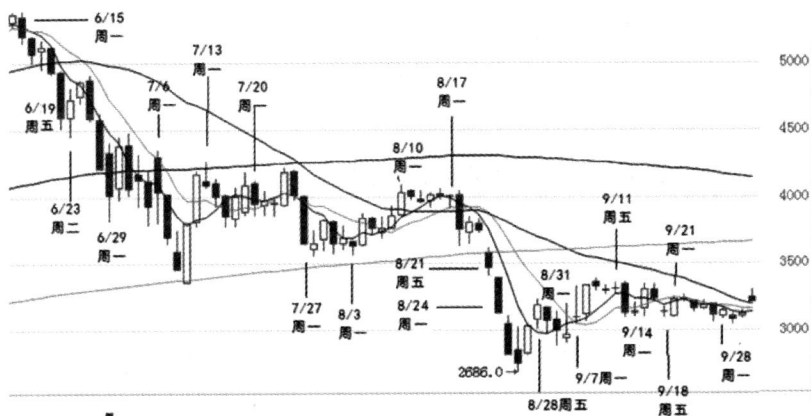

图 10 - 70　沪深 300 期指 9 月 30 日线图

投资机会。从图 10 - 71 看出，今天站稳 5 日均线上，上攻 10 日均线是大
概率事件。10 日均线的指数 3300 左右，需要一个涨停板。所以，13:15 是投
资机会，止损 20 点，止盈 80 点，激进的止盈 150 点。

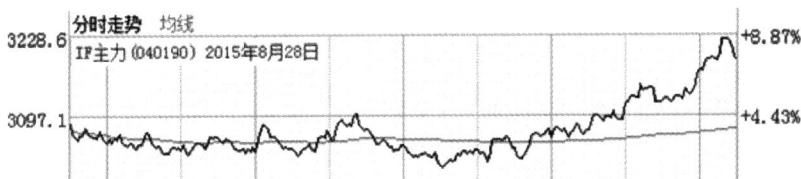

图 10 - 71　沪深 300 指数期货主力分时图（8 月 28 日）

3. 8 月 28 日（周五）—9 月 1 日（周二）下跌次浪

（1）8 月 28 日（周五）分时图分析（同上，略）

（2）8 月 31 日（周一）分时图分析

如图 10 - 72，8 月 31 日，周一，开盘 3170，比上一日期指收盘 3188 低
开 18 点。收盘 3070，最高 3170，最低 2983，振幅 190 点，约 6%。开盘即下

跌，开盘价即为当日最高价。14:00 之前，一直在当日均线下方震荡，13:11至 13:17，在 2990 上下震荡。13:47 开始跨线震荡。

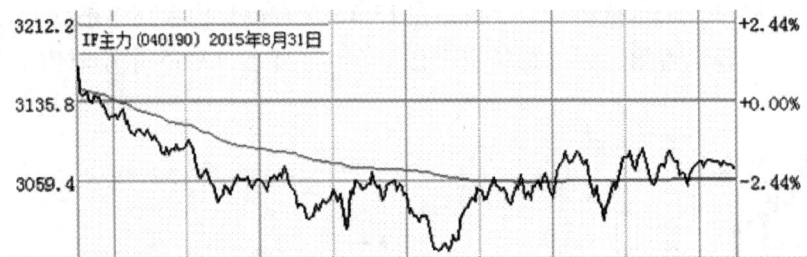

图 10 – 72　沪深 300 指数期货主力分时图（8 月 31 日）

由图 10 – 67，多头需要反弹到 10 日均线。但是，多头选择的行动是回归 5 日均线，说明多头的力量比较弱。

（3）9 月 1 日（周二）分时图分析

如图 10 – 73，9 月 1 日，周二，开盘 3080，比昨日收盘期指高开 10 点。今日收盘 2999，最高 3140，最低 2886，振幅 260 点，约 8%。开盘微涨后，空头快速向下打压，10:22 时，创下当日最低点 2886，一个小时的时间幅度8%，力度空前，向市场传达的是恐慌的信号。这种快速凶狠杀跌受到多头，估计是国军的拉抬。10:22 至 11:30，期指从 2886 拉抬至 3100，一个小时左右振幅约 200 点，约 7%。下午，均线横盘，双方围绕 3010 均线上下震荡，空方放弃原定打压方案。

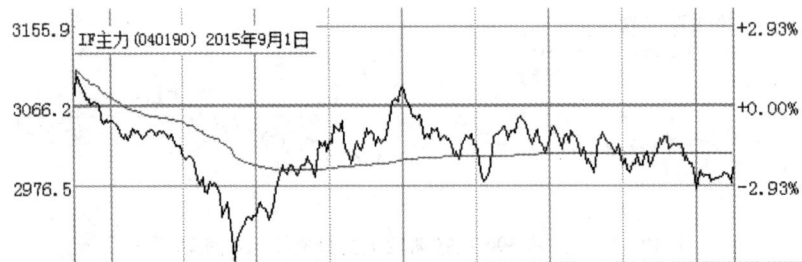

图 10 – 73　沪深 300 指数期货主力 9 月 1 日（周二）分时图

4. 9 月 1 日（周二）—9 月 9 日（周三）上升次浪

（1）9 月 1 日（周二）分时图分析（同上，略）

（2）9 月 2 日（周三）分时图分析

9 月 2 日，周三，全国放假三天，观看抗战阅兵。今天的行情特点是长上影线。说明多方的看多，受到空方的猛烈压制。

如图 10-74，周三，开盘 2939，收盘 2965，最高 3200，最低 2910。开盘低开，比昨日收盘价 2999 低开约 3%。震荡 290 点，约 9%，且"A"字形走势。11:30 之前，低开高走，从 2910 涨到 3200，涨 9%。11:30，当日最高价。11:30 至收盘，下降 230 点，约 8%。如果能够准确预见，一天的收益有 15 万元。所以，对于个人投资者来说，最大的危机就是最大的机遇。需要你倾心而为。

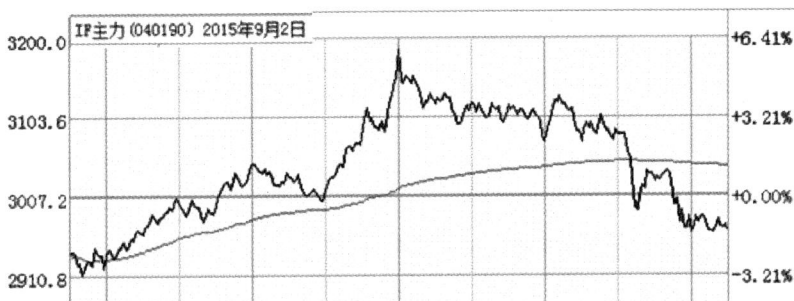

图 10-74　沪深 300 指数期货主力分时图（9 月 2 日）

（3）9 月 7 日（周一）分时图分析

期间，9 月 4 日与 9 月 5 日由于抗战阅兵放假三天，交易所闭市。9 月 7 日是抗战阅兵成功后的第一天，市场反应应该是利多。

图 10-75，开盘 3099，比 9 月 3 日收盘 2965 高开 134 点，约 4%。今日收盘 3096，最高 3329，最低 3050，振幅 280，约 9%。开盘后跌至 3050，很快直线上攻，9:45，瞬时涨停，3329 点，上涨 280。10:02 从涨停降至当日均线，10:02 与 13:23 之间，围绕当日均线上下 50 点左右的震荡。13:23 之后，跌下当日均线，埋头向下。这是抗战胜利阅兵后第一天的行情。行情开盘很猛，9:45 之前就开始冲击涨停。但是，市场的空头在多头冲击涨停时，迅速将其砸下，并在 5% 线展开争夺，见图 10-70。空头决心不小，最终盘面上

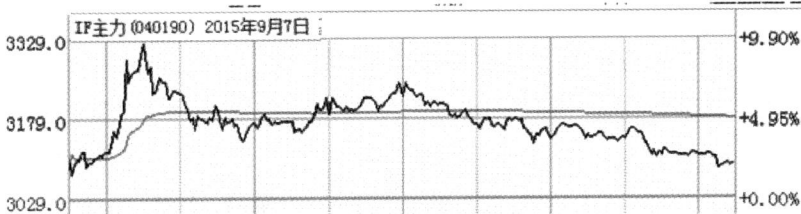

图 10-75　沪深 300 指数期货主力分时图（9 月 7 日）

留下了长长的上影线。

（4）9 月 8 日（周二）分时图分析

图 10-76，9 月 8 日。开盘 3120，收盘 3338，最高 3339，高低 3075。日间振幅达 260，约 9%。开盘与昨日收盘价高开 24 点，之后，下跌 1.5%。接着，行情围绕当日均线向上走，经过四浪，约在 10:40 达到局部极大值，接着 13:13 分，回调到 3110。之后，多头义无反顾地拉抬指数，15:15 达到最大值 3339，2 个小时内上升 230，约 7%。多头始终觉得抗战阅兵的成功是重大利好，应该体现到期指中去。

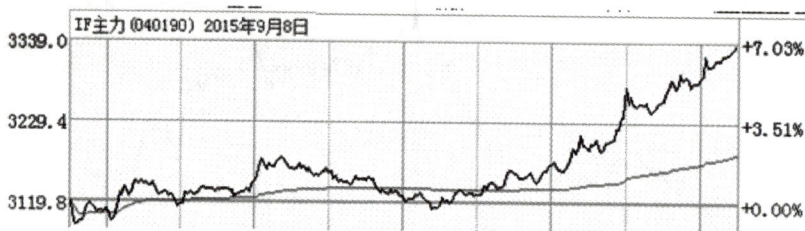

图 10-76　沪深 300 指数期货主力分时图（9 月 8 日）

在市场经济这个根本的生产力与生产关系的矛盾统一运动体系中，国家上层建筑与市场经济的矛盾运动中，市场经济将推动着上层建筑向着适应自己、双方良性互动的方向发展。对于国家体制，是需要摸索的。也就是国家制度基本属性一定的前提下，存在多种国家治理形式，也就是多种体制。英国在第二次世界大战后说自己是社会主义国家，部分科学家和经济学家具有社会主义思想，并因此自愿向苏联提供机密的核武器情报。改革开放，一方面由上层向基层推动，另一方面，基层也向上层推动着变革。这种双向的运动是复杂的，影响因素众多，即所谓的中国国情。一旦国情被忽略或错误地解读，国家就会出乱。

（5）9 月 9 日（周三）分时图分析

如图 10-77，在 9 月 7 日空头对多头的压制以及 9 月 8 日多头对空头的反压制，双方都登台表演了一场。9 月 9 日围绕当日均线上下波动，开盘 3364，收盘 3328，最高 3388，最低 3292，日间震荡 96 点，约 3%。多空双方暂时势均力敌。

投资机会。行情在 3300 是支撑线，3400 是压制线。9:26 与 9:34 两次向下冲击 3300，都被止住了。之后，行情向上走了三浪，11:01 是第三浪，比第

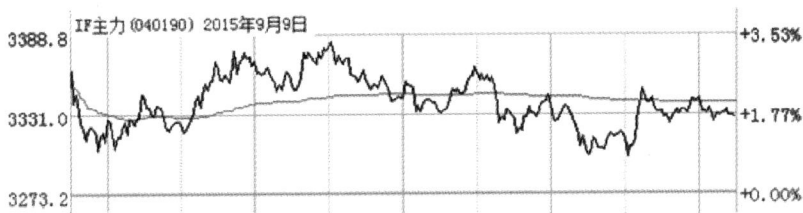

图 10-77　沪深 300 指数期货主力分时图（9 月 9 日）

二浪高，但是所创新高的增幅较小。该点是做空卖出点。根据 6 月 15 日以来的震荡模式，必下跌。可以设置止盈 25，对于止损，用条件单，若价格高于 3388，则要卖出，以第一次穿越 3388 为交易条件。

5. 9 月 9 日（周三）—9 月 14 日（周一）下跌次浪

（1）9 月 9 日（周三）分时图分析（同上，略）

（2）9 月 10 日（周四）分时图分析

图 10-77，围绕 3300，窄幅震荡。开盘 3308，比昨日收盘价 3328 低 20 点。今日收盘 3296，小十字星。最高 3336，最低 3268，日间震荡 2%，68 点。行情弱势震荡，多空双方都比较谨慎，在震荡中寻找市场的方向。

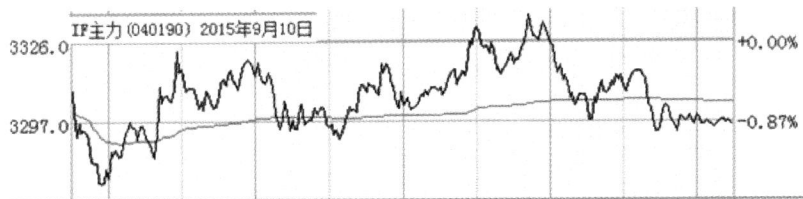

图 10-78　沪深 300 指数期货主力分时图（9 月 10 日）

（3）9 月 11 日（周五）分时图分析

图 10-79，开盘 3310，收盘 3311，最高 3354，最低 3278，日间震荡 76 点，约 2%，窄幅震荡。自 9 月 7 日提高交易手续费以来，期货成交量萎缩，每天的振幅也缩小了。

投资机会。10:36 创当日局部最高，由于当日均线是平的，最高值与前一次最高值相差无几，说明行情要下行震荡，适合短空。以市场指数为成交指数，止盈 30 点，止损于 3354 点，可设条件单。

分时图高开低走，先在均线上方震荡爬行，后在均线下方震荡下行。我们看到，股灾的时候，这样的分时图不止一次。

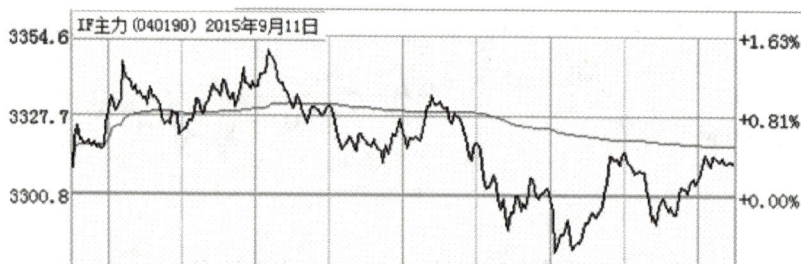

图 10 – 79　沪深 300 指数期货主力分时图（9 月 11 日）

（3）9 月 14 日（周一）分时图分析

图 10 – 80，9 月 14 日，周一。开盘 3350，高开 1% 多，收盘 3130，最高 3360，最低 3101。9 月 7 日，9 月 9 日，9 月 10 日，9 月 11 日这三天，是空方观察多方下一步行动的时间窗口。空方见多方没有下一步行动，空方发力。日间震荡 250 点，约 8%。这又属于典型的高开低走的行情，11:15 至 11:30 的十五分钟，下跌约 100 点。9:15 到 11:15，从 3350 下跌到 3250，下降约 100 点。如果当日跌破 3075，未来的行情将十分不妙。多头在 13:00 的 3150 处做多，13:29 升至 3220 后，又继续下滑。13:30 从 3220 下滑到 14:23 的 3100，下滑 100 点。空头发力，每次打压 100 点。当天的行情没有悬念，从五日均线之上下跌到十日均线之下。

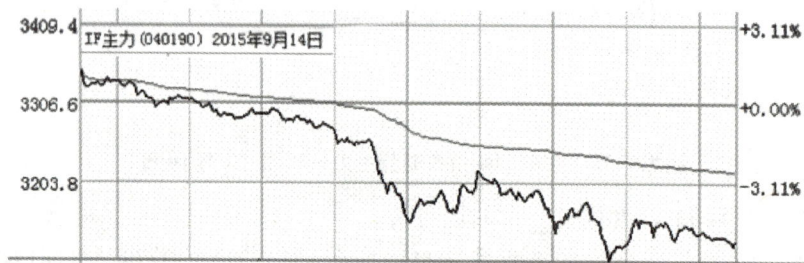

图 10 – 80　沪深 300 指数期货主力分时图（9 月 14 日）

投资机会。在周日无利多，9 月 11 日前几日的行情多头没有发力的情况下，空头可能要发力。事实上，今日分时图是典型的单边下跌行情，可开盘做空或在 09:30 从分时图贴近当日均线时做空，到 11:30 平仓。这样，收益有保证，避免下午可能发生的反弹。当然，如果你愿意承担风险，在盈利的基础上，下午也可以持仓，设定止损点。

6. 9 月 15 日（周二）—9 月 16 日（周三）上升次浪

（1）9 月 15 日（周二）分时图分析

图 10 – 81，9 月 15 日，开盘 3131，平开，收盘 3142，最高 3209，最低 3103，日间震荡 100 点，约 3%，窄幅震荡。10:50 之前，在均线上震荡；之后，在当日均线之下震荡，行情偏弱。3200 是压制点，3100 是支撑点。9 月 14 日空方冲击 3100，后被拉起到 3130；上午的行情，多方对 3100 很敏感，在 3103 与 3115 等设置了防御。14:07 冲击 3110 被迅速拉起至均线的 3160 点，之后又快速震荡下行，14：52，至 3103 点，再度反弹至 3142 点。

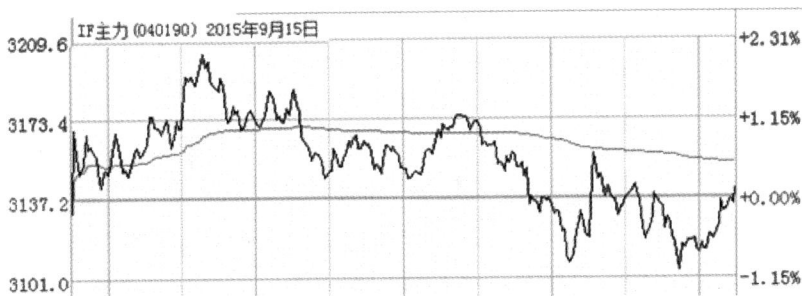

图 10 – 81 沪深 300 指数期货主力分时图（9 月 15 日）

9 月 14 日的大跌释放了空头的能量，今天，多头不断在空头冲击 3100 时，迅速拉起，拉向均线，并且使期指不偏离 10 日均线。

投资机会。①3200 处的做空，止盈 30，止损 15。②3100 的做多，止盈 30，止损 10。

（2）9 月 16 日（周三）分时图分析

图 10 – 82，对 9 月 14 日下跌行情的修正姗姗来迟，但终于还是来了。开盘 3161，收盘 3304，最高 3346，最低 3110，比昨日收盘 3142 高开。3130 是今天的支撑线，13:16 之前，先后多次在该价位震荡，但无法突破。13:46 创

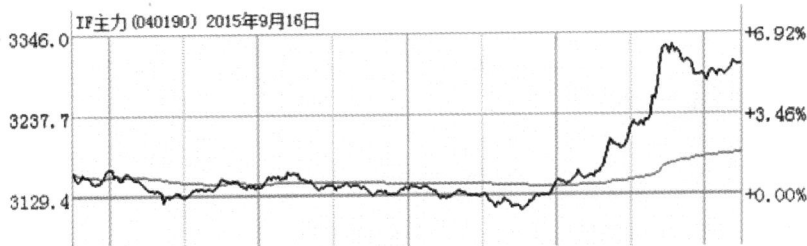

图 10 – 82 沪深 300 指数期货主力分时图（9 月 16 日）

日间最低价，多方开始发力，14:45 达到日间最高点 3346，一个小时震荡 236 点，约 8%。这种幅度的震荡。一定是主力发言了，但是主力也是勉勉强强，在交易日的最后一个小时才表态。在当前盘面下，这预示着第二天的行情可能先涨后跌，或者涨跌涨，但是，涨的幅度没有跌的幅度大。

从 8 月 18 日的 4048 下降到 8 月 26 日的 2686，其中间点是 3367。事实上，反弹的最高点是 9 月 9 日的 3388。之后，指数一直阴跌，也就是涨一天跌一天。但是，涨的幅度没有跌的幅度大。可见，新近大跌后的反弹仅仅达到了 50%。这说明，盘面还是较弱的，大盘向下的压力很大，不容乐观。如果看多的势力不断受到压制，大举反弹的希望破灭，股市就会新一轮大跌。目前来看，多头的力量仍在积累，在寻找做多的机会。

正是盘面语言告诉我们，这是超跌反弹。在这种行情下，策略是逢大涨出货，逢大跌加仓。处理好买卖节奏，如行情的三天涨三天跌，或者二天涨三天跌，等等。如果盲目乐观，逢大涨加仓，逢大跌平仓，则会损失较大。同时，对于期指的日间交易，可利用分时图的运动模式，判断买卖点。只要不贪婪，操作有纪律，选择自己能把握的分时图运动模式，止损止盈，是可以赚钱的。投资，包括对 K 线的分析，要建立在自己独立的客观的基础之上，尽量不要听别人的鼓吹。在这种危中有机的情况下投资，要有独立科学的判断，要有敏锐的眼光。

在这次股市动荡中，有经验的投资者或者有内幕消息的投资者，将获利丰厚。

7. 9 月 17 日（周四）—9 月 30 日（周三）下跌次浪

（1）9 月 17 日（周四）分时图分析

如图 10-83，开盘 3304，平开，收盘 3240，最高 3347，最低 3228，日间震荡 120 点，约 4%。今天的压制线有两条，一是 3300，二是 3350。支撑线有 3250 与 3200。今天的行情非常有意思：①在收盘前的四十多分钟创下日间最高价与最低价，反映了空头的谨慎。②多头展开一轮轮的波浪形的进攻，但是，疲态尽显，在空头面前迅速阵形崩溃。3304 至 3252 的空间被分成两半，均线之上是多头阵地，均线之下是空头阵地。行情先对昨日冲高进行修正，支撑线在 3250。10:09，行情收了均线，在 3300 与均线之间反复震荡，11:30 达到 3300。下午的行情在 3000 与 3500 间震荡，也是一浪高过一浪。但是，3350 的压制，从图形上看，三次均无法穿越。这时只有一种可能，下跌。但是，没有想到，下跌的幅度还挺大，冲击 3200，但是在 3220 左右被拦截了。

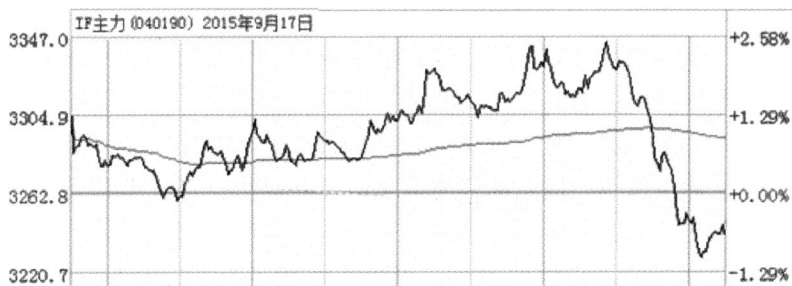

图 10 - 83　沪深 300 指数期货主力分时图（9 月 17 日）

投资机会。14:25 的 3350，有一个做空的机会。设立止损 20 个点，止盈
80 个点，成交指数 3350。

（2）9 月 18 日（周五）分时图分析

如图 10 - 84，开盘 3143，大幅低开，低开 100 点，约 3%，收盘 3139，
最高 3170，最低 3098，日间震荡 72 点，约 2%。这里有一个有趣的问题，就
是日间均线是如何计算出来的？因为昨天所有时刻的指数都在 3200 点之上，
那么何来的 3157？由于不知道均线值，所以我一般不敢在开盘时参与集合
竞价。

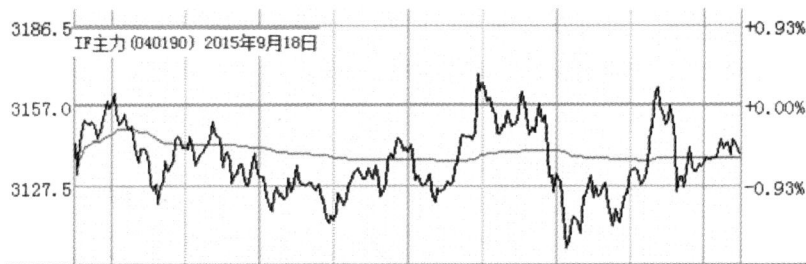

图 10 - 84　沪深 300 指数期货主力分时图（9 月 18 日）

很明显，支撑线 3100 与 3127，压制线 3160。投资技巧：若均线是平坦的
窄幅波动的线，则曲线在远离均线之上，且被压制线压制无法突破时，指数
将回归均线。通过观察曲线的形态特征，然后进行一次操作，止损并止盈，
是可以盈利的。在均线上方的压制线做空，在均线下方的支撑线做多，这样
就可以提高成功的概率，降低因为运气而盈利的比率。

股市走向的判断需要信息以及正确的信息加工。如果没有信息，那么你的判断是否正确就是随机的，甚至更多偏向于错误。如果有了较充分的信息和较谨慎的信息筛选与加工态度，就可以大大提高准确率，从而盈利。由于获取信息需要成本与时间，所以，投资时需要放弃一些投机，通过降低交易次数来提高准确率。你交易的次数越多，越有可能遭受损失。而在极端行情之后进行交易，你成功的概率就更高。比如，当股市疯狂之后，市场发出了做空信号时，你再做空，成功的概率就大，要有耐心；当股市恐慌之后，市场发出做多信号，你再做多。这种信号的获取、分析与判断，需要专业经验。只要你足够智慧与耐心，这些信号是可以识别的。所以，作为一个投资者，只要你努力，一提高自己的分析技能，二充分获取信息，三保持足够的耐心，你就可以盈利。但是，仅限于赚取那些属于你的钱，而不是那些对你来说没有把握的钱。你由运气好而得到的财富，终将会由于运气坏而失去。在股市中你要谨慎，因为这是战场；你的盈利是建立在别人的损失基础上的。人们在股市上投资，主要目的不是获取股利，而是资本利得。市场给予成长性好的或者盈利丰厚的公司更高的市盈率，这样的定价是有基础的。

（3）9 月 21 日（周一）分时图分析

图 10-85，开盘 3107，低开，昨日收盘 3139，收盘 3232，最高 3234，最低 3100。日间振幅 134 点，4% 多。行情走势稳健，一直在均线之上震荡。沪深 300 现货的成交量 1700 亿元，量能已经严重萎缩。从形态与量能上看，底部正在形成。但是，底部没有绝对的底部。当恐慌性坏消息来临时，股价还会下跌，但是，下降的幅度已经比预期要小得多。对坏消息反应的钝化是底部的心理特征。

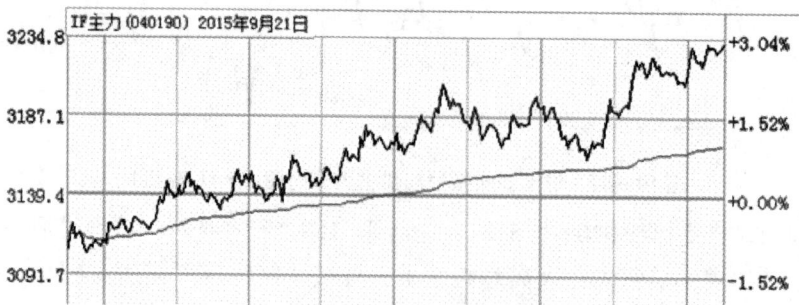

图 10-85　沪深 300 指数期货主力分时图（9 月 21 日）

（4）9 月 22 日（周二）分时图分析

如图 10-86，开盘 3240，略微高开，收盘 3232，最高 3268，最低 3210，

日间振幅 58 点，约 2%。这种窄幅震荡的行情成了最近的主要的行情走势形态。这是以时间换空间的行情。

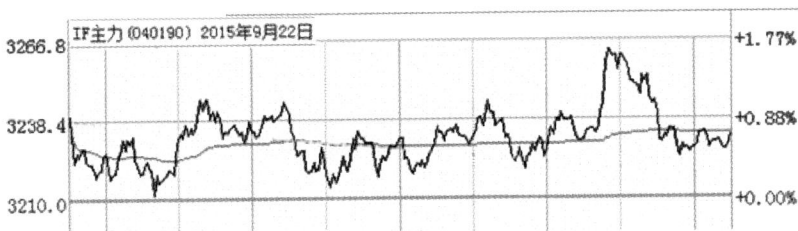

图 10-86　沪深 300 指数期货主力分时图（9 月 22 日）

随着时间的向后推移，240 线、120 线、20 日、10 日线将会逐渐靠近，这是行情即将改变的形态之一。在本例中，5 日线、10 日线、30 日线已经逐渐黏合了。

（5）9 月 23 日（周三）分时图分析

如图 10-87，9 月 23 日，周三。开盘 3218，低开，收盘 3161，最高 3220，最低 3136，日间振幅 84 点，约 3%。行情在 15 分钟内，迅速下打，但幅度很小，且有三浪形态，加上昨天弱势窄幅震荡，今天仍有可能窄幅震荡。9 月 8 日的大幅走高之后两天也是这种走势。另外，最近股指期货成交量萎缩，现货成交量也萎缩，市场正处在底部形成过程中。

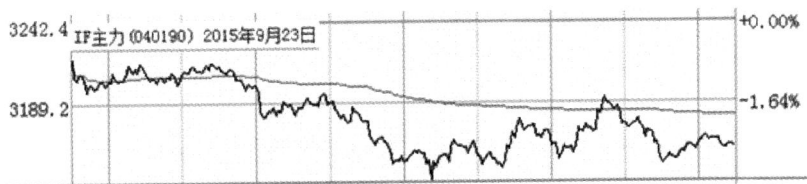

图 10-87　沪深 300 指数期货主力分时图（9 月 23 日）

投资机会。14:23，指数曲线呈现了完整的三流形态，且抵达并穿越均线，但受制于 3200 回落。这是做空机会，幅度约 50。设立止损单，成交 3200，止损 10，止盈 50。投机总是充满风险，通过限制投机次数，尽可能地降低投机次数，控制自己的贪婪，坚持赚有把握的钱；多看少动，不要去试验新的投机模式，坚持已经反复呈现的盈利投资模式；坚持止损，止盈倒是可以通过观察来得出结论；状态不佳的时候不投资，盘面走势陌生的时候不投资。这种方法要求投资者能够正确地认识自己，把握自己，正确地认识市场，利用市场，即所谓知己知彼。总之，投资就是打仗，特别是我国是投机性强的市场，很多人无法使用价值投资的方法。这是因为人们忽视了价值投资者参与企业管理的价值创造过程：价值投资需要持有投资对象差不多最大份额的股票，并通过法定的控股权来把危机中的企业管理好，从而创造利润。这种价值投资能够自己控制自己的命运，而小额的价值投资者由于无法确知企业财务信息的真实程度，无法控制企业的运行，包括董事、CEO 的人选等，小额的价值投资者只能以投机的方式去投资。典型的价值投资是危机投资，因为有着良好"体魄"的公司，只是由于"天气"原因"感冒"了，那么，"经过治疗"，公司是可以"康复"的。这样带来的利润巨大。

（6）9 月 24 日（周四）分时图分析

图 10－88，9 月 24 日，周四，开盘 3168，略微高开，收盘 3187，收阳线，最高 3222，最低 3157，振幅 65 点，约 2%。在没有重大利空与利多的情况下，行情自由振动，开盘冲高，中盘则会回落。尾盘是继续回落还是拉升，则需要观察行情走势。一般来说，极端地上涨，对应极端地下跌；温和上涨，对应温和地下跌，但这不是绝对的。

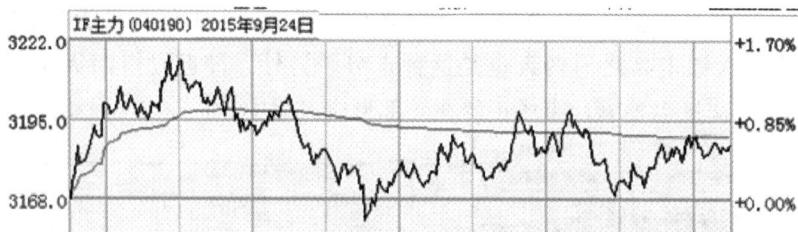

图 10－88　沪深 300 指数期货主力分时图（9 月 24 日）

10:00 达到当日最高 3222，11:15 达到当日最低 3157。这是另外一种行情走势方式：在上午定出最高点和最低点，下午在中间点附近震荡。本例偏空，主要在 2190 的下方震荡。

最高点与最低点的判断是盘面分析的重要任务。①对于下跌行情，最高点往往在上午出现，最低点在下午出现。有的开盘即最高点，有的开盘马上达到最高点，有的开盘反复震荡上升，但后期逆转。②对于上升行情，最高点出现在下午，最低点出现在上午。最高点有的出现在收盘时，有的在14:00、14:30 等出现。③对于震荡行情，情形则要复杂些。有的上午在出现最高点之后，跟着出现最低点，这是行情剧烈波动的情形；有的最高与最低点同时在下午出现，先出现最低点，接着多头迅速拉长，出现日间最高点，或者下午先出现最高点，尾盘变脸，迅速冲出日内新低；有的在尾盘 14:00 或者 14:30 之后，出现最高点与最低点，因为交易的另一方突然在尾盘发力。

震荡有很多情形。①横盘等幅震荡，日间均线可能高于 0 线，也可能低于 0 线；②围绕当日均线，以均线下方震荡为主。此时，行情下降偏离均线较远时，会被拉近均线，包括偶尔穿越均线。这时，均线会有稍微向下倾斜的角度。③围绕均线，以均线上方震荡为主，此时，行情上升偏离均线较远时，会被拉近均线，甚至偶尔穿越均线。但是，由于受支撑线的强力支撑，迅速掉头向上。这时，均线会有稍微向上倾斜的角度。④宽幅震荡，有上有下，有下有上。

分时图涨跌形态。行情总是在震荡中前进，大震荡之下套小震荡，我们也可以说行情总是以波浪的形态前进的。波浪一般得有弧形顶峰与谷底，但是，大多行情形态不规则，像锯齿，也就是说行情在谷底或顶峰都是没有导数的。①一路涨或者一路跌。②先涨后跌或者先跌后涨。根据第一段涨跌的幅度与斜率不同，又可衍生出众多更具体的形态。③涨跌涨，跌涨跌。根据涨跌的幅度与斜率不同，又衍生出具体的不同形态。④涨跌涨跌与跌涨跌涨。根据涨跌的幅度与斜率不同，又衍生出具体的不同形态。⑤其他不规则形态。这些涨跌段，有是有实际消息等支撑的，有的只是在压制线与支撑线内震荡，无路可走，上蹿下跳。

变盘节点：10:00，11:00，11:30，14:00，14:30，这些节点及前后 10 分钟的走势需要额外注意。如果这些节点的指数相对较高，则可以做空，反之，则做多。当然，要设止损。

股票行情判断的依据：①依据昨天的信息及今天期指 9:15 至 9:30 的走势予以判断股票市场上午开盘半小时的行情。尽管 09:15 开盘时，开盘指数一定程度上已经反映了昨天的信息，但是，开盘仍然有可利用的价值。比如说，在行情极差的时候，降息等重大利好是多头逃跑的良机，或者空头建仓的良机。有些时候，主力会操纵开盘指数，特别是极端行情时，开盘充满风险。比如说，国外行情极差，你预计行情开盘会跌停，可能选择择了市价买入，因为你判断开盘会跌停。但是，开盘没有跌停，但开盘之后一分钟跌停了，你因为没有选择限价单而发生巨额亏损。你的判断是对的，但是，你操作时赔钱了。②依据上午行情信息和行情总体强弱判断，预测下午行情。例如震荡行情时，上午线形下降，11:30 达到了较低的水平时，下午局部变盘或者整个下午做多的概率则加大。股市不可能只赚不赔，关键在于你能够对大概率发生的事件进行投资，避免赌博。这样，你赚得多，赔得少，最终，盈利就会积累到可观的程度。

我们的理论是与有效市场理论或者随机漫步假设不兼容的。笔者认为，当你没有信息时，你的判断毫无依据，既有可能上也有可能下，因而，可以近似认为是随机的。但是，拥有优势信息或者加工信息的能力更强时，你对行情的预测准确率就非常高。

在行情判断正确的情形下，你需要确定你的安全边际，以提高你赢的概率。投机不能盯着小钱，那样，你最终肯定会赔光。投机要盯着大钱，盯着大趋势，且要冷静，不能急躁。大趋势更容易判断正确！问题是，很多人都能从概念上正确地判断趋势，但就是不能盈利，为什么？原因很多。由于任何趋势都不是直线的，而是反复震荡中前进的，千变万化，预期之外的亏损往往导致投资者亏损出局，或者暂时的亏损使畏惧心理占了主导，或者情绪不稳定，获小利则满足。

只要我们不去操纵市场，投机是利民利国的。所有的金融投资，都难以证明自己是真正的投资，而没有投机的成分。投资与投机难以区分，是一个硬币的两面。当然，操纵市场的空头则为所有人所憎恨。而操纵市场的多头，则可能会受到人们的热烈欢迎。而实际上，泡沫的破灭只是泡沫发展的必然结果。

前文说过，指望股市泡沫不破裂，前提条件是这个泡沫还不够大。任何泡沫如果不断膨胀，最终的命运只有一个，就是破灭。

中国的房地产泡沫大而不破，的确是个奇迹。有人就想在股市上复制这个奇迹！因为房地产市场的财富效应造就了无数中产阶级，如果股市也造就无数中产阶级，那岂不是消费就有了收入保障，经济增长不就可以以内需来推动了吗？因为这个想法太"伟大"了，"绚丽多姿"，"太浪漫了"。根本的区别在于：①流动性不一样。房地产的流动性小，大多数房子都是住的，不会上市买卖，投机性房源毕竟是少数。凡是投机性房源占多数的，就会出现"鬼城"、"空城"等崩盘情形。实际上二手房成交量占房地产存量可以忽略不计。但是，股票的流动性很强，中小盘股，日成交量3%的话，二个月就相当于所有的股票都买卖了一遍。②股票不是生活必需品，而自住房则是刚性需求。对于房地产，如果不去银行办抵押贷款，房价下跌，房主还是要居住，不会拿去卖。③资产的总量与流量不一样。实际上，60万亿元市值的股市，每天成交量 2 万亿元，30 天就周转了一遍。这就是前面说的股市流动性强，流量大。2015 年 6 月，股市 60 万亿元的存量，与我国的 GDP 持平。8 月份，金融机构人民币存款余额 134 万亿元，储蓄存款 53 万亿元，企业存款余额 40 万亿元，活期存款与现金 3.6 万亿元。支持股票买卖的主要是活期存款。如果全社会的活期存款数据短期内迅速上升，人们就会寻找投资渠道，将活动存款转化为能够增值的资产，如果没有财富蓄水池，人们可能会购买消费商品，躲避通货膨胀。④我国股市的投资价值还难以显现。我国股市代表旧经济形态的企业较多，而新经济的优势企业往往在国外上市，在国内上市的话市场定价也不见得理想。如果投资者长期持股，除了银行等金融股票外，很多股票的股利回报率还不够理想。股价也不稳定，不是一路走高，而是经常跌回原点。Facebook 的股价涨了一万倍，由于是新兴经济的代表，价值仍然有上涨空间，对美国股指上涨带动也大。如果是传统企业，股价能涨一百倍，已经是奇迹了。

（7）9 月 25 日（周五）分时图分析

如图 10-89，9 月 25 日，周五。开盘 3195，收盘 3118，最高 3195，最低 3070。开盘即下跌，开盘即最高价。日间振幅 125，约 4%。

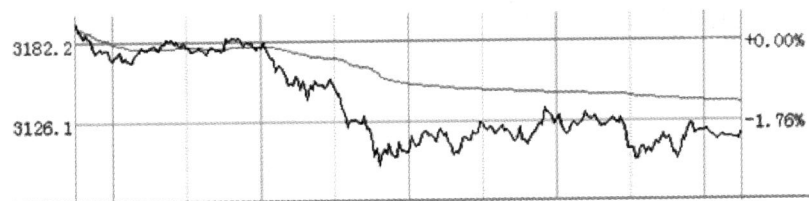

图 10-89　沪深 300 指数期货主力分时图（9 月 25 日）

观察沪深 300 现货指数，成交量逐渐萎缩，市场交易意愿下降。振幅不断下降意味着给交易双方提供的盈利空间逐渐缩小，使参与者的积极性下降。同时，9 月 25 日阴线，9 月 28 日小阳线，9 月 29 日阴线，9 月 30 日小阳线。这种 K 线形态一阴一阳，交错变化，阴线比阳线实体大，逐渐下跌。

如图 10-90，5 日均线与 30 日均线已经纠缠在一起，K 线沿着 30 日均线向下，一天涨一天跌。股价是否见底，还取决于未来的信息是利多还是利空：从内部环境来说，经济数据是否好转，是否有重大改革的政策性利好；从外部环境来说，许多不确定性将影响股市，如美国加息、叙利亚战火、法国与意大利的经济形势，等等。笔者认为，短期股票供求已经达到了均衡状态。

新的均衡状态取决于未来的形势。现在，还不能说就已经股市见底了；因为现在谈论底，只是当前的底，而不是未来的底。

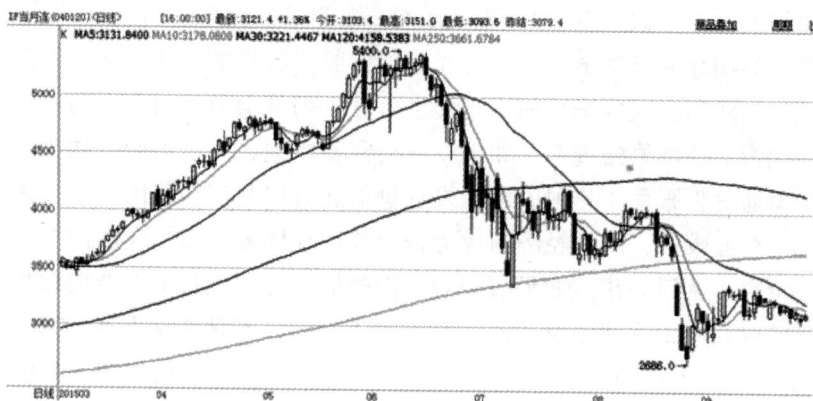

图 10 - 90　沪深 300 指数期货主力 K 线图（9 月 30 日）

通过股市治理，如果各年股价低点不断上抬，资金才敢寄身于此。否则，每当股市不利时，资金均逃离股市，必然加大股市动荡。股市的投资价值需要政府竭尽全力呵护，治标与治本相结合。前文再三强调，中国经济已经发展到了必须正视资本市场建设的阶段了。